Reinhard Kapferer
Charles de Gaulle

Reinhard Kapferer

Charles de Gaulle

Umrisse einer politischen Biographie

Deutsche Verlags-Anstalt
Stuttgart

CIP-Kurztitelaufnahme der Deutschen Bibliothek

Kapferer, Reinhard:
Charles de Gaulle: Umrisse e. polit. Biographie /
Reinhard Kapferer. – Stuttgart:
Deutsche Verlagsanstalt, 1985.
ISBN 3-421-06249-8

Lektorat: Ulrich Volz
Typografische Gestaltung: Karl M. Nestele
Gesamtherstellung: Clausen & Bosse, Leck
Printed in Germany

Inhalt

Anhang

Adieu de Gaulle – de Gaulle présent

Eines der meistzitierten unter den zahllosen Bonmots zur persönlichen Charakterisierung und zur historischen Qualifizierung des Charles de Gaulle lautet, er sei »der Mann von vorgestern und der Mann von übermorgen« gewesen (René Pleven). Der personifizierte Anachronismus zum einen – inszeniert im barocken Stile Louis' XIV., der Nation und dem Erdkreis sich mitteilend in der pompösen Suada des Moralisten verblichener Jahrhunderte, ungerührt vom Zeitgeist, beharrend in der Positur des unerschütterlichen Nationalisten, welt- und zeitfremd verloren in Träumen, Bildern, Visionen von heroischer »grandeur«, von »nationaler Bestimmung«, von historischer »Berufung«.

Maßstäbe und Werte, Attituden und Posen, die seiner Mitwelt längst abhanden gekommen oder verdächtig geworden waren und bestenfalls ihren Sarkasmus provozierten. »Jeanne d'Arc«, »Don Quijote«, »Frankreich persönlich« hießen die ironischen unvermeidlichen Vorzugsmetaphern, die nicht nur den Karikaturisten einfielen zur Illustration der Welt- und Realitätsferne des vermeintlich so Unzeitgemäßen. »Der Jeanne d'Arc-Komplex – Sie verstehen ...«, erklärte Winston Churchill dem US-Präsidenten Roosevelt anno 1943 die lästigen Exzentrizitäten des Kriegsalliierten de Gaulle. »De Gaulle au Musée ...« skandierten die rebellischen Studenten im Mai 1968. Der »Mann von vorgestern«, wo nicht aus der Legende.

Doch er hatte Erfolg, der General mit dem mythischen Namen und dem persönlichen Umgang mit »Notre Dame la France«, Verfasser einer Autobiographie, in der Charles de Gaulle in der dritten Person agiert, Autor denkwürdiger Konferenzen mit der Weltpresse, in denen die französische Historie eine ebenso wichtige Rolle spielte wie die französische Aktualität, Reflexionen über Völkercharaktere den gleichen Raum einnahmen wie Details der praktischen Politik. Er hatte sogar unglaublichen Erfolg in diesem, seiner Statur so fremden Säkulum, bei seinen so unheroisch-prosaisch gewordenen Landsleuten, unter den nüchtern kalkulierenden Großen der Zeitgeschichte. In Wahrheit war der »Anachronismus« die Quelle seiner Faszinationskraft – die absolut unbezweifelbare moralische Integrität, die auch bei seinen grimmigsten Feinden nie den Schatten des Verdachts persönlicher Motive aufkommen ließ, der unnahbar-hochmütige Gestus, der jeden Gedanken an Vertraulichkeit verbot, Pathos und Magie seiner Sprache und Erscheinung, der »Ruf aus den Tiefen der Geschichte«.

»Es ist der Stil, der seinen Erfolg ausmachte«, resümierte Raymond Aron, einer der kritischsten unter seinen Bewunderern. »Zuerst hielten wir ihn für einen Idioten, doch dann erkannten wir in ihm einen der gerissensten Politiker«, erwies ihm Nikita Chruschtschow Reverenz nach seiner Art. »Er ist anmaßend, lächerlich, arrogant«, wütete einst Winston Churchill und fügte dann hinzu: »Sie haben recht, er ist ein großer Mann.« Ein ergriffener Richard Nixon sprach vom »Heldenepos eines Lebens, wie es in der Weltgeschichte nur selten eines gegeben hat«, von einem »Führer, der unter den Menschen zum Riesen geworden ist«. Nur neudeutsch-progressistischer Anti-Heroismus vermochte auch am Ende noch »hybride Ich-Vergottung« zu erkennen (Rudolf Augstein).

Erst der Nachwelt beginnen sich die großen Eigenschaften des »Mannes von übermorgen«, des nüchternen Pragmatikers und scharfblickenden Visionärs zu erschließen: politische Weitsicht, der untrügliche Sinn für die tieferen historischen Realitäten und Tendenzen. Sein Augenmaß für das Notwendige und Mögliche setzte Maßstäbe, deren Richtigkeit und Gültigkeit sich zunehmend bestätigen und dessen große Entwürfe anderthalb Jahrzehnte nach seinem Tode zu den allseits akzeptierten Maximen französischer Staatskunst zählen. »Alle sind Gaullisten«, überschrieb einer der prominentesten französischen Journalisten eine lange und nachdenkliche Reflexion über die beständige Wiederkehr der zentralen Motive, Inhalte und selbst Formen gaullistischer Politik im nachgaullistischen Frankreich (André Fontaine in *Le Monde* vom 6. Juni 1982).

Keine Frage: von der Philosophie nationaler Größe und Unabhängigkeit bis zur Praxis nuklearer Abschreckungsstrategie, von der Distanz zur westlichen Vormacht bis zur Sozialtheorie des Dritten Weges, von der Dezentralisierung Frankreichs bis zu den Staats- und Hoheitsritualen des Mannes im Elysée-Palast – de Gaulle présent! Die Verfassung der Fünften Republik – institutioneller Extrakt der Ideen des Charles de Gaulle vom erhabenen Rang des Staates und der hohen Autorität seines Chefs, ganz zugeschnitten auf seine Übergröße, einstmals erbittert bekämpft als Charta des »permanenten Staatsstreiches« (François Mitterrand) – wurde zum selbstverständlichen politischen Rahmen der Nation, längst unbestritten in ihrer Substanz und von den Nachfolgern im hohen Amt, dem sozialistischen nicht zuletzt, souverän gehandhabt als optimal-zeitgemäße Form der Demokratie. 86 Prozent der Franzosen sprachen sich zu deren 25. Geburtstag (1983) für die Volkswahl des Staatspräsidenten aus (bei ihrer Einführung vom Anti-Gaullismus mit letzter Leidenschaft bekämpft als bonapartistische Perfidie) – die mit sozialistischer Präferenz sogar zu 94 Prozent (*Le Monde* vom 4. Oktober 1983)! 76 Prozent votierten für die Möglichkeit des präsidentiellen Referendums, weiland stigmatisiert als plebiszitäres Instrument charismatischer Herrschaft (Sartre). »Jeder von uns trägt einen Teil seiner Botschaft in sich«, bekannte 1983 unbefangen Pierre Mauroy, damals sozialistischer Ministerpräsident.

Der »Mann von übermorgen« – mittlerweile das Symbol exemplarischer politischer Identität Frankreichs in der zweiten Hälfte des 20. Jahrhunderts. »Wir haben vier Versionen des Gaullismus in Frankreich erlebt – den Gaullismus de Gaulles, Pompidous, Giscard d'Estaings und Mitterrands. Die drei letztgenannten sind den Umständen und Persönlichkeiten entsprechend Variationen über das Thema Gaullismus«, schrieb lakonisch der amerikanische Politologe Theodore Draper.

Ein berühmtes Wort von André Malraux hat der General selbst gern zitiert: »Jeder Franzose war, ist oder wird einmal Gaullist sein.« In ihrer inhaltlichen Vieldeutigkeit, in der zeitlichen Beliebigkeit eine durchaus plausible Feststellung. Aber was ist Gaullismus? Denkt man an präzise Inhalte, politische Programmatik, an Theorie oder Philosophie, so wäre stark zu differenzieren, schon gar nach dem gewöhnlichen Klassen- beziehungsweise Interessenschema. In den Jahren 1943 und 1944 konnte sich die Linke mit dem Gaullismus identifizieren, im Juni

1968 die Rechte; beide in den Mittsechzigern mit seiner Politik der nationalen Unabhängigkeit. Bis 1958 hieß Gaullismus für die meisten seiner Bekenner die Erhaltung des überseeischen Frankreich – seit 1958 hieß Gaullismus Dekolonisation bis in die letzten, bitteren algerischen Konsequenzen. Im Juni 1940 stand ihm die Armee in ihrer großen Mehrheit ablehnend-feindselig gegenüber – im Mai 1958 hob sie ihn auf den Schild. Zu Zeiten bedeutete den einen der Gaullismus die sozialistische Revolution, den anderen die »Diktatur des reaktionärsten Teiles der Großbourgeoisie«, den dritten der Weg in die monarchistische Restauration. In der historischen Abfolge stand der Gaullismus für vielerlei, und Gaullist war nicht gleich Gaullist. Zahllose leidenschaftliche Gaullisten wurden zu erbitterten Anti-Gaullisten und umgekehrt. Auch galt die Leidenschaft der Mehrheit der Franzosen für ihren großen Mann immer nur temporär und cum grano salis: Im Juli 1944 war ganz Frankreich gaullistisch – im Januar 1946 ließ es ihn ungerührt ziehen; im September 1947 brandete eine gewaltige Woge des Gaullismus über das Land – und zerrann nach wenigen Jahren fast unbemerkt; im Mai 1958 akklamierte ihm und seiner neuen Republik eine überwältigende Mehrheit – im Mai 1968 tönte aus den Riesendemonstrationen das »Adieu de Gaulle«; im Juni 1968 flüchtete sich das Land in einer beispiellosen Erdrutschwahl zu seinem providentiellen Erretter – im darauffolgenden April gab es ihm ohne sonderliche Bewegung den endgültigen Abschied.

Er hat das Auf und Ab seiner Popularität illusionslos einzuschätzen gewußt, wenn auch nicht ohne Bitterkeit. »Viel Leidenschaft, aber wenig Beständigkeit«, hatte er einst in einem seiner Bücher den Landsleuten attestiert, »diesem beweglichen, ungewissen, widersprüchlichen Volk« (»Vers l'Armée de Métier«). »Sie haben Angst«, bemerkte er trocken zu einem Enthusiasten, der ihm von gaullistischer Massenbegeisterung am 30. Mai 1968 zu berichten wußte. So war es wohl immer gewesen: Angst vor einer kommunistischen Machtergreifung 1944; Angst vor der Roten Armee 1947; Angst vor dem Bürgerkrieg 1958; Angst vor der Anarchie 1968. Die Abwendung seiner Franzosen in Zeiten der Normalität hat ihn ebensowenig überrascht: »Grandeur ermüdet eben auf die Dauer«, hörte ihn sein Premierminister Georges Pompidou sagen. Nein, gaullistisch im Sinne einer politischen Option war Frankreich immer nur im Ausnahmefall.

Nimmt man hingegen Malraux' Wort eher im emphatischen Sinn, so trifft es wohl uneingeschränkt zu. Gaullismus als Bewußtsein von besonderer und ausgezeichneter nationaler Identität, vom Rang Frankreichs in der Welt, von seiner Mission und seiner Größe; Gaullismus als manifester Ausdruck des von nationaler Geschichte und Kultur zutiefst durchdrungenen französischen Selbstverständnisses; Gaullismus – auch – als moralischer Appell zu nationaler Einheit und Geschlossenheit, in diesem Sinn »war, ist und wird einmal jeder Franzose Gaullist« gewesen sein. »Gaullismus ist keine Doktrin, sondern eine Haltung«, definierte Georges Pompidou. Noch immer eine spezifisch französische Haltung!

Die ersten zwanzig Jahre

Stilisierungen einer unauffälligen Jugend

Kindheit und Jugend eines Helden, schrieb Ludwig Marcuse, sind seit je der »große Tummelplatz« der Biographen. Der Versuchung, den Mann im Kinde zu erkennen, die späteren markanten Charakterzüge schon im anekdotisch Überlieferten der frühen Jahre zu entdecken, die hohe Berufung aus den Spielen des Knaben zu erschließen, haben wenige widerstanden. Spätestens seit Plutarch kündigen sich die Taten großer Männer im Spiegel ihrer Biographen notwendig durch die sie umgebende Aura des Außerordentlichen an.

Nicht anders in den meisten der zahlreichen Biographien über Charles de Gaulle. Die Legende, die dieses Leben ja tatsächlich auch war, hat sich unvermeidlich seiner Kindheit und Jugend bemächtigt. Dieser »Erwählte der Geschichte« (François Mauriac) muß seine Mission von Anfang an bezeugen – und mit welcher Anstrengung der mühsam recherchierten Episoden! Da gerät nachträglich von den frühen Weggenossen Zurückerinnertes zur bedeutsamen Symbolik: »Im Spiel mit seinen Brüdern weigerte er sich, eine andere Krone als die des Königs von Frankreich zu tragen.« Da wird Naiv-Triviales zur Chiffre früher messianischer Gewißheit: Der Zehnjährige fällt vom Treppengeländer, man fragt ihn, ob er denn keine Angst habe. Was antwortet das ahnungsvolle Kind? »Angst? Habe ich denn nicht meinen Stern?« – womit die Verbindung zu Alexander, zu Caesar oder Napoleon hergestellt wäre, für diesen und jenen gar zu heilsgeschichtlichem Rang. In der wohl schlimmsten hagiographischen Entgleisung aus der Feder eines bedeutenden Mannes, geschrieben noch zu Lebzeiten de Gaulles, steht tatsächlich der Satz: »De Gaulle glaubte und wußte, daß er eben de Gaulle war. Das ist nicht selbstverständlich. Es gab einmal, nur ein einziges Mal im Ablauf der Geschichte einen Menschen, der von sich sagte, er sei der Messias.«[1] Oder, vom biographischen Entdecker erst nach dem Tode des Helden der Menschheit zögernd enthüllt, die erschreckende Nachricht, der Sechzehnjährige habe sich als »Diktator« vorstellen können.[2] Auf jeden Fall: »Fest steht, der nationale Wille und der Wille zur Herrschaft – de Gaulle bestätigt sie seit seiner Kindheit.«[3]

Vermutlich trifft diese Deutung, was Selbstgefühl, Imagination und Phantasien des Knaben und Jünglings angeht, sogar zu. Nur: aus den wenigen authentischen Zeugnissen der ersten zwanzig Lebensjahre de Gaulles ist sie kaum zu belegen. Sie geben, auch bei wohlwollender Auslegung, keinen Anlaß zur Erwartung des Außergewöhnlichen. Der junge Charles ist normal bis zur Unauffälligkeit. Die schulischen Leistungen sind nicht eben überragend, das Abitur schafft er im ehrbaren Mittelfeld (erster Teil: 169 von 300 Punkten; zweiter Teil: 92 von 160 Punkten). Das einzig verbürgt Erwähnenswerte, ein erster literarischer Versuch des Sechzehnjährigen – abgedruckt in einer Provinzzeitung, abgefaßt in mäßigen Alexandrinern und weithin abgeschaut einem Zeitgenossen – hat allerdings nichts Patriotisch-Heroisches, sondern Larmoyant-Moralisches zum Inhalt. Die Militärschule von Saint-Cyr verläßt der Einundzwanzigjährige als achtbarer Dreizehnter seines Jahrganges. In der Erinnerung seiner Kameraden blieb nur Äußerliches haften: »Coq«, »Double Mètre«, »Cyrano« – Anspielung auf den tragischen Helden mit der respektablen Nase – das waren die Erinnerungsbilder. Der allgemeine Eindruck, den der junge Mann bis dahin vermittelt haben mochte, war wohl der nach dem Urteil eines Lehrers von Saint-Cyr: »mittelmäßig in allem, ausgenommen die Körpergröße«.[4]

Er selbst freilich hat die Legende von früher Berufung und messianischem Selbstgefühl mächtig beflügelt. In den einleitenden Passagen zu den »Mémoires de Guerre« – dem einzigen Stück de Gaullescher Autobiographie im eigentlichen Sinn –, berühmten Passagen, den wohl bekanntesten aus seiner Feder überhaupt, ersteht in grandiosen Bildern eine Jugend, geprägt und umstellt von nationalen Mythen, nationaler Geschichte, nationalen Leidenschaften, deren private Existenz bereits aufgehoben erscheint in jener »gewissen Idee von Frankreich«, die er als den Leitstern seines Lebens bekennt:

»Mein ganzes Leben habe ich mir eine bestimmte Vorstellung von Frankreich gemacht, vom Empfinden gleichermaßen eingegeben wie

»... mittelmäßig in allem, ausgenommen die Körpergröße.«
Der einundzwanzigjährige Charles de Gaulle als Absolvent der Militärakademie von Saint-Cyr.

von der Vernunft. Was es in mir an Gefühl gibt, stellt sich Frankreich – so wie die Märchenprinzessin oder die Madonna der Fresken – als einer außerordentlichen und erhabenen Berufung geweiht vor. Instinktiv habe ich die Gewißheit, daß die Vorsehung es geschaffen hat für überragenden Erfolg oder exemplarisches Unglück. Wenn es geschieht, daß das Mittelmaß sein Verhalten bestimmt, habe ich das Gefühl absurder Anomalie, zuzuschreiben den Mängeln der Franzosen, nicht dem Genius des Vaterlandes. Mein Geist überzeugt mich jedoch, daß Frankreich nicht wirklich Frankreich ist als auf dem ersten Platz, daß allein große Taten es vermögen, die Keime der Zersplitterung zu kompensieren, die sein Volk in sich trägt, daß unser Volk, so wie es ist, unter den anderen, so wie sie sind, bei Strafe tödlicher Gefahr seine Ziele hochstecken, sich aufrecht halten muß. Kurz, nach meiner Überzeugung kann Frankreich nicht Frankreich sein ohne Grandeur.

Dieser Glaube wuchs mit mir in dem Milieu, in das ich geboren wurde ... Nichts ergriff mich mehr als die Symbole unseres Ruhmes: wie die Nacht sich über Notre-Dame senkt, die Majestät des Abends in Versailles, der Triumphbogen in der Sonne, die leise Bewegung der eroberten Fahnen im Gewölbe des Invalidendomes. Nichts machte größeren Eindruck auf mich als die Zeugnisse nationaler Erfolge ... Nichts versetzte mich tiefer in Trauer als unsere Schwächen und Irrtümer: Faschoda, die Dreyfus-Affäre, soziale Konflikte, religiöse Zwietracht. Nichts bewegte mich so sehr, wie die Erzählungen unserer Niederlagen ... Was Frankreich anging, ob Geschichte oder Politik, so interessierte es mich über allem anderen ...« [5]

Die Identifikation ist vollkommen. Die Lebensgeschichte des Charles de Gaulle, so suggeriert es das Selbstporträt, ist die Zeitgeschichte Frankreichs. Die philosophischen, moralischen, politischen Determinanten dieses Lebens tragen nichts Zufälliges, Privates, es sind von Anfang an die Determinanten der historischen Mission. Sie insinuieren die Identität des Weltbildes von Charles de Gaulle mit den tieferen Wahrheiten Frankreichs und thematisieren zugleich die als tragisch empfundene Kluft von hoher Idealität und banal-kleinlicher Realität: Frankreichs eigentliches Wesen in erhaben-heroischer Grandeur in scharfem Kontrast zur französischen Alltagsnormalität. Das »Ewige Frankreich« auf der einen Seite, die mittelmäßigen Franzosen auf der anderen; die hohe historische Bestimmung hier, die niederen politischen Querelen da – ein Grundmotiv der politischen Philosophie des Generals und ein wichtiger Schlüssel zum Verständnis seines Missionsbewußtseins!

Privates kommt nicht vor in diesen Memoiren. Das eigene Milieu, die eigene Familie, die eigene Person sind ganz hineinverwoben in diese Spannung und bleiben fast ohne individuelle Züge und ohne persönliche Kontur. Das Milieu, in dem er aufwächst, ist ihm der Erwähnung nur wert als Pflanz- und Pflegestätte seines »patriotischen Glaubens«; Eltern und Geschwister erscheinen lediglich als dessen Vermittler und Träger. Nichts von den gesellschaftlichen Umständen, nichts von familialen oder persönlichen Schicksalen – auch nichts, was Aufschluß geben könnte über die eigene Bildungsgeschichte, Begegnung mit Menschen, Lehrern, Büchern. Die Stilisierung zum überpersönlichen historischen Subjekt hat bereits die Geschichte seiner Kindheit und Jugend vereinnahmt und deren Umgebung zur Statisterie seiner Berufung gemacht. »In seinen Memoiren«, schrieb André Malraux, »handelt er von einer Person, die er de Gaulle nennt und in denen Charles niemals vorkommt.«[6]

Freilich, die Stilisierung kommt aus der Feder des Zweiundsechzigjährigen, der seine Erinnerungen nicht verstanden wissen wollte als abgeschlossene Lebensbilanz, sondern als Dokumentation seines noch unvollendeten Werkes. Dazu, sie ist Teil der Selbstdarstellung des Grand Chef, zu dessen Prestige es gehört, sich nicht gemein zu machen durch die Ausbreitung von Menschlich-Allzumenschlichem. »Es gibt kein Prestige ohne Geheimnis, denn man verehrt wenig, was man zu gut kennt«, hatte schon der Generalstabsoffizier in seinem Traktat über die Qualität des geborenen Führers geschrieben.[7]

Prägungen: Die Familie, der »patriotische Glaube« und »eine gewisse Idee von Frankreich«

Geboren wurde Charles André Joseph Marie de Gaulle am 22. November 1890 als zweiter Sohn des Henri de Gaulle und seiner Ehefrau Jeanne, geborene Maillot zu Lille, im Elternhaus der Mutter. Das Milieu, ein etwas verblichener Pariser Amtsadel, eher kleinbürgerlich karg der äußere Lebenszuschnitt: »Meine Familie und ich, wir waren immer arme Leute«, wird er später sagen. Dagegen stark ausgeprägt ein Kultur- und Bildungsbewußtsein betont klassisch-humanistischen Stils – es wird lateinisch improvisiert am Mittagstisch der de Gaulles. Familie und Familientradition verpflichten und fließen nahtlos zusammen im Selbstgefühl personaler historisch-patriotischer Identität. Schon seit Generationen betrieb man eifrig genealogische Forschungen, und Vater Henri entdeckte de Gaullesche Ahnen unter den Gefolgsleuten der Jungfrau von Orléans, den Gefallenen in der Schlacht von Azincourt, den Eingekerkerten der Großen Revolution und den Freiwilligen der Grande Armée.

Henri de Gaulle, Präfekturbeamter zuerst, Lehrer in einer von Jesuiten geführten Privatschule sodann, war glühender Patriot; die Mutter nicht minder, die der Sohn später einmal »fast fanatisch« nannte. Die Erziehung des jungen Charles ist imprägniert von Patriotismus, von reflektierter und erlebter vaterländischer Geschichte – vor allem vom tiefen Schmerz der Niederlage von 1871! Der Vater entdeckt dem Knaben die Geschichte französischer Größe nicht nur in papierenen historischen Lektionen, sondern auch und vor allem in der schmerzlichen Anschauung. Kriegsteilnehmer und Kriegsverwundeter, der er war, führte er seine Kinder zu den Stätten heroischer Vergeblichkeit: den Orten der Ausbruchsversuche aus dem belagerten Paris, den Denkmälern der Tragödie der Commune. Erregende, prägende, zentrale Erlebnisse für den jungen Charles, auf die er immer wieder zurückkommen wird in seinen historischen Reflexionen, in seinen politischen Urteilen, in seinen moralisch-philosophischen Bekenntnissen.

Hier bildeten sich seine beständigsten Bilder und Ideen heraus: das Bild vom unheimlich-faszinierenden, halb bewunderten, halb Abscheu erregenden, doch immer unberechenbar gefährlichen Deutschland; das Bild vom »perfiden Albion«, dem säkularen angelsächsischen Erbfeind; die Idee von der Berufung des Soldaten; die Verachtung für die Politiker; die Vision von der kostbaren, immer bedrohten, zerbrechlichen, geistig-moralisch-ästhetischen Gestalt des »Ewigen Frankreich«.

Freilich, es gab Differenzen im patriotischen Universum des Hauses de Gaulle. Tradition und Größe hatten für die Eltern einen anderen politisch-moralischen Bekenntniswert als für den Sohn. Sie waren ihnen keineswegs im ganzen durch die Geschichte geheiligtes Erbe. Henri und Jeanne de Gaulle waren fromme und kirchentreue Katholiken. Ihr geistiges Frankreich war das Frankreich der »allerchristlichsten Könige«, die »älteste Tochter der Kirche«; sie waren traditionalistische Monarchisten, für die das Frankreich der Republik nur eine fragwürdige, zumindest beklagenswerte Legitimität besaß. Ein Wesenselement in der Summe der französischen Geschichte, ein zentrales dazu, wurde von den Eltern de Gaulle strikt abgelehnt. Die Große Revolution und alles, was aus ihr folgte, hatte für Henri de Gaulle nichts zu tun mit Tradition und Würde Frankreichs, sondern entschieden mit deren geradem Gegenteil. Henri de Gaulle war erzkonservativ, monarchistisch und katholisch. Er gehörte noch zu einer Generation (geboren 1848), deren Nähe zur Revolution, besonders aber zu ihren in seiner Lebenszeit noch immer nicht ausgetragenen Kämpfen (Monarchie oder Republik; Katholizismus oder Laizität), die Perspektive historischer Distanz für ihn unmöglich machte.

Die Revolution war ihm »satanisch in ihrem Wesen, sie zu lieben, heißt sich von Gott entfernen«. Was Henri de Gaulle von seinem Vater überlieferte, der »nicht nur die Exzesse (der Revolution), sondern ihre Prinzipien, ihre Herkunft, ihre Folgen« haßte, das war auch sein und seiner Frau politisches Credo. Die Marseillaise wurde in der Familie des jungen Charles de Gaulle nicht intoniert, der 14. Juli – »... furchtbares, schreckliches, grausames Datum« – wurde im Hause des Henri de Gaulle nicht als Feiertag begangen. Frühe Konflikte zwischen Eltern und Kindern darüber mochten nicht ausgeblieben sein. Einer Freundin, die zu den wohlgeratenen Söhnen gratulierte, gestand die Mutter Sorgen. Sorgen? »Ja, sie sind Republikaner.« Auch mit der Katholizität der Jungen mochte es eine beunruhigende Bewandtnis haben. Ein offenbar irritierter Vater Henri beschloß eine Passage über die unangefochtene Frömmigkeit seines Vaters mit dem Seufzer: »Ich wünschte, daß diese Gefühle sich in meiner Nachkommenschaft fortsetzten.«[8]

Sicherlich kein Anlaß für dramatische Brüche im Hause de Gaulle. Konnte der monarchistische Vater unmöglich die Revolution in das ewige Erbe Frankreichs inkorporieren, so konnte sich der republikanische Sohn doch ganz selbstverständlich mit dem alten Frankreich identifizieren. Das Königtum gehörte ebenso zum Zauberbild seiner »gewissen Idee von Frankreich« wie zu seinem Verständnis von nationaler historischer Notwendigkeit. »Ich werde niemals vergessen, was die Könige für Frankreich getan haben …«, soll schon der Knabe bei einem Disput über den Nutzen der Revolution ausgerufen haben. Der Historiker de Gaulle wird später immer wieder die großen Schöpfungen der »royauté« rühmen: die Einheit, den Patriotismus, die Armee. Und der Politiker wird stets respektvollen Umgang pflegen mit den Nachkommen des Maison de France, und zwar in einem Maße, das ihn immer wieder in den Ruch des verkappten Monarchisten brachte.

Andererseits bedeutete die von ihm stets bezeugte republikanische Einstellung keineswegs enthusiastische Parteinahme für die Große Revolution. Sie ist ihm eine nationale Tatsache, und er wird ihrer positiv nur gedenken in dem Maß, wie sie Frankreich verteidigte, seinem Genie neue Strahlkraft verliehen, seinen Kindern neuen Patriotismus eingehaucht hat. »Seit dem Jahre II (der Ersten Republik) ist man ›patriotisch‹, das heißt, man verbindet mit der Vaterlandsliebe den Willen zur Initiative, das stolze Selbstvertrauen und den Verzicht auf Eigennutz.«[9] Das ist das höchste Lob, das der Historiker de Gaulle für die Große Revolution aufbringen wird.

Am nächsten seinem Idealbild von Größe, Glanz und Ruhm war ihm wohl immer das Grand Siècle, das Frankreich Richelieus, des Sonnenkönigs, der großen Literaten und Moralisten, der genialen Baumeister und majestätischen Kriegsherren. Gestalten und Gestaltungen eines als klassisch-französisch empfundenen Maßes von Pracht und Zucht, von Würde und Eleganz, von Macht und Kunst. »Der Geschmack am Maß bestimmt die Sitten, die Gesetze, die Künste, das Denken …«, so leitete der Militärhistoriker eine Eloge auf die organisatorischen Großtaten zur Festigung der nationalen Einheit im 17. Jahrhundert ein.[10] Im Festungssystem Vaubans erkannte er den Geist »jener klassischen Epoche, wo der Sinn für das Reale und Wahre, das Maß des Möglichen dem Denken und Handeln eine harmonische und beständige Kraft verliehen …«[11]. In seinem historischen Erstlingswerk »Die Zwietracht beim Feinde« faßte der junge Hauptmann das Genie des Vaterlandes in die Allegorie vom französischen Garten, wo Maß und Geometrie mit »edler Melancholie« sich harmonisch verbinden – im Gegensatz zu teutonischem Un- und Übermaß! Nicht von ungefähr also die zeremoniöse Selbstinszenierung im Stile Louis' XIV., die der spätere Staatspräsident einer halb belustigten, halb beeindruckten Welt vorführen wird.

Ebenso unproblematisch wie die Adaption der Gesamtheit französischer Geschichte war für de Gaulle ihre religiöse Imprägnation. Die Katholizität war ihm tragendes europäisches Kulturprinzip, vor allem aber die tausendjährige Prägeform französischer Gesittung – hinreichender Grund für ihn, sich zu ihr zu bekennen und, wo nötig, auch ihre Riten zu vollziehen, ganz unabhängig vom eigentlichen Glaubensaspekt.

Ancien Régime und Revolution, Katholizität und Aufklärung, Napoleon und Proudhon, Chateaubriand und Clémenceau – für Charles de Gaulle keine unvereinbaren Widersprüche, kein Grund zur patriotischen Selektion. Freilich auch nicht für besondere Identifikation. Das Besondere tritt hinter das Allgemeine zurück, die historische Akzidens hinter die nationale Substanz. Die historische Komplexität ist kein Anlaß für Parteiung. Die Widersprüche heben sich auf in der Einheit und Unteilbarkeit der nationalen Individualität. Die Abfolge der Epochen, die politischen und sozialen Dramen, die weltanschaulichen Geisteskämpfe waren für ihn Gestaltungen, Facetten, Produkte der einen, kostbaren Form des Ewigen Frankreich; seines einen, unteilbaren, sowohl aus den Tiefen der Geschichte wie aus dem Wesen seiner Rassen wie seiner geographisch-topographischen Gestalt erstehenden Genius. Der in den dreißiger Jahren in bedenkliche Nähe zum Rechtsextremismus geratene Generalstäbler und Autor eines Buches über »Frankreich und seine Armee« beschrieb voll Bitterkeit, wie der französische Sozialismus sich zu einer gewissen Zeit von Fourier, Proudhon, Blanqui ab- und Marx zugewandt habe – Ausdruck schlimmen Selbstzweifels der Nation nach der Niederlage von 1871, wie er meinte. Jawohl, auch Blanqui, der rabiate Erzrevoluzzer, gehörte für den damals beileibe nicht nach links tendierenden de Gaulle zum nationalen Erbe.[12] Zehn Jahre später, in seinen Londoner Appellen an das von den Deutschen besetzte Frankreich, spielte das nationale Dreigestirn Jeanne d'Arc, Danton, Clémenceau seine wichtige Rolle als Symbol nationaler Synthese, weit jenseits der ideologischen und historischen Bedeutung der zur Zeugenschaft aufgerufenen Figuren.[13]

Aber Frankreich ist nicht einfach in seinen historischen Figurationen manifest, ist mehr als die Summe seiner Geschichte und reicht weit hinaus über seine wechselnden historischen Kostümierungen. Das Wesen Frankreichs ist metapolitisch und eigentlich auch metahistorisch –

es ist aufgehoben in seinem unveräußerlichen Genie, seiner Idee, es wurzelt in seiner Rasse und seiner Erde; es umschließt in seiner lebendig-organischen Realität die Ahnen und die Ungeborenen, und es folgt, unbeirrt vom Zeitgeist, seiner »ewigen Bestimmung«. Und auch: Frankreich ist weder identisch mit seiner gerade lebenden Population noch mit dem durch seine Grenzen gerade definierten Territorium. Das ist der Sinn jenes sonderbaren Satzes aus der Einleitung zum ersten Band der Kriegsmemoiren, wo de Gaulle zwischen Franzosen einerseits und dem Genie des Vaterlandes andererseits scharf unterscheidet und die mängelbehaftete Realität der ersteren mit der sublimen Idealität des letzteren in keinem legitimen Zusammenhang zu sehen vermag. Dieses Frankreich ist durchaus in der Lage zu emigrieren, wenn die physische Akzidenz seiner metaphysischen Substanz widerspricht – das wird am 18. Juni 1940 der tiefere Rechtsgrund für den General im Londoner Exil sein. In der Stunde höchster nationaler Not ruht die übergesetzliche Legitimität bei jenen, »die die höchsten intellektuellen und moralischen Werte der Nation in sich verkörpern«, so wird der nahezu unbekannte General seinen historischen Rechtstitel auf die eigene Repräsentanz des wahren Frankreich begründen.[14] Dieses Verständnis von nationaler Idealität und Totalität bildete das Herzstück jener »gewissen Idee von Frankreich«, wie sie der junge Offizier, der Historiker, der Erretter des Vaterlandes, der Parteiführer, der Staatspräsident durch alle Stationen, alle nationalen und persönlichen Katastrophen pflegen, bekennen und verkünden wird, es bildete den eigentlichen metaphysischen Inhalt seines »patriotischen Glaubens«.

Integraler Nationalismus

Das kam nicht von ungefähr. In diesem patriotischen Glauben offenbarte sich eine Form der Identifikation mit dem Vaterland, die aus anderen Quellen schöpfte als denjenigen des Geschichtsprofessors Henri de Gaulle. Er signalisierte eine Geisteswende, die Frankreich gegen Ende des Jahrhunderts zu erfassen begann und für die Generation des jungen Charles de Gaulle zum zentralen Bildungserlebnis, wo nicht zur weltanschaulichen Offenbarung wurde. Die Wendung nämlich vom kosmopolitisch-libertären Selbstverständnis eines großen Teils der französischen Bildungseliten zum »integralen Nationalismus«. Im Dezember 1898 konstituierte sich die »Ligue de la Patrie Française«, Mitte 1899 die »Action Française«, Bewegungen und Organisationen, die den militanten Nationalismus zum einzigen Programmpunkt erhoben.

Der Umschwung vollzog sich vor allem unter dem Eindruck der Affäre Dreyfus, jenes mit Intrigen, Fälschungen, Justizirrtümern gespickten Landesverratsprozesses, der Frankreich für mehr als ein Jahrzehnt in bitter verfeindete Lager spaltete und zum Symbol einer tiefreichenden politisch-gesellschaftlich-moralischen Krise des Landes wurde – als »frénésie malsaine« wird sie de Gaulle noch nach Jahrzehnten beschwören und ihre verhängnisvolle Wirkung auf den Geist der Einheit beklagen.[15] Den Anti-Dreyfusards galt die Affäre als der große exemplarische Fall des Verrates an der Nation, ja eigentlich als offenes Symptom für die tödliche Erkrankung, an der das Vaterland litt – selbst und gerade, als die Unschuld des unglücklichen Hauptmanns erwiesen wurde. War die Rehabilitierung des Juden Dreyfus, betrieben von einer unheiligen Allianz des jüdischen Finanzkapitals mit der vaterlandslosen Linken und den bindungslosen Intellektuellen, nicht der Schuldspruch gegen die tragenden Säulen des französischen Staates, das Militär, die Justiz? Wurde in Wahrheit nicht Frankreich verurteilt mit dem Freispruch des »jüdischen Syndikates«? War die Demütigung des Staates nicht der Triumph der Überfremdung und Entwurzelung, die Frankreich seit dem Debakel von 1871 wie eine Seuche befallen hatten?

Maurice Barrès, ein junger Literat, Lothringer von Herkunft, stark geprägt bis dahin vom deutschen Idealismus – von Kant vor allem –, tief beeindruckt auch von deutscher Romantik, von Wagner, von Nietzsche (»Wir heißen Frankreich groß und ebenso Deutschland ... Kant, Goethe, Hegel haben Anrecht auf die ersten Ränge unter uns ...«, hatte 1884 der Zweiundzwanzigjährige geschrieben), erlebte in der »Affäre« seine große Konversion. Er setzte sie um in starke Bilder von dem, was Frankreich sei, was ihm gebühre, wohin seine Wurzeln reichten; er goß sie um in die aufwühlende Botschaft von der »ewigen nationalen Bestimmung« und avancierte damit zum populären Propagandisten einer Bewegung, einer Geisteshaltung, die Patriotismus radikal anders definierte, als es den überkommenen französischen Traditionen entsprach. »Nationalisme integral« – jene Form kollektiven Identitätsbewußt-

Das Familienfest. Bild oben: »... man wird auf keinen Fall davon sprechen.«
Bild unten: Man hat davon gesprochen.
Zeitgenössische Karikatur auf die tiefe Spaltung der Franzosen über der Dreyfus-Affäre.

seins, die seither im Unterschied zum Patriotismus den militanten, ethnozentrischen, xenophoben, auch populistischen und im Kern bereits faschistischen Charakter der Hingabe an das Vaterland bezeichnet.

Die Zäsur in der politischen Kultur Frankreichs war einschneidend, der Erfolg enorm. Auf der Suche nach den geistesgeschichtlichen Prägungen des jungen Charles de Gaulle ist der Exkurs in den ideologischen Dunstkreis, der seine Jugend am dichtesten umgab, aufschlußreich für die Überzeugungen des erwachsenen Mannes. Das politische Programm lautete: absoluter Vorrang der Interessen Frankreichs, Einheit und Geschlossenheit des nationalen Kollektivs um jeden Preis, Kampf den ideologischen und intellektuellen Diversanten, Rettung Frankreichs vor geistiger und biologischer Überfremdung, Schaffung eines nationalen Kollektivs in politisch-autoritärer und gesellschaftlich-disziplinärer Gestalt. Eingebettet dies alles in eine bis dahin in Frankreich ungehörte dunkle Botschaft von »Blut und Boden«, vom Mythos der Rasse und den Instinkten, von überpolitisch-überhistorisch völkischer Gemeinschaft.

»Die Affäre Dreyfus ist nichts als das tragische Signal eines allgemeinen Zustandes ...«, schrieb der dreiunddreißigjährige Barrès. Zustand nämlich französischer Zerrissenheit und Zwietracht durch »tausend widersprüchliche Überzeugungen und tausend unterschiedliche Meinungen ... Wir haben keine gemeinsamen Vorstellungen von unseren Zielen, von unseren Möglichkeiten, von unserem Zentrum.« Glücklich jene Nationen, die als Rassen konstituiert sind (Angelsachsen, Teutonen), begabt mit einem »organischen Selbstbewußtsein«. Statt dessen redeten die Ideologen den Franzosen alle möglichen Parteiungen ein. »Hier muß die Heilung einsetzen ... verwerfen wir zuerst alle philosophischen Systeme und die sie tragenden Parteien.« Vor allem: kein Streit mehr über die nationale Geschichte: »Jeder macht sich seine Geschichte von Frankreich. Hören wir doch auf damit! ... Wir haben weit sichereren Gewinn, wenn wir uns mit jeder Stunde französischer Geschichte identifizieren ... Die Stimme unserer Ahnen, die Botschaft der Erde, nichts wiegt mehr bei der Formung des Bewußtseins eines Volkes ... Blicke jeder über seine Schulter zurück und er wird eine Folge von Mysterien erkennen, die den Namen Frankreich tragen. Wir sind das Produkt einer Gemeinschaft, die in uns spricht.« Am Ende das neue patriotische Glaubensbekenntnis: »Wir empfehlen uns dem ewigen

Frankreich; wir sind Franzosen, geformt durch die Jahrhunderte. Alles, was wir sind, erwächst aus den historischen und geographischen Bedingungen unseres Landes ... Wir fordern eine Politik, die den nationalen Traditionen Rechnung trägt ... Frankreich muß von Generation zu Generation verbunden bleiben, und es muß es selbst bleiben.« Über allem schließlich die patriotische Maxime: »Nationalismus heißt, jede Frage nach Maßgabe der Interessen Frankreichs lösen.«[16]

Die Konsequenz: »Ich beurteile das Symbol Dreyfus nach Maßgabe der Interessen Frankreichs ... In abstracto kann man diesen oder jenen Theorien folgen, man kann je nach Neigung die Armee, die Justiz, den Kampf der Rassen anerkennen oder ablehnen. Aber es geht nicht um Neigungen, sondern es geht um Frankreich, und diese Fragen müssen im Hinblick auf die Interessen Frankreichs behandelt werden.«[17] Gleichgültig ob das Individuum Dreyfus schuldig oder unschuldig ist, als Symbol ist er schuldig, weil die Interessen Frankreichs es so gebieten: »Dreyfus bedeutet ein Schlachtfeld, wo ein Franzose, geboren aus seiner Erde und seinen Toten, die Herausforderung der Fremden annehmen muß.«[18] Für ihn, Barrès, ist Dreyfus schuldig: »Psychologisch genügt mir zu wissen, daß er des Verrates fähig ist ... und daß er dessen fähig ist, schließe ich aus seiner Rasse.«[19]

Diese Wahrheit werden freilich die »Theoretiker« der Universität, die Intellektuellen nie begreifen. Sie, die das »nationale Unbewußte verachten«, die »betrunken von einem krankhaften Kantianismus, der sie der Erde und den Toten« entfremdete, sie sind in Wahrheit »die großen Verantwortlichen« der Tragödie: »Die Intellektuellen, die Anarchisten der Rednertribüne, die Metaphysiker der Soziologie ... eine Bande ehrgeiziger Narren. Leute, die mit ihrer Intelligenz kriminelle Neigungen verbinden, die unsere Generale als Idioten behandeln, unsere gesellschaftlichen Einrichtungen als absurd, unsere Traditionen als krankhaft betrachten. Diese aufrührerischen Pedanten sind gleichzeitig die unfruchtbarsten aller Menschen. Wenn es Mißbräuche und Schwächen in unserem Generalstab gegeben haben sollte, wenn es unsaubere Teile in unserer Gesellschaft gibt, wenn es zu beseitigende Vorurteile in unseren Traditionen gibt, dann muß die Heilung aus dem Geist der Liebe kommen, dem Gefühl eines Familienvaters, der das Wohl der Seinen beabsichtigt, nicht aus dem Hochmut dieser Pedanten und neronischen Artisten.«[20]

Die Affäre als Wendepunkt im nationalen Selbstverständnis des Fin de Siècle. Im »integralen Nationalismus« der Anti-Dreyfus-Bewegung drängten Motive an die Oberfläche, die den Faschismus ankündigten – und zwar bereits als fertiges ideologisches Konzept, das alle seine klassischen Wesenselemente enthielt: die Interessen der Nation als oberste politische und moralische Instanz; die Nation weit jenseits abstrakter »kantianischer«, universalistischer, humanitärer Prinzipien; die Nation als metaphysische Wesenheit der Erde, der Ahnen, der Ungeborenen; die Nation womöglich verfaßt als völkische Schicksalsgemeinschaft, gereinigt von rassischer und geistiger Überfremdung. Nichts fehlt in der fatalen Mischung. Im sogenannten »Programm von Nancy« forderte die Action Française die unverzügliche Lösung des Fremdenproblems, vor allem der »Judenfrage«: »An der Spitze der Gesellschaft, ebenso wie tief in den Provinzen, im geistig-moralischen wie im materiellen Bereich, in der Geschäftswelt, der Industrie, der Landwirtschaft bis herunter auf die Baustellen, wo er dem französischen Arbeiter Konkurrenz macht, vergiftet uns der Fremde wie ein Parasit.«[21]

Die Nation, befreit vom artfremden Demokratismus/Parlamentarismus (»Der Parlamentarismus verstößt als fremder Import wider unsere Natur«[22]) und am besten formiert und diszipliniert nach militärischen Prinzipien (»Die Armee muß die Individuen so formen, daß sie, ins zivile Leben zurückgekehrt, nicht nur für sich, sondern für die Gemeinschaft arbeiten«[23]); dazu rabiater Anti-Intellektualismus und die geistige Mobilmachung gegen den teutonischen Erbfeind.

Um den Faschismus-Befund *avant la lettre* zu komplettieren: Die Doktrin vom geschlossenen nationalen Kollektiv enthielt auch ein gesellschaftspolitisches Programm, die Botschaft vom nationalen Sozialismus. »Der Nationalismus, der die Zusammengehörigkeit von Menschen anerkennt, die aus derselben Erde und denselben Toten geboren sind, und der die totale Prägung jedes Individuums durch das französische Leben betont, hat sich besonders um die soziale Gerechtigkeit zwischen den Franzosen zu kümmern. Nationalismus bringt notwendig Sozialismus hervor.«[24] Nationaler Sozialismus als Idee einer französischen Volksgemeinschaft, das ist seine eine Funktion. Die andere, den französischen Arbeiter aus den Umgarnungen des sozialistischen Internationalismus zu befreien, der in Wahrheit ohnehin ein deutscher Sozialismus ist: »Man hüte sich vor dem ›kosmopolitischen‹, vielmehr deutschen Sozialismus, der die Verteidigung des Vaterlandes unterminiert.«[25] Als »Faschismus in den Farben Frankreichs« oder, noch schlimmer, einfach als »idéologie française« hat Bernard-Henry Lévy in seinem gleichnamigen Buch den Weltanschauungshorizont des integralen Nationalismus seit der Affäre beschrieben. Französische Ideologie deshalb, weil in Wahrheit »Frankreich, das Vaterland der Menschenrechte, in gewissem Sinne das eigentliche Vaterland des Nationalsozialismus« sei.[26] Maurice Barrès gilt ihm als »erster authentischer europäischer Nationalsozialist«, das Frankreich der Affäre als Geburtsstätte des modernen Rassismus.[27]

Die Botschaft vom integralen Nationalismus und der Tumult um ihre Agitatoren fielen in jene Lebensjahre de Gaulles, in denen die intellektuelle und charakterliche Prägung sich zu vollziehen pflegt. Was wurde davon auf Dauer bedeutsam für ihn? Wie schon bemerkt: ebenso wie über die Details seiner privaten Biographie überhaupt, so schwieg er sich auch über seine Bildungsgeschichte aus. Nichts von Lehrern, Büchern, philosophischen Leitbildern, prägenden Einflüssen, was aus seiner Feder überliefert wäre. Indessen, unter den ganz wenigen namentlichen Referenzen zur Physiognomie seiner Epoche nannte er wiederholt Maurice Barrès als einen der geistigen Väter seiner Generation, und in einem historischen Abriß der politisch-moralischen Situation Frankreichs zwischen 1871 und 1914 finden sich sowohl die Begriffe, die Barrès zur Neubestimmung des Patriotismus eingeführt hatte, wie auch die feierliche Würdigung seiner Mission. Barrès habe, schrieb der achtundvierzigjährige Generalstabsoffizier in seiner Studie über »Frankreich und seine Armee«, »der Elite das Bewußtsein der nationalen Ewigkeit (éternité nationale) wiedergegeben, indem er ihr die Bande entdeckte, die sie mit ihren Ahnen verbindet«.[28] *Das* Leitmotiv Barrèsscher Metaphysik des Nationalen! Es findet sich durchgängig wieder explizit im literarischen Werk de Gaulles und implizit in den Meditationen über seine gewisse Idee von Frankreich.

Auf die dem integralen Nationalismus eigentümliche Identifikation mit der Totalität französischer Geschichte bei de Gaulle wurde schon hingewiesen – nicht aus Gründen inhaltlicher Übereinstimmung, sondern weil es französische Geschichte ist. Der Topos vom metahistorischen Wurzelgrund der Nation »in der Erde und den Toten« kehrt in mannigfachen Variationen wieder in de Gaulles historischen Reflexionen, nationalen Reverien und sogar in seiner tagespolitischen Rhetorik. »Es gibt keine große Tat, die nicht einem nationalen Instinkt entspricht«, hörte ihn Georges Pompidou meditieren.[29] Noch nach Jahrzehnten wird er seine gewisse Idee von Frankreich in Bilder fassen, die bis in die Formulierungen hinein den Geist der Barrèsschen »Szenen und Doktrinen des Nationalismus« atmen. Den ersten Band der »Mémoires d'Espoir« eröffnete der Staatspräsident de Gaulle mit den Sätzen: »Frankreich kommt aus den Tiefen der Zeit. Es lebt. Die Jahrhunderte rufen es an. Aber es bleibt es selbst im Flusse der Zeit. Seine Grenzen mögen sich verändern, ohne daß sich sein Relief ändert; das Klima, die Flüsse, die Meere, die es für immer prägen. Es wird bewohnt von Menschen, die im Laufe der Geschichte von den unterschiedlichsten Prüfungen heimgesucht wurden, die aber doch zu einer einzigen Nation verschmolzen. Diese Nation umfaßt zahlreiche Generationen. Sie besteht gegenwärtig aus mehreren, und sie wird noch viele hervorbringen. Aber durch die Geographie, durch das Genie ihrer Rassen, durch ihre Nachbarschaften besitzt sie einen beständigen Charakter, der die Franzosen jeder Epoche von ihren Vätern geprägt sein läßt und sie verpflichtet für ihre Nachkommenschaft. Diese menschliche Gemeinschaft ... kennt eine unaufhebbare Einheit von Vergangenheit, Gegenwart und Zukunft. Ebenso ist der Staat gleichzeitig Träger seines Erbes von gestern, ihrer Interessen von heute und ihrer Hoffnungen von morgen.«[30] Schierer, reiner, unverfälschter Barrès, bis in die Formulierungen hinein!

Es war jedoch nicht nur die romantisch-mythische Einkleidung des Barrèsschen Nationalismus, die prägend gewirkt hat und für immer haften blieb, es waren durchaus auch Elemente der politisch-ideologischen Inhalte, die Kernmotive von Lévys sogenannter »idéologie française«. Gewiß, es ist unsinnig und schlicht falsch, de Gaulle Faschismus zuzuschreiben, selbst den Protofaschismus der Action Française. Dennoch gibt es in seinen Urteilen und Wertungen, Vorlieben und Abneigungen, Überzeugungen und Verhaltensweisen starke Motive, die ihre Herkunft aus den Eindrücken der Jugend nicht verleugnen. Der manifeste Antiparlamentarismus, die unverhohlene Verachtung für das Parteiwesen, überhaupt für die »Politiker«; der Glaube an den moralischen Auftrag des Soldaten und die Rezepturen des »nationalen Sozialismus«, die Überzeugung von der Berufung des geborenen »Chefs«; die verächtliche Distanz zu den »Ideologen« und Intellektuellen. Ganze Ideenassoziationen und Argumentationsreihen scheinen von Barrès übernommen. Man weiß, daß das Kampfblatt des »integralen Nationalismus«, die *Action Française*, im Elternhaus de Gaulles gehalten wurde, daß er selbst in den zwanziger und frühen dreißiger Jahren darauf abonniert war, und man kennt seine zumindest geistigen Verbindungen zum »Maurrasismus« in dieser Zeit.

»Le Mal Allemand« oder: »In Wahrheit ist das Schicksal Deutschlands das Hauptproblem der Welt«

Im Juni 1905 – der junge Charles nähert sich seinem sechzehnten Lebensjahr – landete Kaiser Wilhelm II. in Tanger, der Welt und besonders Frankreich Deutschlands imperiale Geltung zu demonstrieren. Der Effekt war überwältigend. Frankreich, das Debakel von 1870/71 stets in schmerzlicher Erinnerung und in den vorangegangenen zehn Jahren ohnehin immer mißtrauischer geworden gegenüber den sich häufenden Kraftgebärden des Reiches, stürzte in einen Taumel nationalistischer Leidenschaften. Was Sedan, der boulangistische Revanchismus und selbst die Affäre Dreyfus nie so recht vermocht hatten, die Durchsetzung eines prinzipiellen, weltanschaulich begründeten und mit intellektuellem Anspruch auftretenden Anti-Germanismus, das bewirkte quasi über Nacht die »Alerte de Tanger«.

Nicht nur die nationalistische Rechte und Ultrarechte um die *Action Française* zeichneten ein fürchterliches Bild von der drohenden »deutschen Gefahr«, sondern ebenso renommierte Geister der Linken wie Charles Péguy, der zu einem der wortgewaltigsten Advokaten des militanten Anti-Germanismus wurde, durchaus auch im Sinne der rassischen Bedeutung des Wortes. »Niemals«, schrieb der weiland sozialistische Internationalist Péguy, »wird Deutschland Freiheit hervorbringen – das ist eine Frage der Rasse: niemals etwas anderes als Herrschaft.«[31] Ein junger Historiker mit großer Zukunft, Jacques Bainville, der soeben noch deutschen Geist und deutsche Wissenschaft als vorbildlich zu rühmen wußte, malte jetzt in grellen Farben das Horrorbild vom

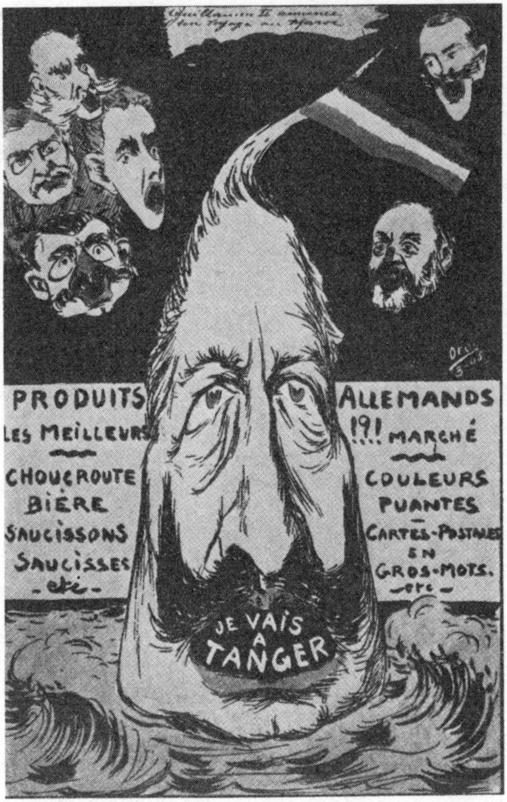

Der »Alarm von Tanger«.
Zeitgenössische Karikatur auf Kaiser Wilhelms II. Reise nach Marokko im Juni 1905.

naturwüchsigen deutschen Brutalismus. »Der europäischen Aufsicht entronnen, wälzen sich die Deutschen in ihrer Barbarei ... Sie sind in ihren Primitivstand zurückgefallen, in den Zustand erobernder Horden ... Deutschland ist allein auf Eroberung angelegt ... es kennt nur zwei Werte, Krieg und Industrie: Kriegsindustrie und Krieg für die Industrie, so lautet seine Devise.«[32]

Zum ersten Mal in der Geschichte des französischen Verständnisses vom Nachbarn jenseits des Rheins wurde auch unter Intellektuellen kein Unterschied mehr gemacht zwischen dem sublim-geistigen und dem brutal-militaristischen Deutschland, ja nicht einmal mehr zwischen dem »Vaterland des wissenschaftlichen Sozialismus« und dem Preußen der Junker und Schlotbarone. Deutsche Musik und deutsche Philosophie, bis in die neunziger Jahre hinein enthusiastisch rezipiert, verfielen jetzt dem patriotischen Verdikt. Kant, Hegel, Wagner, Nietzsche und – Marx, nichts als raffinierte Exportartikel zur Subversion lateinischer Clarté und zur Korruption französischer Identität; schlimme Drogen für eine desorientierte Jugend, aufbereitet und vertrieben von ahnungslosen Idealisten in akademischen Seminaren, schöngeistigen Zirkeln oder sozialistischen Versammlungen. Viel wahrscheinlicher, aber planvoll verabreicht von Kollaborateuren des jüdisch-marxistisch-deutschen Ungeistes zur Zerrüttung des französischen Widerstandswillens. »Es liegt klar zutage, daß gewisse französische Arbeiter, indem sie den Marxismus annehmen, daß gewisse Liebhaber, indem sie sich den Wagnerschen Träumen hingeben, andere, indem sie Nietzsches Delirien applaudieren, die Sache Frankreichs verraten«, entdeckte Maurice Barrès seinen Landsleuten.[33]

Politisches Herkommen oder ideologisches Bekenntnis machten dabei kaum mehr einen Unterschied. Der erzkonservative Monarchist Charles Maurras schleuderte seine Blitze ebenso gegen die protestantisch-liberalen »Monstres allemands«, wie der Sozialist Charles Péguy gegen die antisozialistisch-antirevolutionäre »teutonische Sklavennatur« – beiden war Deutschland die Antithese zu ihrem, freilich gegensätzlich definierten Frankreich.

Was sich seit Mitte der neunziger Jahre angebahnt hatte, gewann seit Tanger bestürzend Gestalt: Das geistige Frankreich wurde nationalistisch in dem Sinne, daß es seine Eigenart vor der Negativfolie Deutschland zu demonstrieren begann. Paradoxer- und eben auch wieder bezeichnenderweise, indem es sich Ideen und Wertvorstellungen verschrieb, die bis dahin für genuin deutsch gelten durften: dem romantisch-organischen Staats- und Nationenbegriff; dem völkisch-rassischen Gedanken; dem antiliberalen Autoritarismus; der Ethik des Soldatisch-Militärischen. Die Generation von Charles de Gaulle war die erste, die in dieses ideologische, vom »mal allemand« geprägte Milieu hineinwuchs. Denn dies war neu in der Entwicklungsgeschichte des nationalen Selbstverständnisses seit der Großen Revolution. Im Patriotismus der Bildungsschichten hatte es bis dahin militante Xenophobie nicht gegeben, Chauvinismus hatte immer für ordinär gegolten. Gewiß, das Bild vom deutschen Nachbarn hatte immer geschwankt, und es hatte keineswegs nur eine Tradition der romantischen Dichter- und Denker-Idylle à la Madame de Staël gegeben. Aber Deutschland als antithetische Totale war niemandem von Rang in Frankreich eingefallen. Bis zur Jahrhundertwende hatte es eher als Ausweis schlechten Geschmacks gegolten, das in der Trivialliteratur nach 1871 gepflegte Bild vom häßlichen Deutschen, dem nachmaligen »Boche«, ernst zu nehmen.

Deutschland, das Anti-Frankreich, nicht mehr nur eine europäische Alternative oder eine komplementäre Kultur, sondern die Verneinung, die Bedrohung, das fast in metaphysische Dimensionen reichende abgründige Gegenprinzip zu den in Frankreich verkörperten sublimen Werten humaner Gesittung, kultureller Harmonie und historisch-ästhetischer Form – das wurde jetzt zum Kernstück des patriotischen Glaubens. Zuvörderst natürlich bei den Barden des integralen Nationalismus um die *Action Française*. »Den Germanismus ablehnen, heißt unserer Eigenart bewußt werden«, schrieb Charles Maurras. »Ihre ganze Existenz rebelliert gegen unser wahres Leben«, sekundierte Maurice Barrès. »Frankreich, Land der Freiheit, der Vornehmheit, der verfeinerten, überlegenen Zivilisation ...«, Deutschland, »schwerfällig, Barbarei ohne Grazie«.

»Der Germanismus ist der Erzfeind, das Böse« (Maurras). Was sich seit Jahrhunderten zwischen den beiden Völkern, besser zwischen den zwei rassisch-kulturell konkretisierten Prinzipien vollzieht, ist der ewige Kampf zwischen Kultur und Barbarei. »Darf man die ›culture germanique‹ überhaupt als Teil der Menschheitszivilisation betrachten?« fragte ernsthaft Maurice Barrès, und er schrieb lange Abhandlungen zum Nachweis, daß der Geist, in dem Goethe seinen Werther mit dem Verlobten Charlottens umgehen ließ, exakt derselbe sei, in dem Bismarck die Emser Depesche fälschte und Bethmann Hollweg den Einmarsch in Belgien rechtfertigte; daß der »Faust, der kategorische Imperativ, der Marxismus, der Wagnerianismus, der Nietzscheanismus ... Waffen gegen den Geist anderer Völker sind, ein erstickendes Gas, ein Todeshauch, unter dem die Rasse, die Deutschland angreift, entartet, ihres Geistes beraubt wird, untergeht«[34]. Und er weist Frankreich und die Menschheit warnend darauf hin, daß in der deutschen Märchenwelt und der deutschen Musik das Barbarisch-Chaotisch-Unmenschliche sein teutonisches Wesen habe, »quelque commerce criminelle«. Liegt der unseligerweise unter Franzosen so vielgerühmten deutschen Spiritualität nicht in Wahrheit ein aus dunklen Tiefen emporquellender Geist der Zerstörung zugrunde? »Der Deutsche entzückt sich in Szenen der Vernichtung. Woher seine entsetzliche Bewunderung für alle Kataklysmen?«[35] Deutschland – nicht nur das andere, sondern das böse Prinzip!

Natürlich gab es auch maßvollere, besonnenere, weniger panische Urteile und Einschätzungen, durchaus auch Bemühung um Verständnis und Verteidigung – etwa im Umkreis des großen Sozialisten Jean Jaurès –, aber für das politisch-soziale Milieu, in dem Charles de Gaulle heranwuchs, gehörte der Anti-Germanismus seit Tanger zum patriotischen Credo.

Was blieb davon haften? Haben die frühen Eindrücke de Gaulles Grundüberzeugungen von Deutschland geprägt? Von seiner Nähe zum Denken Barrès' war schon die Rede. Zu Charles Maurras wird er, trotz dessen später Wendung zu Vichy und sogar zur Kollaboration mit der deutschen Besatzungsmacht, bemerken, er habe »so sehr recht behalten, daß er darüber den Verstand verlor«[36]. Dennoch, wie unvermeidlich widerspruchsvoll seine Urteile über Deutschland und die Deutschen im Verlaufe seiner lebenslangen dramatischen Konfrontation mit dem unheimlichen Nachbarn »outre-Rhin« auch ausfallen werden, der rabiate, absurde, rassisch-metaphysisch argumentierende Anti-Germanismus der *Action Française* wurde niemals seine Sache; wohl aber eine beständige, tiefe Irritation, ja Obsession, die – durch die eigene Lebenserfahrung bestätigt und vertieft – den düsteren Schicksalsmotiven Barrèsscher Herkunft immer wieder Raum gaben. Es wird Augenblicke geben, wo auch er den apokalyptischen Deutungen deutschen

Wesens verfällt und die Heimsuchungen der Menschheit dem »von einem teuflischen Genius gelenkten Germanismus« zuschreibt[37] oder sich überzeugt zeigt, daß »Deutschland die Bismarck, Wilhelm, Hitler aus seiner Natur hervorbringt«[38], oder daß die Nazi-Greuel der deutschen Natur entspringen.[39] Oder, schon nahe dem Ende seiner Karriere und seines Lebens, daß die Deutschen »sich niemals ändern werden«[40]. Aber das war doch mehr Kriegsrhetorik oder Ausdruck momentaner Enttäuschung, aktuellen Zorns denn Bestandteil eines festgefügten Urteils. Seine, wenn man so will, philosophische Grundüberzeugung vom Wesen, von der Natur, von der »Bestimmung« Deutschlands ist weit nuancierter, unterscheidet, konzediert Wandlungsfähigkeit und historische Entwicklungsprozesse, ist vor allem gänzlich frei von jenem fatalen Völkerpsychologismus und Moralismus, der selbstgewiß nach dem Gut/Böse-Schema zu urteilen pflegt.

Aber es gab doch eherne Konstanten in den wechselnden Deutschlandbildern des Charles de Gaulle: die Gewißheit vor allem von ewiger, unwandelbarer, unausweichlicher Polarität zu seinem in Frankreich verkörperten moralisch-ästhetisch-humanen Ideal. Polarität, nicht notwendig in einem negativ-antithetischen Sinn, aber doch immer als Inbegriff des ganz anderen; sodann die mit Furcht und Abscheu gemischte Faszination vor der disziplinierten Dynamik, dem kriegerischen Machtkult, der inneren Maßlosigkeit des teutonischen Vitalismus. Der Begriff des Germanismus in diesem schlimmen Sinn taucht immer wieder auf in seinen historischen Arbeiten, in seinen Reden, in seinen Memoiren – mit fortschreitendem Alter immer häufiger und, vor engerem Kreis, mit zunehmend schärferer Kommentierung. In den Erinnerungen des Staatspräsidenten beschrieb er als Hauptmotiv seiner Deutschlandpolitik die Verhinderung der Wiederkehr »der bösen germanischen Dämonen«[41].

Besonders die geistesgeschichtlichen Deduktionen und Insinuationen aus dem Repertoire Barrèsscher Germanophobie blieben ihm teuer. Die Verantwortlichkeit oder doch Komplizität des deutschen Geistes für und mit dem Germanismus bildeten ein permanentes Leitmotiv seiner gewissen Idee von Deutschland. Sein erstes Buch, »Die Zwietracht beim Feinde« (1924), verfaßte er in der Absicht, dem französischen Offizierskorps zu zeigen, wie die deutsche militärische Führung, getrieben von ihren sozusagen arteigen-niederen Dämonen, aber erst inspiriert und legitimiert durch arteigene deutsche Philosophie –

nämlich durch Nietzsches maßlos-gewalttätige Zauberformeln vom »Willen zur Macht« und vom »Übermenschen« – das Reich in den Abgrund stürzte. Als quasi-naturwüchsig schrieb er dem preußisch-deutschen Generalstab den »charakteristischen Zug zu maßlosen Unternehmungen« zu, »die Sucht, um jeden Preis die persönliche Macht auszudehnen, die Verachtung der durch menschliche Erfahrung, die Vernunft und das Gesetz gezogenen Grenzen«. Als dessen dämonische Ethik erkannte er den »Übermenschen mit seinem Ausnahmecharakter, den Willen zur Macht, die Freude am Risiko, wie ihn Zarathustra will, (das) erschien diesen von leidenschaftlichem Ehrgeiz Besessenen als Ideal; sie wollten zu jener herausragenden Nietzsche-Elite gehören, die, indem sie ihren eigenen Ruhm verfolgte, überzeugt ist, dem allgemeinen Wohl zu dienen; die die ›Masse der verachteten Sklaven‹ unter ihren Willen zwingt; die nicht haltmacht vor menschlichem Leiden, sondern dieses als notwendig und wünschenswert begrüßt.«[42] Kontrapunktisch dazu Frankreich, der geistige Raum des klassischen Maßes, der humanen Ordnung, ästhetisch symbolisiert im französischen Garten, wo »kein Baum den anderen durch seinen Schatten erstickt«, wo »das Maß die großartige Harmonie prägt«.[43]

Zwanzig Jahre später, in der Endphase des Zweiten Weltkriegs, weitete er die fatalen Zusammenhänge gar aus auf die deutsche Kultur insgesamt. In einer großen Rede vor der Beratenden Versammlung im befreiten Paris begründete er die Notwendigkeit des französisch-sowjetischen Allianz- und Beistandsvertrages vom Dezember 1944 unter anderem mit der »historischen Tatsache«, daß Deutschland »die ihm eigenen Gaben des Geistes, der Wissenschaft und der Kunst, die weit davon entfernt sind, humanisierend auf seine Neigungen zu wirken, diese im Gegenteil zum Lehrsystem erhebt, wonach die Herrschaft des deutschen Volkes zum Recht und zur Pflicht wird«[44]. Privatim verwies auch er auf den Erkenntniswert der klassischen deutschen Literatur dafür, wie »die Seelenqualen eines großen Volkes zum Höchstmaß an Verbrechen führen können«. »Sie sollten Goethe wiederlesen und nicht nur den Faust, sondern auch den Götz von Berlichingen«, empfahl er einem Gesprächspartner in der Zurückgezogenheit von Colombey-les-deux-Églises. Und er fügte hinzu: »Das müßte man den Amerikanern sagen.«[45] Auch die Mutmaßungen über den Export deutschen Geistes zur ideologischen Zersetzung seiner Gegner finden sich in den Reflexionen de Gaulles. Im letzten seiner militärhistorischen Werke, »Frankreich und seine Armee« (1938), veröffentlicht am Vorabend des Zweiten Weltkriegs, beschrieb er den lamentablen Geisteszustand Frankreichs nach dem Debakel von 1871 in Wendungen und Formulierungen, wie vordem vernommen in den schrillen Alarmrufen des Maurice Barrès. »Was Rang und Namen hatte im französischen Denken, wandte sich ab von den nationalen Quellen. Kant, Fichte, Hegel lehren über Zwischenpersonen an der Sorbonne. Der aktive Flügel der sozialistischen Bewegung verachtete Fourier, Proudhon, Le Play, Blanqui und reihte sich ein unter das Banner von Marx.«[46]

Also doch unauslöschlich eingeprägt die Chiffren wilder Germanophobie eines Barrès und Maurras? Die Chiffren schon, doch nicht ihr dogmatischer Rang, nicht ihre unwiderlegliche Beweiskraft im endgültigen Verdammungsurteil über alles Deutsche, wie bei den Barden des »nationalisme intégral«. Der blinde Haß, die radikale Negation alles Deutschen blieben de Gaulle fremd. Im Gegenteil, man wird wohl sagen können, daß er keinen fremden Kulturkreis so gut kannte und verstand wie den deutschen – und sich ihm in gewissem Sinne verwandt fühlte; in jenem widerwillig-faszinierten Sinne freilich, von dem schon die Rede war. In manchen deutschen Wesenszügen erkannte er zeitlebens bewunderns- und beneidenswerte Tugenden, und je nach gerade vorherrschender politischer Konjunktur schwankte er zwischen melancholisch-resignierter Bestätigung deutsch-französischer Unvereinbarkeit und optimistischer Hoffnung auf wechselseitige Ergänzung.

Beständig war seine Bewunderung für die militärische Tüchtigkeit der Deutschen und das, was er als ihren aufopferungsvoll-solidarischen Kollektivgeist erkannt zu haben meinte. In »Die Zwietracht beim Feinde«, einer bemerkenswert kenntnisreichen und scharfsinnigen Analyse des Zusammenhangs von Militär-, Innen- und Allianzpolitik der Mittelmächte im Ersten Weltkrieg, verneigte sich der junge Offizier vor der Tapferkeit, Ausdauer und Leidensfähigkeit des Gegners, »der vom ersten Tag des Krieges an das Erstaunen und die Bewunderung der Feinde verdiente und vor der Geschichte gewiß mit Auszeichnung bestehen wird«[47].

Das wird sich in und nach dem Zweiten Weltkrieg wiederholen – selbst im Angesicht der Nazi-Greuel. Bei aller rigorosen Entschiedenheit hinsichtlich der politischen Behandlung Nachkriegsdeutschlands – auch seiner Bestrafung – machte er wohl als einer der ersten einen Unterschied zwischen Nazis und Deutschen und stellte, schon 1941, die Frage, ob der Faschismus nicht eher Ausdruck einer gesamteuropäischen Zivilisationskrise sei denn ein spezifisch deutsches Phänomen.[48] Vier Jahre später, im April 1945, am Vorabend des Sieges und in voller Kenntnis nazistischer Bestialitäten, bedauerte er den »Ruin eines großen Volkes ... im höheren europäischen Interesse«.[49]

»Le Mal Allemand« im Psychogramm des Charles de Gaulle – die frühen Prägungen sind unverkennbar, die Motive des militanten Anti-Germanismus aus der Zeit seiner Jugend kehren wieder in den Reflexionen und Argumentationen des Schriftstellers und Politikers. Fest eingewurzelt blieb seine Gewißheit von deutsch-französischer Polarität, einer Polarität freilich – und hier löste er sich vom schicksalhaften Determinismus seiner frühen Memoiren –, die nicht notwendig auf Unvereinbarkeit oder Feindschaft angelegt sein muß.

In einem Text aus dem Jahre 1934 meditierte der Oberstleutnant unter dem Eindruck der steigenden nationalistischen Flut jenseits des Rheins über die gewissermaßen naturwüchsigen Ursachen der Erbfeindschaft: »Manchesmal scheinen sich die beiden Völker erschöpft durch den Krieg einander zu nähern wie zwei wankende Kämpfer. Aber kaum erholt, erspäht jeder wieder den Gegner. Diese Unstabilität entspringt der Natur der Dinge. Es gibt keine geographische Barriere zur Trennung der Rassen. Der ständige Austausch, der daraus resultierte, hatte gewiß die Vielfalt der wechselseitigen Beeinflussung zur Folge aber auch die Überschneidung der Interessensphären. Wo immer die deutsch-französische Grenze verläuft, markiert sie die Ränder einer Wunde. Woher auch der Wind über sie hingeht, ist er geschwängert von Hintergedanken.

Der Gegensatz der Temperamente verstärkt noch diese Bitterkeit. Nicht, daß der eine den Wert des anderen unterschätzte und manchesmal nicht davon träumte, welche großen Dinge man gemeinsam vollbringen könne. Aber die Reaktionsweisen sind so verschieden, daß sie die beiden Völker in ständigem Mißtrauen gegeneinander halten. Dieser Franzose, der in seinem Denken so sehr auf Ordnung hält und in seinem Verhalten auf so wenig, dieser Logiker, der an allem zweifelt ... dieser Jakobiner, der »Es lebe der Kaiser« ruft ... kurz, dieses bewegliche, unruhige, widerspruchsvolle Volk, wie könnte sich der Germane ihm zugesellen, es verstehen, sich mit ihm wohlzufühlen? Umgekehrt beunruhigt uns Deutschland, Naturkraft, der es sich am nächsten fühlt, ein Bündel mächtiger aber wirrer Triebe, geborene Künstler ohne Geschmack, leibeigen gebliebene Techniker, kriegerische Familienväter, Restaurants, die Tempeln gleichen, Fabriken inmitten von Wäldern, gotische Paläste zu Bedürfniszwecken, Unterdrücker, die geliebt werden wollen ... Ritter der Blauen Blume, die ihr Bier erbrechen ... episch am Morgen, romantisch am Mittag, kriegerisch am Abend, ein wunderbar blaues Meer, aus dem das Netz bunt durcheinander Monstren und Schätze hebt, eine Kathedrale, deren vielfarbenes Schiff edle Säulen birgt, erfüllt ist von reichen Harmonien für die Sinne und den Geist, die Seele und das Gemüt, das Licht und die Religion der Welt, aber deren dunkles Gewölbe von barbarischem Lärm widerhallt und das Auge, den Geist, das Herz verletzt ...«[50] Impressiv-literarischer Reflex der tiefen Ambivalenz in der Seele des Generals gegenüber Deutschland, dessen Schicksal für ihn immer »das Hauptproblem der Welt« blieb.[51]

»Das Schwert ist die Achse der Welt«

Im September 1909 trat Charles de Gaulle seinen Militärdienst zur Vorbereitung auf die Offizierskarriere an; im Oktober 1910 begann er seine Ausbildung an der traditionsreichen Militärakademie von Saint-Cyr.

Lakonisch wie immer, wo es um die private Person geht, pathetisch wie immer, wo es um deren exemplarische Schicksale geht, hat er die Entscheidung für den Soldatenberuf in der autobiographischen Skizze im ersten Band der »Mémoires de guerre« begründet: »Zu Beginn des Jahrhunderts erschienen die Vorzeichen des Krieges. Ich muß sagen, daß ich mir in meiner frühen Jugend dieses unbekannte Abenteuer ohne Schrecken und in Größe vorstellte. Ich zweifelte nicht daran, daß Frankreich durch gewaltige Prüfungen würde gehen müssen, daß der Sinn des Lebens darin bestünde, ihm eines Tages zu dienen und daß ich dazu die Gelegenheit haben würde. Als ich in die Armee eintrat, war sie eines der großartigsten Dinge der Welt ...«.

Eine knappe Seite weiter, schon bei der Schilderung seiner Karriere in der Zwischenkriegszeit, ergänzte und bekräftigte er noch einmal den Sinn seiner Entscheidung: »In der Armee ... sah ich das Instrument großer zukünftiger Taten.«[52]

Das Leben im Dienste Frankreichs und der Soldat als erster, privilegierter und zugleich entsagungsvoller Träger dieses Dienstes, das ist de Gaulles Verständnis von seinem Beruf, besser von seiner Berufung. Es fügt sich nahtlos ein in seine hohe Idee vom überpolitischen Rang des Vaterlandes und vom persönlichen ethischen Verpflichtungscharakter des Patriotismus. Der Soldat, keinem anderen Interesse verpflichtet als demjenigen des Vaterlandes, enthoben den ideologischen Parteiungen und fern den politischen Querelen, stellt den reinen Typus patriotischer Idealität dar. »Das Ideal (soldatischer) Berufung ist das Opfer«, schrieb er zu Beginn der dreißiger Jahre, einer Zeit, deren allgemeinen Verlust an Charakter und Moral er schmerzlich beklagte. »Die erste Eigenschaft der Armee ist der Kult des Gemeinwohls«, rief er dem unsoldatischen Zeitgeist beschwörend zu. »Die Seele der Armee bewahrte als ihren ersten Wesenszug die Uneigennützigkeit«, erinnerte er seine Landsleute im Zusammenhang der ansonsten so trostlosen moralisch-politischen Zustände zwischen 1871 und 1914.[53] Fast ein Vierteljahrhundert später, 1956 – wieder in Zeiten bitter durchlittener französischer »Schwächen, Mittelmäßigkeiten, Kleinmütigkeiten« –, ermutigte er die Kadetten von Saint-Cyr, sich dessen bewußt zu sein, daß »zu allen Zeiten unsere Rasse starke und zahlreiche militärische Berufungen gekannt hat. Das ist begreiflich, denn der Beruf des Soldaten besitzt eine Anziehungskraft und eine Tugend, die allein ihm vorbehalten ist.«[54]

Die Botschaft ist klar: Dem Soldatentum eignet eine moralische Qualität, die der Nation im Falle der geistigen oder politischen Krise ebenso unentbehrlich ist wie im Falle der äußeren Bedrohung seine Waffen. Aber mehr noch und jenseits des bloßen politischen Nutzens: Soldatentum verkörpert für de Gaulle auch jene höchsten menschlichen Tugenden – das Opfer des einzelnen für die Gemeinschaft, das heroische Leiden –, »wie sie nicht anders in den erhabensten Lehren der Philosophie und Religion« enthalten sind. So geschrieben von dem Vierzigjährigen in seinem wohl persönlichsten Buch »Die Schneide des Schwertes«, eine Art Kombination von militärischer Ethik und politischer Typologie des Militärischen.[55] Was der Politiker und Moralist de Gaulle als Maxime erkannt hatte, das bestätigte der Historiker und Patriot. »Frankreich wurde durch Schwertstreiche gemacht!«, so leitete er sein Buch über »Frankreich und seine Armee« ein – der mit Belegstücken aus zweitausend Jahren französischer Militärgeschichte gespickte leidenschaftliche Nachweis, daß Frankreichs Genie sich immer »getreu im Spiegel seiner Armee reflektiert« habe.[56]

Literarische Exaltationen eines in glanzlosen Zeiten im Provinzdienst frustrierten, im Avancement nicht so recht reüssierenden Militärs? Appelle von prophetischer Weitsicht? Ein wenig von beidem gewiß, wenn man die Umstände des Autors und seine ferneren Schicksale in Rechnung stellt.

Zuerst aber sind es die frühen Prägungen, die geistigen Traditionen des Charles de Gaulle, aus denen die für den Geist der Zeit so befremdlichen Ethisierungen und kultischen Stilisierungen des Soldatischen zu begreifen sind. Es waren die nämlichen frühen Erfahrungen im geistigen Milieu der Jahrhundertwende, die seinen Patriotismus und sein Deutschlandbild prägten, die auch – innigst damit verbunden – sein Bild vom hohen patriotischen und moralischen Beruf des Soldaten formten. Es war das Frankreich der Dreyfus-Affäre mit ihrer schweren Demütigung des Militärs, der Schlappe durch England in Faschoda, der erneuten Bedrohung durch das Reich und die nationalistische Reaktion darauf, in dem der Kult der Armee gedieh. Es war das Frankreich der zahllosen politischen Skandale mit dunklem Hintergrund von Geschäftemacherei, Bereicherung und privaten Affären, die den »Appell an den Soldaten« zur populären Parole für eine moralische Wende hatten werden lassen. Barrès, Maurras, Péguy, die *Action Française* – die Männer, die den integralen Nationalismus predigten, konnten sich den Retter aus innerer und äußerer Not nicht anders vorstellen als in der Uniform des Soldaten. Maurras ersehnte sich einen neuen General Monk – Liquidator der englischen Republik im 17. Jahrhundert –, und Barrès erhoffte sich einen wiedererstehenden General Boulanger.

In seinem »Appell an den Soldaten« beschwor Maurice Barrès das nach seiner Meinung tragische Scheitern des General Boulanger in den achtziger Jahren, in der Absicht, den »Boulangismus als Etappe auf dem Weg zur nationalen Bestimmung« erkennbar werden zu lassen[57], als Vorgeschichte zur Wiedergeburt eines Frankreich der Ehre, des Anstandes, der moralischen Sauberkeit und des patriotischen Opfergeistes. In diesem »Roman der nationalen Energie«, wie Barrès sein Werk im Untertitel programmatisch nannte, finden sich Bilder und Gedanken, die, wieder einmal bis in die Formulierungen hinein, wiederkehren werden bei de Gaulle. Bilder von den moralischen Dekompositionen der parlamentarisch verfaßten Republik, von der blamablen Physiognomie der herrschenden Politikerkaste, vom beklagenswerten Verlust des Bewußtseins von nationaler Würde und Größe bei den in die private Banalität versunkenen Franzosen. »Ich bin Demokrat«, ließ Barrès den General Boulanger sagen, »und kein Anhänger dieser parlamentarischen Versammlungen, wo jeder nur an seine Interessen, niemals aber an die des Vaterlandes denkt. Es gibt heute keinerlei Verantwortung. Sie ist so aufgesplittert, daß das arme Volk sie dem Belieben der Profis überläßt, die sich ihr allemal entziehen. Wir möchten, daß das Volk so oft wie möglich über die Reformen befragt wird. Und daß es für die vielen Fragen, die es nicht direkt entscheiden kann, wenigstens weiß, an wen es sich zu halten hat.«[58] Das Referendum und die persönliche Verantwortung des Führers – die wohlbekannten politischen Grundvorstellungen von Demokratie des Generals und Staatspräsidenten Charles de Gaulle!

Barrès ließ seinen General auch darüber reflektieren, wie seine Version von gelenkter Demokratie politisch zu verwirklichen sei, nämlich durch die klassenübergreifende, große nationale Volksbewegung, »eine Partei, die auf die Rhetorik verzichtet und sich ausschließlich dem allgemeinen Interesse widmet, eine Partei ohne Gruppen, die nur eine Sorge kennt, in Frieden zu arbeiten mit der nationalen Ehre als Banner«[59]. Mit nahezu den gleichen Worten wird der von den »politichiens« angewiderte de Gaulle anno 1947 sein »Rassemblement du Peuple Français« ins Leben rufen.

Aber auch hier sind Einschränkungen zu machen. Ebensowenig wie de Gaulle zum blinden Chauvinisten oder rabiaten Germanophoben wurde, so wenig wurde er zum Boulangisten, wie ihn die Linke unermüdlich denunzierte. Gewiß ist seine Überzeugung von der hohen Berufung des Militärs, fraglos auch sein Widerwille, ja seine Verachtung für die Parteiendemokratie und die Parlamentsherrschaft und unbestreitbar seine – wenigstens zeitweiligen – Neigungen für das größere Gewicht des Militärs im politischen und moralischen Leben der Nation; nirgends indessen und zu keinem Zeitpunkt der Wunsch nach dem Säbelregiment. Er beschloß jenes Buch, das vielen nachträglich als Aufruf zum Militärputsch, wo nicht zur Militärdiktatur galt, mit einem Kapitel, in dem zwar die Eigenständigkeit der Armee, genauer ihr Schutz vor Politisierung gefordert wurde, in dem gleichzeitig aber eine Machtübernahme prinzipiell abgelehnt wurde. »Man darf nicht daran zweifeln, daß in einem Lande, wo die Militärs die Gesetze machen ... der Rückhalt der Macht zerbricht.«[60]

In den fast dreißig Jahren seines öffentlichen Wirkens – als Unterstaatssekretär im letzten Kabinett der Dritten Republik, als Chef der Freien Franzosen, als Staatspräsident der Fünften Republik – hat er überaus schmerzliche Erfahrungen mit politischem wie mit unpolitischem Militär gemacht: mit den Pétain, Weygand, Darlan in und nach der Katastrophe von 1940; mit den »Prokonsuln« Vichys im Kolonialreich; mit dem Rivalen General Giraud 1942/43; mit den Generalsrebellen Salan, Challe, Jouhaud, Zeller bei der Liquidation der algerischen Tragödie. Haben sie seine hohe Meinung von der »vocation militaire« korrigiert? Sicherlich nicht in der Substanz. Das Prinzip, die hohe unverzichtbare Idealität ist die eine, die historische Konkretion, die von Menschen geprägte Realität eine andere. So wie er stets zwischen Frankreich und den Franzosen unterschieden hat, so auch zwischen dem Prinzip des Soldatischen und seinen jeweiligen Trägern. Über diese hat er sich keine Illusionen gemacht, ganz besonders nicht über seine Generalskameraden. Privatim hat er ihnen oftmals Borniertheit, mangelndes Urteilsvermögen und vor allem haarsträubenden politischen Unverstand attestiert. Dem Prinzip aber blieb er treu. An den dramatischen Weg- und Wendemarken seiner politischen Karriere präsentierte er sich der Nation stets als der »General«, in Uniform und unter Berufung auf den soldatischen Charakter seiner rettenden Tat im schwarzen Juni des Jahres 1940. So im Mai 1958, so bei der Beendigung des algerischen Krieges, so am 30. Mai 1968. Ganz am Ende, im Juli 1969, drei Monate nach seiner Demission vom Amt des Staatspräsidenten, sagte er zu einem Vertrauten: »Hören Sie gut zu. In Frankreich wird die Legitimität der Macht aus den Siegen der Waffen geboren. Chlodwig, Karl der Große, die Revolution und das Kaiserreich. Die Dritte Republik wurde in der nationalen Verteidigung geboren. Sie starb in der Niederlage von 1940. Es war diese Legitimität, die ich verkörperte, selbst in den Augen meiner Feinde.«[61]

In letzter Instanz mag das, was er als Ethik, als Philosophie des Soldaten propagierte, nichts anderes gewesen sein als das, was ihn die Geschichte, seine eigene Lebensgeschichte zumal, gelehrt hatte – die nüchterne, realistische, illusionslose Erkenntnis, daß die Gewalt der Waffen schließlich alles entscheidet. »Das Schwert ist die Achse der Welt« – mit diesem Satz schloß er sein Buch über die Berufsarmee von 1938.[62]

Den Stil des Soldatischen, die strengen Formen des disziplinierten militärischen Rituals, von denen er meinte, sie seien den Erfordernissen des Massenzeitalters unentbehrlicher denn je, hat er zeitlebens exerziert. Auf dem Schlachtfeld, mitten im chaotischen Zusammenbruch, achtete der Panzerkommandeur de Gaulle penibelst auf hierarchischen Comment. Nicht anders der Staatspräsident an der Spitze seiner Regierung. »Er hat seine Minister immer als Generalstab betrachtet, den Premier als Chef des Generalstabes«, schrieb der einzige wirklich Vertraute seiner späteren Jahre, André Malraux.[63] Man darf hinzufügen: nicht nur betrachtet, sondern auch behandelt; die Herren haben ihre Memoiren mit drastischen Beispielen dazu reichlich bestückt.[64] Und nicht nur der eigene »Generalstab« erlebte militärische Formen und Feld-Comment: Willy Brandt etwa hatte als Regierender Bürgermeister von Berlin anläßlich hoher Visite in seiner Stadt den lebhaften Eindruck, vom General zum Rapport befohlen zu werden.

Die Hoffnung, eine große Rolle in großen Ereignissen zu spielen

Im Jahre 1912 trat der einundzwanzigjährige Saint-Cyr-Absolvent sein erstes Kommando im Dritten Infanterieregiment zu Arras in Nordfrankreich an; im Oktober 1913 wurde er zum Leutnant befördert.

Die Person gewinnt jetzt Konturen, die Quellen fließen reichlicher, werden verläßlicher, die Urteile seiner Umgebung lassen bereits die Typik des Charakters zutage treten. Die neue Umgebung bringt wichtige soziale Erfahrungen und prägende persönliche Begegnungen. Soziale Erfahrungen: Der junge Mann aus kleinbürgerlichem Hause mit dem großbürgerlichen Bildungshintergrund traf in seinen Rekruten auf Menschen aus einem Milieu, das ihm bis dahin fremd war. Persönliche Begegnung: Er findet zu Arras einen gerade ernannten Chef vor, dessen militärische und persönliche Qualitäten ihn stark beeindrucken, einen Obristen namens Philippe Pétain.

Es heißt, der junge Leutnant habe außergewöhnlichen Eifer an den Tag gelegt, für den Geschmack seiner Untergebenen wohl allzu insistenten Eifer; er habe, nicht immer zum Vergnügen der Betroffenen, alle Details der Personalakten im Kopf gehabt, und – ziemlich ungewöhnlich für die Zeit – er habe seine Rolle als Offizier nicht nur im strikt militärischen Sinne verstanden, sondern ebenso im Sinne sozialer und menschlicher Verantwortung. Die Begegnung mit seinen ersten Untergebenen, Rekruten vom Pas de Calais, jungen Männern aus Bergarbeiterfamilien zumeist, habe einen so starken Eindruck hinterlassen, meint einer seiner Biographen, daß er »sein Leben lang, wenn er vom französischen Volk sprach, sich hauptsächlich die Bevölkerung Nordfrankreichs dabei vorstellte«[1]. Den mehr enthusiastischen Deutern de Gaullescher Vita will das Faktum zur geschichtsphilosophischen Bedeutung gereichen: »Nach sechs Jahrhunderten herrscht wieder ein Baron des Nordens über uns«, notierte ein tief ergriffener François Mauriac.[2]

Über die Bekanntschaft mit Pétain in Arras – erster Akt einer langen, von dramatischen Höhe- und schmerzlichen Tiefpunkten angefüllten Begegnung mit tragischem Ausgang – gibt es keine authentischen Zeugnisse. Eine erste Äußerung über das Verhältnis de Gaulles zum nachmaligen Maréchal stammt von einem mitgefangenen Kameraden in den Kasematten von Ingolstadt aus dem Jahre 1916, der berichtete, »er spricht sehr oft von ihm (Pétain), er verbirgt nicht seine tiefe Bewunderung. Er ist der Ansicht, daß er der beste General der französischen Armee ist.«[3] Ein unermüdlicher und verdienter Aufspürer von Gaulliana vermutet trotz karger Quellenlage tiefenpsychologisch Bedeutsames, das sich zwischen dem Vorgesetzten und Untergebenen, zwischen dem Lehrer und dem Schüler schon in den Kasernen von Arras zugetragen haben müsse: »Entre Pétain et de Gaulle se glisse quelque chose de freudien.«[4]

Den Weltkrieg erlebte der Hauptmann de Gaulle nach dreimaliger Verwundung seit 1916 in deutscher Gefangenschaft zu Ingolstadt im renommierten Fort IX, einem besonders sicheren Platz für fluchtverdächtige Offiziere. Keine verlorene Zeit für den lernbegierigen jungen Offizier, der sich in den 32 Monaten nicht nur auf alle erreichbaren Informationen über das Land, die Menschen, das politische System, die nationale und soziale Psychologie des »Gastgebers« stürzte, sondern sich auch, soweit unter den Bedingungen möglich, beachtliche Kenntnisse der historischen und belletristischen deutschen Literatur aneignete. Solide Grundierungen für die Kenntnis des problematischen Nachbarn, aus denen ein Leben lang der Militärtheoretiker, der General, der Politiker souverän schöpfen wird. In Fort IX befand sich noch ein anderer junger Mann mit großer Zukunftskarriere, der zwanzigjährige Michail Tuchatschewski, nachmaliger Marschall der Sowjetunion und prominentestes Opfer der großen Säuberungen Stalins in den dreißiger Jahren. In Anspielung auf die sonderbare Karriere eines Adligen aus der kaiserlichen Garde an die Spitze der ersten proletarischen Armee bemerkte de Gaulle später in einem Brief an einen Lagerkameraden von Ingolstadt, Rémy Roure: »Er besaß jenen, dem großen Ehrgeiz eigentümlichen Zug, der sich von der Welle tragen läßt, ohne sich um den Schaum zu kümmern.«[5]

Die Urteile der Kameraden im Offizierslager verdichten allmählich das Bild, das die Welt von der Person de Gaulles zu sehen gewohnt sein wird: abweisender Stolz bis zum Hochmut, Unnahbarkeit bis zur verletzenden Kälte, strengstes Selbst- und Pflichtbewußtsein, das jeden Gedanken an duldsame Kameraderie oder nachlässige Vertraulichkeit im Keime erstickt, demonstratives Selbstgefühl von hoher Berufung. »Le Connétable« nannten ihn, halb spöttisch, halb achtungsvoll die Mitgefangenen von Fort IX – ein Vergleich, den sehr viel später auch Churchill spontan finden wird zur Kennzeichnung seines hochmütig-selbstbewußten Kriegsalliierten. Rémy Roure, lebenslanger Bewunderer und Gefolgsmann de Gaulles, gab später zu Protokoll: »Wir alle sahen in ihm den zukünftigen militärischen Führer, einen Meister der Kriegskunst, einen Lehrer für Strategie und Taktik, der von sich reden machen würde.«[6]

Alle? Spätere Zeugnisse, gerade aus dem Kreis der Kameraden, werden immer zuerst abheben auf die schroffen Seiten seines Charakters, die Unnahbarkeit, die Arroganz, die Anmaßung. Ihn selbst hat das wenig berührt. Im Gegenteil, die Einsamkeit ist das unvermeidliche Schicksal aller Größe, so hat er es in seiner Typologie des geborenen Führers als untrügliches Zeichen der Auserwähltheit beschrieben.

Die nächste und recht abenteuerliche Etappe im Leben und in der Karriere des Charles de Gaulle war ein Feldzug in polnischen Diensten gegen die angreifende Rote Armee. Die Entente, und besonders ihr französischer Partner, hatte seit dem Sieg über Deutschland immer wieder versucht, die bolschewistische Revolution zu liquidieren, durch massive Unterstützung der russischen Konterrevolution, aber auch durch direkte militärische Interventionen. Im Frühjahr 1919 entsandte die französische Regierung eine Militärmission nach Polen, bestehend aus kriegserfahrenen Offizieren unter Führung des Generals Weygand. Zu ihr gehörte auch der Hauptmann Charles de Gaulle. Er wirkte zunächst als Instrukteur der polnischen Armee im Range eines Majors, nahm dann aber, wie die anderen Mitglieder der Mission auch, aktiv an den Kämpfen teil, als die Lage kritisch wurde. General Piłsudski, der polnische Oberbefehlshaber, hatte zunächst einen sehr erfolgreichen Feldzug gegen die Rote Armee gestartet, um den Sowjets die seit alters strittigen westukrainischen Gebiete zu entreißen. Das Blatt wendete sich indessen, und die polnische Armee flutete im Sommer 1920 in wilder Flucht auf Warschau zurück. Und hier nun geschah das »Wunder an der Weichsel« (14. August 1920) – maßgeblich inszeniert von den französischen »Beratern« –, und die Sowjets erlitten eine verheerende Niederlage. Dieser Sieg, der gleichzeitig auch das vorläufige Ende bolschewistischer Revolutionserwartungen in Mitteleuropa bedeutete, wurde zur Basis des Aufstiegs Polens in der Zwischenkriegszeit, in gewisser Weise das Terrain für den Anfang des Zweiten Weltkrieges.

Und Charles de Gaulle war dabeigewesen – unter dem Befehl eines Mannes, der genau zwanzig Jahre später seine Rolle im großen Drama spielen sollte, das ihn, Charles de Gaulle, zu historischem Rang befördern wird. Noch andere Wege kreuzten sich auf den Schlachtfeldern an der Weichsel: Der junge Sowjetmarschall, der die Feindtruppen befehligte, hieß Michail Tuchatschewski, einstiger Mitgefangener von Fort IX zu Ingolstadt.

Fast fünfzig Jahre später (1967) hat man den anonymen Tagebuchbericht des Feldzuges, verfaßt von einem Offizier der französischen Militärmission und in der *Revue de Paris* im November 1920 erschienen, als von de Gaulle geschrieben identifiziert – nach dem literarischen Versuch des Sechzehnjährigen wohl seine zweite Veröffentlichung. Sieht man ab von dem für einen Militär recht beeindruckenden Stil und der bereits charakteristischen Pathetik in der Anrufung des Vaterlandes (»La France! Ah! Nous ne l'avons pas oubliée«), so gibt der Text wenig mehr als Stimmungsbilder von einer für den Weltkriegsoffizier eher bizarr-anachronistischen militärischen Welt als von einer ernsthaften Kampagne. Einiges über den anarchischen Heroismus der Polen, einiges Abfällige über die Sowjetarmee (»200 000 Banditen«), auch über die Slawen insgesamt (»apathisch, gesinnungslos«) und vieles über Frankreichs historische Mission für die Geschicke Polens.

Was überrascht bei dem sonst so aufmerksamen Beobachter politischer und damit zusammenhängender geistiger Phänomene: kein Wort über die Weltanschauung, gegen die er in Polen kämpfte; nichts über Bolschewismus, Marxismus, Kommunismus. Die Feinde heißen bei ihm die »Russen«, die »Kosaken«, die »Armee Lenins« – nicht einmal die »Roten«. Ein frühes Zeugnis seiner souveränen Nichtachtung ideologischer Etikette. Er wird sie immer nur für einen raffinierten Vorwand halten, für beliebig austauschbare Flaggen, hinter denen die Interessen und Aspirationen der wahren Subjekte der Geschichte sich verbergen, der Nationen, der Völker, der Rassen. Als er, fast ein halbes Jahrhundert später, im September 1967 auf Staatsbesuch in Polen weilte, erinnerte er die kommunistischen Gastgeber ganz ungeniert daran, wie er in ihrem Land in seiner Jugend gedient habe und bemerkte ebenso ungerührt, was er von den gegenwärtig die beiden Länder trennenden politisch-ideologischen Umständen halte: »circonstances du moment«. Mehr nicht! Die historischen Realitäten sind die Völker und Nationen – es hatte sich nichts geändert an den Überzeugungen des französischen Majors in polnischen Diensten. Was er bewahren wird aus seiner polnischen Expedition, ist eine lebenslange starke, fast sentimentale Zuneigung zum polnischen Volk. In keiner seiner zahlreichen öffentlichen Reden als Staatsbesucher fand er so bewegende und so persönlich klingende Freundschafts-, Sympathie- und Hochachtungsbekundungen wie in Warschau und Krakau.

Im Herbst 1920 kehrte Charles de Gaulle nach Frankreich zurück, dreißigjährig und wieder als Hauptmann der französischen Armee. Es begannen damit zwanzig Jahre militärischer Karriere in sehr unterschiedlicher und vielseitiger Verwendung – Lehrer für Militärgeschichte in Saint-Cyr und an der Ecole Militaire 1921/22, Kommandeur bei den Besatzungstruppen in Trier 1928, ein Aufenthalt im Vorderen Orient 1929, Verwendungen im Stabe Pétains, Panzerkommandeur in Metz 1937, schließlich im Juni 1940 Berufung zum Unterstaatssekretär im Verteidigungsministerium – mit beachtlichem, wenn auch nicht ganz glattem Aufstieg in der militärischen Hierarchie: 1928 Major, 1932 Oberstleutnant, 1937 Oberst und im Mai 1940 General auf Zeit.

Eine Zeit vor allem, in der er seine militärhistorischen und militärpolitischen Bücher schrieb, sich zum profilierten und umstrittenen Militärtheoretiker entwickelte, als solcher in die Politik geriet, um endlich im letzten Kabinett der Dritten Republik seine normale Karriere zu beenden. 1924 erschien in Frankreich sein Erstling »Die Zwietracht beim Feinde«, 1932 »Die Schneide des Schwertes«, 1934 »Die Berufsarmee«, 1938 »Frankreich und seine Armee« – allesamt Arbeiten mit weit ausgebreitetem geschichtlichem Hintergrund, detaillierter historischer Beweisführung und durchweg versehen mit einer aktuellen Botschaft.

Hauptmann de Gaulle als Lehrer für Militärgeschichte in Saint-Cyr. Karikatur aus dem Jahr 1921.

Lehren aus der »Zwietracht beim Feinde«

»Die Zwietracht beim Feinde«, basierend auf seinen Studien im Fort IX zu Ingolstadt, ist der Versuch, den Zusammenbruch der Mittelmächte im Ersten Weltkrieg aus der Geistesstruktur und Geistestradition der preußisch-deutschen Armee zu erklären und sie in ursächlichen Zusammenhang zu bringen mit den politisch-sozialen, besonders den politisch-psychologischen Verhältnissen des Kaiserreiches. Die großen militärischen und politischen Fehlentscheidungen – Generaloberst von Klucks fatale Eigenmächtigkeit im September an der Marne, die Erklärung des unbeschränkten U-Boot-Krieges im Februar 1917, schließlich die Errichtung der faktischen Militärdiktatur im Herbst 1917 – bewertete er als unvermeidliche Konsequenzen jener Maß- und Rücksichtslosigkeit der preußischen Militärkaste, als deren philosophischen Mentor er Nietzsche ausgemacht zu haben glaubte. »Es war Nietzsche, dem ihre Führer (der kaiserlichen Armee), ebenso wie das ganze geistige Deutschland, sich philosophisch verschrieben, indem sie, enthusiasmiert vom Kult des Übermenschen, sich selber als den Mittelpunkt der Welt betrachteten.«[7] Und: »... der plötzliche Zusammenbruch eines starken und tapferen Volkes bezeugt das Umschlagen maßloser Prinzipien.« Die Warnung vor der ideologischen Intoxikation – ein lebenslanges Leitmotiv de Gaullescher politischer Philosophie!

Besonders fasziniert zeigte sich der Autor von der Plötzlichkeit und Unwiderstehlichkeit des deutschen Zusammenbruches. Wie ist es zu erklären, daß dieses Volk, fähig zu unerhörten Anstrengungen und Leiden, beherrscht vom Geist des Nationalismus, gewöhnt an eiserne Disziplin, begabt mit »natürlichem Gehorsam«, von einem Tag zum anderen seinen Glauben verlor, seinen geheiligten Überzeugungen abschwor, sich aufgab, in Panik stürzte? Die Antwort des Augenzeugen de Gaulle: Es war die plötzliche Entzauberung der Götter, das geistige und moralische Debakel der Eliten. Es war die Lähmung der militärisch-politischen Führung angesichts unerwarteter gegnerischer Entschlossenheit und Initiative, das katastrophale Versagen jener »Nietzsche-Elite« vor der nicht vorgesehenen plötzlichen Wendung. Dies war es, was mit einem Schlag ihr ungeheures Prestige zerstörte und das Volk in die Anarchie stürzte. »Diese Lähmung ließ, wie durch Berührung mit einem Zauberstab, mit einem Mal die kriegerischen Qualitäten des deutschen Volkes verschwinden und seine Fehler plötzlich offenbar werden ... Der Koloß, schwankend in der Nacht, suchte vergeblich den Halt, der ihm erlaubt hätte sich wieder aufzurichten. Unfähig ihn zu finden, verlor ein tapferes Volk plötzlich den Glauben an seine Kraft. Von nun an, unter verdoppelten Schicksalsschlägen, bewies es nur noch hoffnungslose Resignation, eine moralische Schlaffheit, die das Erstaunen und eine Lehre der Geschichte bleiben werden.«[8]

Welche Lehre? Erstens, daß im Krieg wie in der Politik es auf Geist und Charakter der Führung ankommt. Die Eliten bilden Herz und Hirn eines Volkes, sie sind das moralische Zentrum. Wanken sie, so zerbricht das Kollektiv. Zweitens: Das geistige Grundgesetz der Elite ist das Maß und die Vernunft, die vernünftige Mäßigung. Verfällt sie dem Übermaß, so hat sie ihre »Raison d'être« verloren, die Rache der Verführten wird ihr Sturz sein. Ein Lebensthema für Charles de Gaulle, und keineswegs nur ein philosophisches! An jeder Wendemarke seines politischen Schicksals wird er Anlaß haben, mit den Eliten zu hadern. Seinem Nachfolger im Amt des Staatspräsidenten wird er als wichtigstes Legat die Einsicht hinterlassen: »Die Eliten sind schuld daran, wenn alles verkommt.«[9]

Im Erstlingswerk des jungen Hauptmanns finden sich neben der Beschreibung und Dokumentation der dramatischen historischen Abläufe auch viele präzise Beobachtungen, einfühlsame Unterscheidungen und abgewogene Urteile zur Innenansicht des Kaiserreichs im Krieg. Etwa bei der sehr nuancierten Darstellung von Person und Position Wilhelms II., bei der Beschreibung des komplizierten Taktierens der SPD im Verlauf des Krieges oder bei der Untersuchung der schwierigen Beziehungen zwischen der k. u. k.-Führung und dem preußisch-deutschen Generalstab – kurz, es finden sich politische Analysen und Synthesen, die das Buch weit herausheben über die militärgeschichtlich-militärtheoretische Sphäre. Der junge de Gaulle bewies damit zum ersten Mal seinen Sinn für übergreifende historisch-politische Zusammenhänge, für die Psychologie von Personen und Situationen und nicht zuletzt für die Kardinaltugend des Historikers, die strenge Unparteilichkeit seines Bemühens – der Kriegsgegner wird porträtiert in seinen, vom Autor eher als tragisch geschilderten Verstrickungen, vom »boche« indessen kein Wort. In der gewaltigen Flut zeitgenössischer

Weltkriegsliteratur war »Die Zwietracht beim Feinde« ein bemerkenswertes Buch. Bemerkt wurde es freilich nicht. Ausgenommen die eher zweideutigen Kommentare über den literarisch ambitionierten Kameraden aus dem nächsten Umkreis, gab es so gut wie keine Resonanz.

Bemerkt wurde der junge Hauptmann dennoch, und zwar von einem Mann, der inzwischen zum Nationalhelden geworden war, dem Sieger von Verdun, seinem einstigen Vorgesetzten in Arras: von Marschall Philippe Pétain. Zweiter Akt in der Begegnung dieser beiden so grundverschiedenen Charaktere. Während der zwanziger und bis weit in die dreißiger Jahre wurde de Gaulle zum Protégé des Marschalls. Im Oktober 1925 wurde er in den Stab Pétains berufen, nicht zuletzt wegen seiner intellektuellen und schriftstellerischen Fähigkeiten. Er avancierte zum Sprecher und schließlich zur »Feder« des Marschalls, der den jungen Offizier nicht hoch genug zu rühmen wußte. 1926, anläßlich einer Inspektionsreise zu den Schlachtfeldern des Ostens, soll Pétain gesagt haben: »Ich werde die Front mit dem intelligentesten Offizier der französischen Armee bereisen, um zu hören, was er getan hätte, wenn er der Kronprinz mir gegenüber gewesen wäre.« [10]

Ein Jahr später, im April 1927, verschaffte er dem Hauptmann die unerhörte Ehre, vor der Kriegsschule drei Vorträge über die »Rolle des Führers« zu halten, war selbst anwesend und führte den Referenten mit den Worten ein: »Hören Sie meine Herren, den Capitaine de Gaulle ... Hören Sie ihm aufmerksam zu, denn der Tag wird kommen, wo ein dankbares Frankreich ihn rufen wird.« [11] So jedenfalls nach dem Zeugnis des ältesten Vertrauten und Freundes von de Gaulle, Lucien Nachin, der die Szene miterlebte und allgemein als vertrauenswürdige Quelle gilt.

De Gaulle hat sich der hohen Gunst würdig zu erweisen gewußt, wenigstens in dieser Phase des Dramas. Es gibt allerdings kritische Stimmen, die nicht zögern, von handfestem Opportunismus zu sprechen, den er bewiesen habe, um dem Marschall zu gefallen. Das gelte nicht zuletzt für seine Veröffentlichungen aus dieser Zeit der nützlichen Patenschaft. Das gelte insbesondere für eine in der *Revue militaire française* publizierte Studie über »Die historische Rolle der französischen Festungen« vom Dezember 1925. Tatsächlich ist die Argumentation des Hauptmanns hier dann befremdlich, wenn man sie vergleicht mit dem, was wenige Jahre später seine mit Vehemenz verfochtene zentrale Militärtheorie werden sollte. Es ging um nichts Geringeres als um das Verteidigungskonzept der Republik. Sollte Frankreich sich hinter einem starren Festungssystem einigeln, oder sollte es sich für den modernen Bewegungskrieg vorbereiten? Eine Diskussion, die in den zwanziger Jahren leidenschaftlich geführt wurde und die nicht nur Streitsache unter den Militärtheoretikern war, sondern sehr viel mehr noch von der politisch-psychologischen Atmosphäre der Zwischenkriegszeit Zeugnis gab. Sie endete bekanntlich mit der materiellen und geistigen Entscheidung für die Maginot-Linie.

Der Hauptmann verfocht in seinem Aufsatz die These von der absoluten Notwendigkeit des Festungsgürtels an der Ostgrenze mit ausführlichen Darlegungen und Beweisführungen aus dreihundert Jahren französischer Militärgeschichte. »Das Gefühl für die Kontinuität unserer Geschichte führt zu der Schlußfolgerung: Die Befestigung seines Territoriums ist für Frankreich eine permanente nationale Notwendigkeit.«[12] Das exakt war die Position des alten Marschalls in der Frage, die denn auch von de Gaulle gebührend gefeiert wurde (»glückliches Vertrauen des Siegers von Verdun in die permanente Befestigung«).[13] Knappe zehn Jahre später wird sich der Oberst de Gaulle mit genau der gegenteiligen Theorie profilieren, und die patriotische Geschichtsschreibung wird ihm bis zum heutigen Tag das Verdienst zuschreiben, der erste Theoretiker des modernen Bewegungskrieges gewesen zu sein. Opportunismus? Später gewonnene Einsicht?

»Die Schneide des Schwertes«

Im Jahre 1932 veröffentlichte der frischgebackene Oberstleutnant sein zweites Buch: »Die Schneide des Schwertes«, eine Vertiefung und Erweiterung jener drei Vorträge, die er 1927 vor der Kriegsschule gehalten hatte. Man hat das Buch mit Clausewitz' »Vom Kriege« verglichen, aber auch mit dem »Principe« des Niccolò Machiavelli und sogar mit Hitlers »Mein Kampf«. Die einen wollten in ihm die Anleitung zur Militärdiktatur sehen, andere eine Philosophie der Eliten, noch andere das stilisierte Selbstporträt des Charles de Gaulle. Eine Gemeinde von Gläubigen erkennt in »Le Fil de l'Epée« ex post nichts Geringeres als ein Dokument prophetischer Verkündigung. Immerhin, zum fünfzigsten Jahrestag seines Erscheinens wurde ihm öffentlich attestiert, es sei der »erste Appell de Gaulles acht Jahre vor jenem vom 18. Juni 1940« gewesen.[14]

Belege für jede dieser Interpretationen lassen sich in der Tat – wie stets bei geschicktem Zitatenschnitt – mühelos finden. Der schmale Band ist vielfältig auslegbar. Er enthält zunächst eine Art Apologie des Krieges und des Kriegers: die friedenssüchtig-heilsgläubige Zeit dispensiere sich vom Ernst der Geschichte und wisse nichts von den hinter dem Gorgonenhaupt waltenden schöpferischen Kräften; sie diskriminiere den Soldaten als Relikt barbarischer Zustände und verkenne die in ihm verkörperten hohen individuellen und sozialen Tugenden – so lautet der Tenor der Botschaft. Das möge nach den gerade durchlittenen Schrecken des Weltkrieges verständlich sein, konzediert der Autor, nichtsdestoweniger zeuge es von naiver Realitätsverachtung, deren Folgen eines Tages verhängnisvoll sein könnten. Krieg und Gewalt nämlich seien bei allem Grauen, das sie produzieren, doch immer zugleich auch unverzichtbare Lebens- und Fortschrittselemente in der Menschheitsgeschichte. »Könnte man sich tatsächlich das Leben ohne Gewalt vorstellen?« fragt der Autor. Nein, antwortet er, »es bedarf dieser Geburtshelferin, um den Fortschritt zu befördern.«[15] Und er weiß Herrliches zu berichten vom heilsamen Werk der Waffen: »Mit welchen Tugenden haben sie das moralische Kapital der Menschheit bereichert!« Das Soldatentum, von einer in Genuß und oberflächlichem Behagen versunkenen Zeit als unnütz, überflüssig, wo nicht als noch Schlimmeres erachtet, ist in Wahrheit Träger höchster philosophischer und humaner Werte: Opfer- und Leidensbereitschaft, Uneigennützigkeit, Lebenseinsatz für die Gemeinschaft. »Könnte man sich Griechenland ohne Salamis vorstellen, Rom ohne seine Legionen, die Christenheit ohne Waffen, den Islam ohne das Krummschwert, den Völkerbund ohne den Sieg Frankreichs?«[16]

Apologie des Krieges und des Kriegers, so etwa, wie man es in der deutschen Tradition seit Hegel zu hören gewohnt war. Nach den Erwägungen über die Prägungen des jungen Charles de Gaulle kommt der Zusammenhang nicht überraschend. De Gaulles Intimus André Malraux hat einmal darauf hingewiesen, daß das heroische Porträt von militärischer Größe, wie entworfen und vorgelebt von de Gaulle, sowieso weit mehr den klassischen Stilisierungen des preußischen Generalstabes entsprach als französischen Traditionen.[17]

Mußte schon die ethische Erhöhung des Krieges und des Kriegers unheroischen Zeitläuften als äußerst anstößig erscheinen, um wieviel mehr die offensichtlich daraus gezogene politische Nutzanwendung. Der Autor nämlich schien aufzurufen zur Kriegsvorbereitung und zur Machtübernahme durch die Kriegsherren. Die letzte Passage der Einleitung zu »Le Fil de l'Epée« konnte kaum anders verstanden werden: »Es ist an der Zeit, daß die militärische Elite sich ihrer herausragenden Rolle wieder bewußt wird, daß sie sich auf ihren Gegenstand konzentriert, welcher schlicht und einfach der Krieg ist, daß sie ihr Haupt wieder erhebt und nach den Höhen blickt. Um dem Schwert wieder die Schneide zu geben, ist es an der Zeit, daß sie ihre eigene Philosophie wiederherstellt. Sie wird darin den höheren Überblick finden, den Stolz ihrer Bestimmung, die Strahlkraft nach außen, einziger Lohn – im Warten auf Ruhm – für diejenigen, die zählen.« [18]

Unerhörtes Plädoyer für das Säbelregiment, entrüstete sich seither die linke de Gaulle-Kritik; hochinteressante Gedanken, befand noch der alte Chauvinist und Militarist Charles Maurras. Indessen, der Autor ließ der bedenklichen Einleitung Kapitel folgen, die das alles doch wieder relativierten, in einen professionell-militärspezifischen Rahmen rückten und ihm damit die mißverständliche politische Spitze nahmen. Kapitel 1 handelt von den militärischen Tugenden und deren Voraussetzungen und Rangordnungen – Intelligenz, Intuition, Instinkt, Moral –, vom unvermeidlichen Spannungsverhältnis zwischen Disziplin und Initiative, vor allem von Autorität und Persönlichkeit des militärischen Führers. Kapitel 2 und 3 heißen »Vom Charakter« und »Vom Prestige« und sind eine Art Brevier für den höheren Offizier mit Handreichungen, Anweisungen, Empfehlungen zur Autoritätspflege – haarscharf modelliert im übrigen nach dem de Gaulleschen Ebenbilde: »Ein solcher Chef hält auf Distanz, denn es gibt keine Autorität ohne Prestige, und es gibt kein Prestige ohne Distanz« [19]; »Und vor allem, es gibt kein Prestige ohne Geheimnis, denn man verehrt nicht, was man zu gut kennt. Alle Kulte haben ihren Heiligenschrein, und es gibt keinen großen Mann für seine Domestiken« [20]; »Ebenso ist es notwendig, daß alles, worauf der Chef sich einläßt, ein Zeichen der Größe trägt« – und vieles mehr von der gleichen Art.

Das letzte Kapitel »Der Politiker und der Soldat« hätte auch den letzten Zweifel an der Systemloyalität des Autors ausräumen müssen. De

Gaulle entwarf hier den typologischen Gegensatz von Politiker und Soldat – sicherlich nicht zum Vorteil des Politikers (muß schmeicheln, intrigieren, den Anhängern gefallen, faule Kompromisse schließen und so weiter) – mit dem Ergebnis, daß bei aller unvermeidlichen Polarität, allem wechselseitigen Mißtrauen und auch bei aller gegenseitigen herzlichen Verachtung die beiden Sphären sich doch zu respektieren hätten und dem Politiker die politische und dem Soldaten die militärische Entscheidung zukämen. Keine Rede von Militarisierung der Politik, gar von Politik durch das Militär.

Freilich, ganz am Ende bricht sich das persönliche Leitbild doch wieder Bahn. Der letzte Satz von »Le Fil de l'Epée« lautet: »Es gibt bei den Waffen keine bedeutende Karriere, die nicht der großen Politik gedient hätte, und es gibt keinen großen staatsmännischen Ruhm, der nicht durch die nationale Verteidigung vergoldet worden wäre.«[21] Der Feldherr-Staatsmann ist der historische Idealtypus des großen Chefs – für menschlichen Verstand unbegreifliche Hellsicht der eigenen Bestimmung, murmelte ergriffen ein von den Schwingen des Übersinnlichen gestreifter François Mauriac.[22]

In der Tat, das Erstaunliche der Schrift eröffnete sich erst in der Retrospektive. De Gaulle hatte einen Typus von Führer gezeichnet, der mit den ihm zugeordneten Aufgaben, Eigenschaften, Situationen und Schicksalen nicht nur den eigenen Idealen entsprach, sondern sich später in seiner Person buchstäblich realisierte. Könnte man treffender die Wirkung beschreiben, die der General in den großen Szenen seiner politischen Karriere auf seine Umgebung, auf sein Land ausübte, als mit den Sätzen zur mobilisierenden Kraft des echten Chefs? »Die Willen in seinen Bann schlagen, sich ihrer bemächtigen, sie so animieren, daß sie von selbst sich dem Ziele zuwenden, das er sich gesetzt hat, den Gehorsam vergrößern durch eine moralische Kategorie, die das Argumentieren übertrifft, alles, was an Glaube, Hoffnung, Hingabe in den Seelen ist, auf sich lenken – das heißt Führung.«[23] Zweifellos ein autoritäres Bild vom geborenen Führer, zweifellos auch wenig Schmeichelhaftes zum souveränen Demos – aber weder »Principe« noch gar »Mein Kampf«.

Der Soldat – Symbolfigur der neuen Zeit

Nur zwei Jahre nach der Apologie der Waffen und dem Appell an die soldatischen Tugenden erschien das dritte Buch de Gaulles: »Die Berufsarmee«, wieder eine literarische Mischung aus weitläufiger Militärgeschichte, intellektuell anspruchsvoller Militärtheorie und – neben den militärpolitischen und strategischen Folgerungen daraus – versehen mit einer ebenso massiven wie zweideutigen politischen Botschaft.

»Die Berufsarmee« ist in ihren politischen Teilen zunächst eine Bekräftigung der alten Thesen, die schon der Hauptmann sieben Jahre zuvor vor der Kriegsschule vertreten hatte, deren Richtigkeit der Autor jetzt aber, angesichts der dramatischen Entwicklungen überall in der Welt, bestätigt sah. Er wiederholte eindringlich seine Warnungen vor dem chimärischen Kinderglauben des Pazifismus, vor dem leichtfertigen Vertrauen auf internationale Ordnungssysteme, vor den durch nichts begründeten Hoffnungen auf Völkerverständigung. Er verwies auf die Brüchigkeit des kunstvollen Geflechts weltumspannender Verträge, und er mokierte sich über den »europäischen Geist«. »Französischer Traum par excellence«, rief er seinen Landsleuten zu, »Traum von einer organisierten Welt, wo die Herrschaft der Gesetze, die Mäßigung der Begierden, die Allgegenwart der Polizei allen den Frieden und jedem einen Freiraum garantieren würden.«[24] Aber man schreibt das Jahr 1934, und die Träume beginnen zu verfliegen. Während Frankreich noch immer seinen Illusionen nachhängt, feiert andernorts – jenseits des Rheins, jenseits der Alpen – ein neu-alter Geist seine Wiederauferstehung. »Überall versteift sich der Egoismus der Staaten. Jeder zieht sich auf sich selbst zurück. Die Welt hallt wider vom Lärm der Ansprüche: ›Das Übel, das man mir zugefügt hat‹, ›das Unrecht, das mir widerfahren ist‹, ›der Platz, der mir gebührt‹ und, wo wir den Krieg ächten, da huldigt man dort der Gewalt, da erklärt man Sehnsucht nach der Gefahr für gut und notwendig, verlangt man nach Waffen, bildet Milizen, Kohorten, Sturmabteilungen. Wo sind die Dämme gegen die Flut?«[25] Die abstrakten Befürchtungen von gestern haben sich schneller konkretisiert als erwartet, der äußerst dringliche Anlaß, dem »Schwert die Schneide wiederzugeben«, ist eingetreten, der alte, ewige Erbfeind folgt seinen alten, schlimmen Instinkten!

Die zweite politische Lehre aus den Reflexionen des Oberstleutnants de Gaulle im Jahre 1934 lautete: Die Hoffnung auf deutsch-französische Verständigung hat getrogen, die alten schicksalhaften Grundmuster im Verhalten der beiden Rassen zueinander brechen wieder auf, ihre unversöhnlichen und unveränderlichen Charaktere akzentuieren sich erneut. »Das Reich von heute folgt den (alten) Neigungen. Wer könnte daran zweifeln, daß eine neue Krise die Deutschen, wieder einmal, gegen Paris aufbrechen lassen wird.«[26] Unter dem Eindruck des durch die Nazis redynamisierten Deutschland zeichnete de Gaulle seine Porträts von unauflösbarer, schicksalhafter gallo-germanischer Polarität: Der Deutsche, umgetrieben von »mächtigen, aber dunklen Instinkten«, der Franzose, jener »Logiker, der alles in Frage stellt« – »wie könnten sie sich jemals verstehen«? Und es gelangen ihm Bilder bizarrer Widersprüchlichkeit deutschen Wesens, die wohl am besten Zeugnis geben von jener Mischung aus Abscheu und Bewunderung vor dem unheimlichen Nachbarn, die ihn von Anfang bis zum Ende beherrschte.

Wo sind die Dämme gegen die Flut? Was die Geschichte gelehrt hat, bestätigt sich erneut: nur die Waffen sind in der Lage, Frankreich wirklich zu schützen. Aber die angemessenen, die richtigen Waffen in den Händen der zeitgemäßen und richtigen Soldaten. Und damit ist de Gaulle beim eigentlichen Thema, dem leidenschaftlichen Plädoyer für das militärische und politische Gebot der Stunde, die mechanisierte, gepanzerte Elitearmee von jungen Berufssoldaten, eben die »armée de métier«.

Wie üblich griff er tief in die Geschichte und in den Fundus seiner bilderreichen Sprache zum Beleg seiner Thesen. In einem einzigen Abschnitt zum dürren Thema Vorzüge der Panzerung treten auf: Vulkan, der Gott der Schmiede, die Assyrer, die Perser, die Griechen, die Römer, die Helden des Roland-Liedes, Ritter Bayard, die schweren Reiter vor Sewastopol und die Tanks des Ersten Weltkriegs. Viel pathetisches Feuilleton, aber auch politische, soziologische, psychologische Argumente für die Zeitgemäßheit und Notwendigkeit der Berufsarmee, zum Beispiel ihre Attraktivität für den von der Technik faszinierten Geist der Zeit, ihr Unterlaufen des leidigen Ressentiments gegen die Wehrpflicht, ihre schnelle Verfügbarkeit für überseeische oder internationale Einsätze. Beiläufig revidierte er auch seine zehn Jahre zuvor so eloquent vorgetragenen Überzeugungen vom unvergleichlichen Wert des östlichen Festungsgürtels. Ist er nicht sowieso viel zu schwach angelegt; kann man abschätzen, wie seine Verteidiger auf die neuen Waffen reagieren werden: Flugzeuge, Panzer, Gas; wie würde der Fall solcher Festungen psychologisch auf die gesamte Armee wirken? Kurz, nichts ist es mit der permanenten nationalen Notwendigkeit, wie 1925 in der *Revue militaire française* vertreten.

»Die Berufsarmee« gilt als das theoretische Hauptwerk de Gaulles. Beachtet wurde es freilich nicht in seiner Zeit, wenigstens von denen nicht, an die es adressiert war, von der militärischen und politischen Führung Frankreichs. Ein tragisches Schicksal, meint die Jüngerschaft – tragisch für Frankreich und den Erdkreis. Tragisch allenfalls für den ambitiösen Autor, meint dagegen die nüchterne kriegsgeschichtliche Forschung. Denn weder seien seine Inhalte so bahnbrechend neu gewesen, noch sei die pompöse literarische Form der Präsentation geeignet gewesen, den militärischen Fachmann ernsthaft zu interessieren. Und so geht seit Jahrzehnten der Streit darüber, ob de Gaulle mit seinen strategischen Konzepten die theoretische Autorschaft für den modernen Bewegungskrieg gebührt, wie er im Zweiten Weltkrieg seine Triumphe erlebte, oder ob er nur einer unter anderen war, der das Richtige predigte. Die gaullistische Literatur wird nicht müde, die entlegensten und zum Teil auch fragwürdigsten Beweisstücke dafür aufzuspüren – daß etwa für die Panzerstrategen der Wehrmacht de Gaulle der große Lehrer gewesen sei, daß Herr von Ribbentrop, daß sogar Hitler selbst begierig nach de Gaulleschen Inspirationen gegriffen hätten und daß, natürlich, der Krieg für Frankreich 1940 nur deshalb so schmachvoll endete, weil man den genialen Theoretiker und Propheten der Schlacht der Zukunft ignorierte oder seine Ideen gar absichtsvoll sabotierte.

Wie immer es auch um die Originalität der de Gaulleschen Ideen bestellt gewesen sein mochte, als unzweifelhaft richtig hat sich jedenfalls das Konzept des Bewegungskrieges mit gepanzerten Verbänden erwiesen; die deutsche Wehrmacht hat es wenige Jahre später gezeigt. Manche Details der strategischen Studie lesen sich post festum eher erheiternd denn visionär. Beispiel: Der Oberstleutnant gedachte auch des Beitrages der Luftwaffe im Bewegungskrieg der Zukunft – tatsächlich das Erfolgsrezept der Blitzoperationen im Zweiten Weltkrieg –, und er sah ihn in dreierlei Hinsicht, nämlich in der Feindaufklärung, im

Einnebeln der angreifenden Panzerverbände und im Motorenlärm der Flugzeuge zur akustischen Verdeckung der Panzer.[27] Aber, man schrieb ja erst das Jahr 1934, und der Oberstleutnant war gelernter Infanterist!

Gleichviel, ob prophetisch oder nur professionell auf der Höhe der Zeit, dort, wo das Buch wahrgenommen und lebhaft kommentiert wurde, in der deutschen Militärliteratur nämlich, galt das Interesse weniger den strategischen Konzepten als den politischen und ideologischen Aussagen. Die deutschen Rezensenten waren sich einig, daß die beiden zentralen militärischen Thesen – Berufsarmee und Panzerarmee – bereits ihre Klassiker besaßen: von Seeckt für erstere, diverse Engländer, Österreicher und Deutsche für letztere, und daß das Hauptinteresse der de Gaulleschen Ausführungen in den Reflexionen über das deutsch-französische Verhältnis liege. Man nahm – sehr zu Unrecht – an, das Buch sei in Frankreich ein großer Erfolg, und seine Gedanken spiegelten die Meinung wichtiger Führungskreise wider. Man zeigte sich betroffen über den tiefen Pessimismus des Autors. »De Gaulle sieht im ununterbrochenen Kampf zwischen Galliern und Germanen eine Art von überirdischem Verhängnis«, schrieb ein Dr. Hanns Möller in den *Hamburger Nachrichten*, und man war beunruhigt über die möglichen Konsequenzen: »Es wäre traurig, wenn dieses Buch den Schlußpunkt hinter die deutsch-französische Verständigung setzen würde.«[28]

Und noch ein Punkt wurde bemerkt und für wichtiger gehalten als die strategischen Thesen: der gesellschaftlich-politisch-moralische Rang, den de Gaulle dem militärischen Geist und der Berufung des Soldaten zuwies. »Dieses Buch«, schrieb ein Kommentator, »wurde nicht nur für den Soldaten verfaßt.«

In der Tat, Berufsarmee und Bewegungskrieg waren für de Gaulle 1934 nur der eine Teil der gebotenen Antwort auf die Herausforderungen der Zeit. Der andere Teil sollte sozusagen in der geistig-moralischen Panzerung der Nation bestehen. De Gaulle forderte die Durchdringung von Staat und Gesellschaft mit militärischem Geist, die Renaissance der Nation durch die Besinnung auf ihre alten militärischen Tugenden, den Geist der Disziplin, der Ordnung, der Autorität. Das waren zwar schon die alten Lieblingsvorstellungen des Hauptmanns vom beispielgebenden Beruf des Soldaten gewesen. Jetzt aber besaßen sie eine ganz andere und schärfere Intonation. Beispielgebend nämlich jetzt nicht mehr nur für den Innengebrauch der Kaserne, wie vordem in »Die Schneide des Schwertes«, sondern maßgebend für eine umfassende »Neue Ordnung«. Die Zeit, so meinte er jetzt, sei dafür reif und rufe selbst danach: »Es gibt keine Gruppierung, keine Partei ... die nicht zur Erhebung aufriefen, zur neuen Ordnung, zur Autorität.«[29]

Das klang nach politischem Manifest für den autoritären Staat und die formierte Gesellschaft. Besonders unter den Zeitumständen, in denen das Buch erschien. Die politisch bedenklichen Passagen sind die allerletzten des Buches, und sie tragen unverkennbar den Charakter des tagespolitischen Appells. Man wird nicht fehlgehen in der Annahme, daß sie unter dem Eindruck aktueller Ereignisse niedergeschrieben wurden – und das erst verleiht ihnen ihre besondere biographische Bedeutung.

Drei Monate zuvor hatte es in Frankreich eine schwere innenpolitische Krise gegeben, die Unruhen des 9. Februar 1934. Antiparlamentarische Tumulte wahrscheinlich spontanen Charakters, getragen überwiegend von den ultrarechten Ligen (Croix du Feu; Camelots du Roi; Jeunesse Patriotique usw.), aber keineswegs nur von ihnen. Der Anlaß war die schwere Wirtschaftskrise, die nun auch Frankreich zu erfassen begann, und die offensichtliche Unfähigkeit des Systems, ihr zu begegnen. In 18 Monaten hatte man fünf Regierungen stürzen sehen, und als die letzte von ihnen (Chautemps) unter den schlimmen Enthüllungen einer kriminellen Affäre (Stavisky-Skandal) zurückzutreten gezwungen war, überschwemmte eine Woge der Empörung das Land. Das ganze politische System schien hoffnungslos diskreditiert, und seine Feinde von rechts und links machten dagegen mobil. »Nieder mit den Dieben«, »Die Abgeordneten in die Seine«, skandierte die Rechte vor der Deputiertenkammer; »Nieder mit den Dieben«, »Nieder mit dem Faschismus«, sekundierten beziehungsweise konterten die Kommunisten. Aber die Erschütterung hatte das ganze Land erfaßt, und Angriffe von unerhörter Schärfe machten dem »System« öffentlich den Prozeß. In diesem Zusammenhang ist de Gaulles Aufruf zur Neuen Ordnung zu sehen.

»L'ordre nouveau«, das war der antiparlamentarische Schlachtruf, der aus vielen Kehlen erscholl, und es war auch der Name eines rechtsradikalen Blattes. De Gaulle glaubte, eine unwiderstehliche Zeittendenz wahrzunehmen, die in ihren mächtigsten Impulsen zur quasi-militärischen Organisation aller Lebensbereiche dränge: die äußere Disziplinierung der Menschen durch die technische Zivilisation, der Zug zur Uniformierung und Normierung der Lebensumstände und Gewohnheiten, der offensichtlich sich durchsetzende Kollektivismus und Konformismus erzwängen sozusagen auch die innere Struktur des Militärischen, die Ordnung, die Hierarchie, die Autorität. »Eine Gesellschaft, die sich verbündet (qui se forme en faisceaux) ... lebt nicht mehr im Widerspruch mit der Truppe, der Strenge des Ranges, der Abzeichen, der Uniformen ... Mehr noch, man ist geneigt anzunehmen, daß der Typus militärischer Organisation im Begriff steht, zum Symbol der neuen Zeit zu werden.«[30]

Die Zeit trägt ja in der Tat Uniform und bewegt sich im Gleichschritt – nicht nur in Mittel- und Südeuropa; auch Frankreich kennt mittlerweile seine militärisch organisierten Kampfbünde und Ligen. Der Oberstleutnant de Gaulle scheint es mit Genugtuung wahrgenommen zu haben. So jedenfalls der Duktus des Buches. Also doch so etwas wie militärfaschistische Neigungen? Der Verdacht verstärkt sich noch bei der Lektüre des Schlußappells seines Buches, eine Passage, die eigentlich eher schon die Ankündigung des großen Führers ist: »Es ist an der Zeit, daß ein Meister erscheint, unabhängig in seinem Urteil, untrüglich in seinen Befehlen, getragen von der öffentlichen Meinung. Diener allein des Staates, erhaben über Vorurteile, voll Verachtung gegenüber Klientelen, ganz seiner Aufgabe verpflichtet, von großen Entwürfen erfüllt ... Tausend Zeichen kündigen eine nahe Wende an ... Wenn der nationale Umbruch durch die Armee beginnen sollte, so entspräche dies nur der Natur der Dinge. Nicht nur, weil die Macht notwendiger ist denn je für die Nationen, die leben wollen, sondern auch, weil das Militär der vollkommenste Ausdruck des Geistes einer Gesellschaft ist ... denn das Schwert ist die Achse der Welt und die Größe unteilbar.«[31]

Daß der Dreiundvierzigjährige schon sich selbst als den beschworenen »Maître« begriffen haben sollte, ist wenig wahrscheinlich; ob er noch an den schon sehr alten Marschall Pétain dachte, ist mehr als zweifelhaft. Daß er allerdings den Führertypus meinte, den er selbst zu verkörpern sich bemühte und an dessen Modell er seit einem Jahrzehnt arbeitete, das duldet keinen Zweifel. Der »Chef« der Zukunft ist sein literarisches Double, jene symbolische Person, zu der er sich selbst längst stilisiert hatte und die mit ihm wuchs. Darin mag eine Zukunftsempfehlung gelegen haben. Darauf läßt immerhin ein etwas anders gesetzter Akzent bei der Beschreibung der militärischen Führerpersönlichkeit schließen. Während es ihm vordem zuerst darauf ankam, die äußere Qualität des Chefs herauszuarbeiten und Regieanweisungen zu dessen Charakter, Prestige, Autorität zu geben – wie weiland vom Troupier de Gaulle praktiziert –, so konzentrierte er sich jetzt auf dessen intellektuelle und moralische Statur. Was sind seine vornehmsten Merkmale? Der souveräne Geist fern von dogmatischer Enge, die gereifte Persönlichkeit, die ihre Entscheidung aus eigenem Wissen und eigener Einsicht trifft. Wie allein kommen sie zustande? »Die wahre Schule des Befehlens ist die Allgemeinbildung.«[32] Deutliche Abfuhr für den Typus des bornierten Routiniers und – vielleicht – diskreter Hinweis auf den schriftstellernden, moralisierenden, rundum kultivierten und zudem noch fachlich höchst versierten Oberstleutnant im Generalstab.

Aber auch für die vom frühen messianischen Selbstbewußtsein ihres Idols Überzeugten gibt es Beweiskräftiges aus dem Jahr 1934. Wieder einmal zeichnete er das Schicksal einsamer Größe in kleinmütiger Zeit: »Was tief, was einzigartig, was einsam ist an dem für große Taten Bestimmten, wird übel aufgenommen in ruhigen Zeiten.« Einziger Trost des auf die Stunde seiner Bestimmung Harrenden: »Die Hoffnung, eine große Rolle in großen Ereignissen zu spielen«[33].

»Die Berufsarmee« wurde kein schriftstellerischer Erfolg – 700 verkaufte Exemplare bis zum Ausbruch des Krieges. Die Botschaft verhallte, was die Öffentlichkeit anging, im Leeren, und sie erregte alles andere als Anerkennung und Sympathie unter den Kameraden. Die bloße Erwähnung des Namens de Gaulle, berichtet ein Ohrenzeuge des Jahres 1936, habe unter der Generalität Qualifikationen provoziert, die etwa mit der befremdlichen Beschimpfung »Dorftrottel« (idiot de village) zu beschreiben wären.[34] Scharf abgelehnt vom militärischen Establishment wurde sowohl das Konzept der Berufsarmee (General Weygand: »Um keinen Preis zwei Armeen«) wie auch die Reorganisation auf den Bewegungskrieg (Marschall Pétain: »Die Sicherheit der Nation hängt ausschließlich von den Befestigungen ab«). Das militärische Frankreich hatte sich einbetoniert und wollte nichts hören von abenteuerlicher Mobilität. »Wenn wir so große Anstrengungen gemacht haben, eine befestigte Barriere zu errichten, glaubt man, wir wären so dumm, uns vor diese Barriere zu begeben, um was weiß ich für Abenteuer zu bestehen ...«, erklärte Verteidigungsminister General Maurin vor der Kammer.

Und also begab sich der Rufer in der Wüste in die Niederungen der Politik – »widerstrebend nach 25 Jahren Militärdienst«, wie er in seinen Memoiren betonte. Er kam in Kontakt mit Paul Reynaud, dem ehemaligen Finanzminister und zukünftigen letzten Premier der Dritten Republik, und hatte endlich die Genugtuung, daß dieser vor der Deputiertenkammer die de Gaulleschen Thesen zu Gehör brachte. Das war am 15. März 1935. Einen Tag später beschloß die deutsche Reichsregierung die Wiedereinführung der Wehrpflicht, nachdem eine Woche zuvor schon Adolf Hitler die einseitige Aufhebung der Militärklauseln des Versailler Friedensvertrages verkündet hatte. Vorgänge, die Frankreich gewiß alarmierten; in Sachen Revision der Strategie machten sie indessen wenig Eindruck auf das militärisch-politische Milieu, und der von Reynaud eingebrachte Gesetzesentwurf wurde vom Verteidigungsausschuß der Deputiertenkammer mit der Begründung abgeschmettert, eine Modifizierung des Verteidigungskonzepts à la de Gaulle sei »unnötig, nicht erwünscht, gegen die Logik und die Geschichte«.

Ein Jahr später ließ Hitler das entmilitarisierte Rheinland besetzen (7. März 1936), und wieder einige Monate später begann das Reich militärisch aktiv in den spanischen Bürgerkrieg einzugreifen. Die militärische Bedrohung aus dem Osten, vor der de Gaulle so eindringlich gewarnt hatte, begann konkrete Formen anzunehmen. In der Zwischenzeit hatte in Frankreich eine kleine politische Revolution stattgefunden. Als Reaktion auf den befürchteten Staatsstreich von rechts (9. Februar 1934!), die verzweifelte soziale Situation und unter dem Eindruck des aggressiven Faschismus in Italien und Nationalsozialismus in Deutschland hatte die Linke (Radikalsozialisten, Sozialisten, Kommunisten) zusammengefunden und im Mai 1936 bei den nationalen Wahlen einen Erdrutschsieg errungen. Zum ersten Mal in der Geschichte der Dritten Republik bildete eine reine Linkskoalition die Regierung, die berühmte »Volksfront« unter der Führung des großen alten Mannes der Sozialistischen Partei (SFIO), Léon Blum.

Der Fortgang militärischer Anstrengungen in Deutschland (Einführung der zweijährigen Dienstpflicht im Juli 1936) sowie das Einschwenken der Kommunisten auf eine militant-patriotische Linie (in der Folge eines strategischen Kurswechsels in Moskau) brachten zuwege, daß ausgerechnet die traditionell pazifistisch-antimilitaristische Linke eine forcierte Aufrüstung in Gang setzte. Die Volksfront-Regierung brachte einen Verteidigungshaushalt ein, der bei weitem übertraf, was es seit Kriegsende gegeben hatte. Und was den vorangegangenen Regierungen nicht in den Sinn gekommen war, geschah nun paradoxerweise unter Volksfront-Auspizien. Léon Blum, wiewohl scharfer Kritiker der Berufsarmee – aus rein ideologischen Gründen, wie de Gaulle später anmerken wird –, lud den Oberstleutnant zur Diskussion in den Amtssitz des Ministerpräsidenten. Über deren Verlauf haben die beiden Gesprächspartner recht unterschiedlich berichtet. De Gaulle gewann den Eindruck, daß der Regierungschef, bei aller Offenheit für seine Argumente, nichts gegen die Entscheidungen des Generalstabes unternehmen konnte oder wollte. Léon Blum hingegen hat später vor einer parlamentarischen Untersuchungskommission zu Protokoll gegeben, daß er de Gaulle eingeladen habe, in das Militärkabinett einzutreten, ja, daß er gar die Absicht gehegt habe, ihn zum Minister der nationalen Verteidigung zu machen. Der Oberstleutnant habe indessen abgelehnt und ihm eröffnet, »daß er in die Militärakademie eintreten werde und daß er dies der ministeriellen Tätigkeit bei weitem vorziehe«[35].

In den Memoiren de Gaulles findet sich davon kein Wort. Resignation? Widerwille gegen die politische Richtung? Der Volksfront wird der General nur gedenken als »großem Durcheinander, das die Nation in Wallung brachte«[36]. Léon Blum, dessen Weg er noch wiederholt kreuzen wird, nötigte ihm menschlich und intellektuell zwar Achtung ab, aber die parteipolitisch-ideologische Begrenztheit des Mannes, wie er das sah, war ihm doch zuwider. »Blum betrachtete das große nationale Problem ausschließlich unter sozialistischer Optik«, wird er später in anderem Zusammenhang schreiben. Er gehörte damit für ihn zur fatalen Kategorie der Politikerkaste, der er nicht zuletzt alle französischen Katastrophen seit der Großen Revolution zuschrieb.

Die Blumsche Gesprächsüberlieferung vom Wunsch de Gaulles, lieber zurückzukehren zu akademischer Tätigkeit, fand insofern ihre

Bestätigung, als der Oberstleutnant fürs erste sich wieder seinen historischen Studien zuwandte. Deren Frucht, sein letztes literarisches Werk vor dem dramatischen Eintritt in die Weltgeschichte, erschien 1938 unter dem Titel »Frankreich und seine Armee«.

Er habe damit, so schrieb er später in den Memoiren, zeigen wollen wie »von Jahrhundert zu Jahrhundert, die Seele und das Schicksal des Landes sich ständig im Spiegel der Armee reflektierten«. Es sei dies seine »letzte Botschaft an das Vaterland am Vorabend des Kataklysma« gewesen.[37] Wenn überhaupt, dann eine überaus akademische Botschaft, denn verglichen mit den drei vorausgegangenen Schriften ist »Frankreich und seine Armee« eine rein historische Arbeit. Sie zeichnet sich aus durch ihr Verständnis für die Zusammenhänge der sozioökonomischen Bedingungen mit den politisch-ideologischen Superstrukturen – nicht eben selbstverständlich für das Werk eines Berufsmilitärs –, sie enthält meisterhafte Kurzporträts aus der französischen Militärgeschichte, ausführliche strategische und waffentechnische Erörterungen, nicht zuletzt beweist sie wieder einmal des Autors glänzenden Stil – von aktuellem politischen Zeitbezug indessen kein Wort. Es sei denn, man nimmt den Hymnus auf die Armee und die Waffen dafür, der gleich im ersten Satz des Opus mit dem Donnerwort eröffnet wird: »Frankreich wurde durch Schwertstreiche gemacht«.

Das Buch hat insofern seine biographische Bedeutung, als sein Erscheinen de Gaulle endgültig mit Philippe Pétain auseinanderbrachte. Eine leidige Geschichte! Wesentliche Teile davon gingen nämlich zurück auf einen Auftrag des Marschalls, der sie unter eigenem Namen hatte veröffentlichen lassen wollen – in der Hoffnung auf einen Sitz unter den »Unsterblichen« der Académie Française. Pétain erhob Einspruch gegen die de Gaullesche Alleinautorschaft (»veritabler Vertrauensbruch«), und in einem unerfreulichen Briefwechsel, in dem de Gaulle energisch auf seine Rechte pochte, einigte man sich mühsam auf eine Widmung an den Marschall im Vorspann des Buches. Der Vorgang erregte erhebliches und indigniertes Aufsehen im höheren Offizierskorps und war gewiß nicht geeignet, dem ohnehin ungeliebten Kameraden de Gaulle Sympathien einzutragen. Für Pétain war sein einstiger Zögling damit erledigt. Wann immer in den folgenden dramatischen Jahren die Rede von ihm sein wird, weiß sich der greise Marschall vor allem »der Schlange, die ich an meiner Brust genährt habe«, bitter zu erinnern.

Aus einem Memorandum des ehemaligen Stabschefs Pétains, General Laure, zu der Affäre: »Als der Marschall den genannten Offizier für diese Arbeit auswählte, habe ich ihn auf den nach meiner Meinung viel zu hochmütigen Charakter des Majors de Gaulle hingewiesen. Dieser hatte sich an der Kriegsschule eben dadurch stark bemerkbar gemacht, was teilweise durch seine großen literarischen Fähigkeiten gerechtfertigt war, die aber von vorneherein die vertrauensvolle Zusammenarbeit zwischen einem großen Chef und einem seiner Generalstabsoffiziere in Frage stellte ... Die Zusammenarbeit mit dem Major de Gaulle war wegen seiner literarischen Ansprüche sehr schwierig ... seine Qualitäten wurden gemindert durch eine gewisse Nebulosität ... Der Major de Gaulle ist ein Schöngeist. Er hat große Verdienste, denn er hat das Zeug zum Chef. Aber in dieser Affäre hat er sich von seinem Stolze leiten lassen, der sein Hauptfehler ist.«[38] Der vertraute Ton, das bekannte Urteil, der alte Mißmut gegenüber dem »Connétable«.

Am 1. September 1939, dem Tag des Kriegsausbruchs, befand sich Oberst de Gaulle an der Spitze einer Panzerbrigade im elsässischen Wangenbourg. In seinen Memoiren hat er die noch immer unerschütterliche Selbsttäuschung beschrieben, der sich Politiker und Militärs während des »Drôle de Guerre« hingaben, jenen acht Monaten trügerischer Ruhe an der Front, in denen die Wehrmacht ungestört ihre Kräfte von Ost nach West umgruppierte, Dänemark und Norwegen besetzte und ihre Angriffspotentiale komplettierte. »Angriff im Westen«, habe ihn anläßlich einer Begegnung auf seine Warnungen hin Léon Blum ungläubig gefragt, »aber was könnten sie denn gegen die Maginot-Linie ausrichten?«

Im Januar 1940 unternahm der am Immobilismus Frankreichs verzweifelnde Oberst de Gaulle einen letzten Versuch, die politische Führung aus ihrer Lethargie zu reißen. Er versandte ein Memorandum zur Kriegslage an achtzig führende Persönlichkeiten, darunter den Premierminister Daladier und die obersten Chefs der Armee, in dem er eindringlich davor warnte, den scheinbaren Stillstand des militärischen Geschehens bereits für den halbwegs gewonnenen Krieg zu halten, und in dem er seine alten Forderungen wiederholte. »Das dumpfe Gefühl der Ohnmacht, welches der gegenwärtige Zustand offenbar in der Seele der Führer wachsen läßt ... beginnt schon auf die bewaffnete Nation überzugreifen«, warnte er. »Täuschen wir uns nicht«, so schloß er seine

Kurz nach Ausbruch des Krieges: Panzerführer de Gaulle während des »Drôle de Guerre« im Gespräch mit Staatspräsident Lebrun.

Beschwörungen, »der Konflikt, der begonnen hat, könnte zum größten, verwickeltsten, gewaltsamsten von allen werden, die jemals die Erde verwüsteten.«[39]

Wieder gab es keine Resonanz. Erst als am 23. März 1940 Paul Reynaud, sein alter Protagonist aus den Mittdreißigerjahren, die Nachfolge des gestürzten Edouard Daladier im Amt des Regierungschefs antrat, wurde de Gaulle nach Paris berufen, um den militärischen Teil der Regierungserklärung zu redigieren. Indessen, die Präsentation vor der Kammer wurde für ihn nur zur trostlosen Bestätigung seiner alten Überzeugungen von der Untauglichkeit, Minderwertigkeit, Charakterlosigkeit des herrschenden politischen Systems und seines Personals: »Es war fürchterlich! Nach der Regierungserklärung ... hörte man in der Debatte nichts als die Sprecher von Gruppen, die sich durch die Kombination (der Regierungsbildung) für zu kurz gekommen hielten. Die Gefahr, in der das Vaterland sich befand, die Notwendigkeit nationaler Anstrengung, der Beistand der freien Welt wurden nur erwähnt, um die Ansprüche oder den Zorn zu dekorieren ...«[40]

Szenen der schändlichen Abdankung für den erbitterten Soldaten de Gaulle; Bestätigungen seiner alten Verachtung für Parlamentarismus und Parteienherrschaft! Am 10. Mai rollten die deutschen Panzerarmeen über die Grenze.

Ein König im Exil, ein heimatloser Rechter und ein verzweifelter Familienvater

Die Urteile über den Untergebenen, Vorgesetzten, Menschen de Gaulle aus dieser Zeit bestätigen das nun schon vertraute Bild: hohe Intelligenz, Unbestechlichkeit in der Dienstauffassung, unbestrittene Führungsqualitäten – aber auch Unnahbarkeit, Hochmut, unmäßiges Selbstbewußtsein. Aus einer dienstlichen Beurteilung: »Intelligenter, kultivierter, ernsthafter Offizier, Brillanz und Leichtigkeit ... Verdirbt unglücklicherweise seine unbestreitbaren Fähigkeiten durch übertriebene Selbstsicherheit, durch Unnachsichtigkeit gegenüber der Meinung anderer und durch seine Haltung eines Königs im Exil.«[41] Eine oft zitierte Charakteristik, die in ihrer scharfen Prägnanz vieles vom

Wesen des Charles de Gaulle erfaßt: die hochfahrend-melancholische Erscheinung, die sorgsame Selbststilisierung, die autoritäre Selbstgewißheit.

Nicht nur mißvergnügte Kameraden haben ihn so erlebt, wenngleich zivile Zeitgenossen eher die positive Seite und weniger die Allüre hervorheben. Ein französischer Gymnasiallehrer in Trier berichtete: »In seinem Bataillon wird er von allen respektiert und von vielen bewundert. Aber er hat nicht jene leicht zu erwerbende Popularität, die gewissen Vorgesetzten als Maske freundlicher Liebenswürdigkeit und Nachsicht dient. Streng gegen sich selbst und andere! Er verlangt, daß jeder seine Pflicht erfülle, seine volle Pflicht dort, wo er in der Hierarchie steht. Er ist zu sehr Herr (Seigneur), um Vertraulichkeiten zuzulassen. Er hat einen zu ausgeprägten Sinn von seiner Verantwortung, um nicht zu wissen, daß im Dienste die Nachsicht sich nicht auszahlt.«[42]

Wie er seinerseits das Milieu beurteilte, in dem er seine Berufung zu erfüllen hatte – Geist und Charakter der Zeit, die Armee als deren Spiegelbild, die Karriere und die Karrieristen in ihr –, das hat er am Schicksal seines literarischen Doppelgängers, dem militärischen Chef in seinen Büchern, gezeigt. Schlimme Zeiten verblendeter Friedensträumerei: »Eine Art Mystik verbreitet sich überall, die nicht nur den Krieg verurteilt, sondern geneigt ist zu glauben, er sei auf ewig abgeschafft«; von daher »wird das Militär in seiner Wurzel angegriffen«; die nationalen Eliten versagen sich der soldatischen Berufung, und die starken Charaktere finden die Erfüllung ihres Ehrgeizes in den »Geschäften«, »da heute das erkennbare Zeichen der Macht das Geld ist«. Was Wunder, wenn das Mittelmaß in der Armee regiert und – seht nur mein Beispiel –» die Karrieren derjenigen mehr gefördert werden, die gefallen, als derjenigen, die es verdienen«. Wie der wahre, der geborene Chef gesehen wird unter diesen Umständen, in diesen »bitteren Tagen«, das überrascht ihn nicht: »Stolz und undiszipliniert, sagen die Mittelmäßigen«[43].

Es existiert ein Brief aus dem Jahre 1929 an seinen Freund Nachin, der von diesem Gefühl pessimistischer Melancholie noch beredteres Zeugnis gibt – und zugleich von seiner unbeirrbaren Selbstgewißheit: »Ach, welche Bitterkeit bedeutet es, in unseren Tagen die Waffen tragen zu müssen. Aber es muß sein. In einigen Jahren wird man sich an meine (?) Rockschöße klammern, um das Vaterland zu retten.«[44] Es ist allerdings nicht eindeutig auszumachen, ob es »meine« oder »unsere« Rockschöße heißt – das Manuskript läßt beide Lesarten zu. Es ist darüber in der de Gaulle-Literatur ein wahrer Glaubenskrieg entbrannt, der mittlerweile Regale füllt. »Aufschrei des prophetischen Stolzes«, wie Mauriac das schicksalsschwere Possessivpronomen deutet, oder nur trotziges »Ihr-werdet-schon-noch-sehen« des Verkannten und Unterschätzten? Gleichviel, sein Mißmut über die widrigen Zeitläufte ist ebenso dokumentiert wie seine ungebrochene Gewißheit, einer höheren Berufung zu dienen.

Die parteipolitischen Präferenzen des jungen Offiziers? Sie ließen sich unschwer aus seiner Auffassung vom militärischen Ethos und seinem Glauben an die Nation erschließen, aber es gibt auch positive Zeugnisse. Man weiß, er sympathisierte mit dem Gedankengut des Maurrasismus, er war auf das Kampfblatt *Action Française* abonniert, und er stand vermutlich eine Weile – Anfang der dreißiger Jahre – den Kampfbünden der militanten Rechten nicht fern. Exponiert hat er sich indessen nie und nirgends. Die allzu eindeutige Zuordnung zur extremen Rechten, gar zu den quasi-faschistischen Ligen, wie sie traditionell von der Linken betrieben wird, trifft sicherlich nicht den Sachverhalt. Schon gar nicht nach dem Selbstverständnis des Generals. »Links« und »rechts« besaßen in seinem historisch-politischen Weltbild ohnehin nur die relative Bedeutung, die aktuelle Vielfalt der nationalen Ewigkeitswerte zu repräsentieren.

Gegen Mitte der dreißiger Jahre jedenfalls wandte sich de Gaulle ab vom Maurrasismus und näherte sich den christlichen Demokraten. Am Vorabend des Zweiten Weltkrieges trat er dem Freundeskreis der *Temps Présent* bei. Ihr Chefredakteur, Joseph Folliot, im Bemühen, die Position des Blattes zu charakterisieren, berichtete später: »*Temps Présent* stellte zu dieser Zeit ein Sammelbecken sehr unterschiedlicher Geister dar ... häufig kamen sie von der äußersten Linken und der äußersten Rechten. Der General de Gaulle war einer dieser Geister.«[45] Nun, von der äußersten Linken kam er bestimmt nicht!

Kommunismus, Faschismus? Seine Anmerkungen dazu aus jener Zeit blieben merkwürdig blaß. Er habe Hitlers »Mein Kampf« gelesen, bekundete er gegenüber diversen Gesprächspartnern. Aber woran er dabei erinnerte, waren stets Hitlers außenpolitische Ambitionen – das Frankreich-Erbfeindschafts-Motiv, den »Drang nach Osten« – nichts vom Wesen und ideologischen Erfolgsrezept des Faschismus. Genauso war ihm der Marxismus-Kommunismus eine ausländische Macht und Stalin der Exponent imperialer russischer Interessen – die bereits bekannte Geringschätzung der Ideologien.

Der private Charles de Gaulle? Im April 1921 heiratete er Yvonne Vendroux, Bürgertochter vom Pas de Calais. Wenn er schon äußerst zurückhaltend war, was seine private Person im allgemeinen anging, um wieviel schweigsamer wurde er in bezug auf sein Familienleben. Seine Ehefrau Yvonne kommt in den Memoiren nur als stummer Schatten vor, sie wird genannt als Staffage des Staatszeremoniells, erfährt flüchtige Erwähnung als Reisebegleitung oder Gastgeberin. Suchte man Aufschluß über die Person Yvonne aus den Erinnerungen ihres Mannes, so würde man außer ihrer Existenz buchstäblich nichts erfahren. Das Auskommen, der Lebenszuschnitt der Familie de Gaulle? Der Haushalt war nie auf Rosen gebettet: Leicht konsternierte Kameraden wußten zu berichten, daß Madame eigenhändig die Uniform instandhielt, und die Korrespondenzen belegen, daß der Autor de Gaulle regelmäßig und dringlich einkam bei seinem Verleger um Abrechnung des minimalen Honorars.

Absolut nichts erfährt der Memoirenleser über die Kinder der Familie de Gaulle – und das hat seinen bitteren, schmerzensreichen Grund. Im Jahr 1928 wurde dem Ehepaar de Gaulle nach dem Sohn Philippe (1922) und der Tochter Elisabeth (1924) eine zweite Tochter geboren, Anne, ein mongoloides Kind, das über zwanzig Jahre hin zum geheimen Leidensquell für die Familie wurde; für Charles de Gaulle zur tiefen, nach außen sorgsam verborgenen Wunde. Ein Offizier in Metz wunderte sich, daß der Major Abend für Abend stundenlange Autoreisen zu seinem Wohnsitz unternahm und am nächsten Morgen 6.00 Uhr wieder pünktlich zur Stelle war. Er erfuhr mit Erstaunen, daß das kranke Kind seines Vorgesetzten nur dann zur Ruhe komme, wenn es der Vater in den Schlaf singe. Einzigartiges Bekenntnis gegenüber einem engen Vertrauten: »Wir sind zu sehr befreundet, als daß ich es Ihnen verbergen könnte: meine Frau und ich, wir tragen ein schweres Kreuz.« Mehr nicht! »Wer den General nicht mit seiner kranken Tochter auf den Knien gesehen hat, wie er ihr Lieder vorsang, kannte den wahren Charles de Gaulle nicht«, schrieb der Schwiegersohn des Generals, Alain de Boissieu.[46]

Ein Ruf aus der Tiefe der Geschichte

Das Debakel

Im Juni 1940 widerfuhr de Gaulle die traurige Genugtuung, seine strategischen Theorien durch den Feind bestätigt zu sehen. In einem von niemandem für möglich gehaltenen Blitzkrieg zerschmetterten Hitlers Heere die von vielen Experten für die beste der Welt gehaltene französische Armee, warfen das britische Expeditionskorps in den Kanal und rückten vier Wochen nach Beginn ihrer Offensive in Paris ein. Das vielgerühmte Alibi des mangelnden Verteidigungswillens, die Maginot-Linie, trat nicht einmal in Funktion – sie wurde von den Angreifern einfach umgangen. Die alliierten Strategen liefen prompt in die Falle des scheinbar gegen Belgien/Holland geführten deutschen Hauptstoßes und entblößten damit den kritischsten Punkt am Mittelabschnitt der Front, in der Überzeugung, daß dort in den bergigen, bewaldeten Regionen der Ardennen, man nannte sie die »Ligne Maginot naturelle«, der Durchbruch für eine moderne Armee ein Ding der Unmöglichkeit sei.

Der kühne Stoß der deutschen Panzerkeile über Sedan entschied im Grunde bereits den Feldzug innerhalb von drei Tagen: Er zerriß den Zusammenhang der alliierten Verteidigung, isolierte die französische Hauptmacht im Norden und war imstande, ebenso die Verbindung zur Kanalküste abzuschneiden, wie Paris zu bedrohen. »Sichelschnitt« hat Winston Churchill die Operation getauft, eines der brillantesten Unternehmen der jüngeren Kriegsgeschichte. Es war das Ergebnis konsequenter Anwendung der Theorien vom modernen Bewegungskrieg, wie sie unter anderen auch de Gaulle seit Jahren propagiert hatte, insbesondere das Ergebnis des Zusammenwirkens von selbständig operierenden Panzerverbänden mit der Luftwaffe.

Trotz des Vorlaufes in Polen im September 1939 war die Überraschung perfekt. Der »Blitz« bewirkte überall und auf allen Ebenen lähmendes Entsetzen. Obwohl an Kräften durchaus gleichrangig mit dem Angreifer, wenn nicht sogar überlegen – die Alliierten verfügten zahlenmäßig über mehr Panzer und Flugzeuge –, erwies sich die militärische Führung unfähig zu besonnener Reaktion. Die neue Art der Kriegführung war nicht vorgesehen in den strategischen Konzepten der französischen Generalität und mehr als das, sie war in den theoretischen Diskussionen der Vorkriegszeit von den Routiniers des Festungsdenkens als absurd verworfen worden. Was der Feind exerzierte, widersprach in allen Stücken der geheiligten Doktrin. Die aus den furchtbaren Blutbädern des Ersten Weltkriegs gezogene Kardinallehre besagte »Wer angreift, verliert«; die strategische Nutzanwendung daraus lautete: »Man gräbt sich ein und läßt sie kommen«. Das wurden die Generale noch während des Drôle de Guerre und trotz des drastischen polnischen Gegenbeweises nicht müde zu versichern. Die französische Generalität hatte die Wiederholung der heroischen Abnutzungsschlachten des Großen Krieges vorbereitet. Sie war, wie so häufig in der Militärgeschichte, sozusagen um einen Krieg im Rückstand. Sie war darin noch bestärkt worden von einer pazifistischen Grundstimmung im Land, die nichts hören wollte von offensiver Verteidigung und zufrieden war, wenn die Experten ihr versicherten, die Maginot-Linie sei genug des militärischen Aufwandes.

Aber auch die Sieger selbst konnten das Tempo und das Ausmaß ihrer Erfolge kaum fassen. Die sich überstürzenden Siegesmeldungen von den Fronten wurden in den deutschen Einsatzstäben, besonders im Führerhauptquartier, gleichermaßen mit ungläubigem Staunen wie mit großer Beunruhigung aufgenommen. General Halder, der Chef des Generalstabes, notierte am 17. Mai, eine Woche nach dem Beginn des Angriffs: »Ein recht unerfreulicher Tag. Der Führer ist ungeheuer nervös. Er hat Angst vor dem eigenen Erfolg, möchte nichts riskieren und daher am liebsten anhalten ... Vorwand: Sorge um die linke Flanke«. Auch hier also, bei den Praktikern der neuen Theorie, wog das Gewicht alter Erfahrung schwer und führte trotz atemberaubender Siege zu einem der vielleicht kriegsentscheidenden Fehlentschlüsse. Tatsächlich befahl Hitler den Stopp der völligen Vernichtung des britischen Expeditionskorps im Kessel von Dünkirchen aus Furcht vor dem großen französischen Gegenstoß, für den es in Wirklichkeit längst keine Soldaten mehr gab. Mehr als 400000 Mann englischer und französischer Truppen konnten sich so nach Großbritannien retten.

Hitlers Entscheidung hat in der Geschichtsschreibung viele Deutungen erfahren. Waren es wirklich strategische Bedenken, die ihn leiteten, oder waren es politische Erwägungen, die ihn ein britisches Debakel vermeiden ließen, oder vielleicht sogar seine sentimentale Anglophilie, gepaart mit der alten Vision von anglo-germanischer Weltherrschaft? Wie auch immer, den Beteiligten war die Tragweite klar. General von Thoma, Kommandeur der vor Dünkirchen gestoppten Panzer notierte resigniert: »Unsinnig mit einem Idioten zu diskutieren. Hitler hat die Chance des Sieges zerstört«. Und Churchill in seiner Geschichte des Zweiten Weltkrieges: »Die große Gelegenheit war vertan«.

Dem Panzerführer de Gaulle blieb im Inferno des Zusammenbruchs wenigstens die Ehre, sich tapfer und erfolgreich geschlagen zu haben. In zwei Einsätzen seiner Brigade, bei Laon am 19. und bei Abbéville am 25. Mai, gelang es seinen Panzern, den deutschen Vormarsch örtlich zu stoppen, dem Feind nicht unbeträchtliche Verluste zuzufügen und einiges Gelände zurückzugewinnen. Begrenzte Erfolge zwar und für das Kriegsgeschehen insgesamt bedeutungslos, aber doch von solcher Bravour, daß die von der allgemeinen Panik erfaßten Soldaten wieder zu hoffen wagten. »Ein Hauch des Sieges weht über dem Schlachtfeld. Jeder trägt das Haupt hoch. Die Verwundeten lächeln«, erinnerte sich später der General. Am Abend der Schlacht schrieb er an seine Frau: »... wenn die allgemeine Atmosphäre schlecht ist, so ist sie hervorragend für Deinen Mann.«[1] Der ihm bei Laon gegenüberliegende General Guderian notierte in seinem Tagebuch: »... einigen von den Panzern de Gaulles ist es gelungen, bis auf 1,5 km an meinen Gefechtsstand durchzubrechen ... und ich erlebte einige schwierige Stunden, bevor die gefährlichen Gäste sich in andere Richtung wandten.«

Anmerkung zur Person: Auch im Schlachtengetümmel exerzierte de Gaulle jenen Begriff von Autorität, wie entwickelt in seinen Büchern und praktiziert in den Kasernen seiner Friedensetappen. Einem Offizier, der es nach Befehlserhalt wagte, ein »Einverstanden, Herr Oberst« anzubringen, bedeutete er kalt: »Ich habe Ihr Einverständnis nicht nötig«. Ein Divisionsgeistlicher notierte während der Kampagne befremdet, daß der Oberst allein speise, allein seinen Kaffee nehme und, ausgenommen im Befehlston, kaum mit seinen Kameraden spreche.

Dem militärischen Desaster folgte der moralische Kollaps auf dem Fuß. Und es waren – wie so häufig in der Kriegsgeschichte – auch im Mai 1940 zuerst die Militärs, die in Panik verfielen, alles für verloren gaben, nach dem sofortigen Waffenstillstand riefen und kopflos die Kapitulation forderten. Ein bestürzter Winston Churchill wurde während eines Blitzbesuchs bei der französischen Regierung Zeuge, wie der französische Generalissimus Weygand in seiner Gegenwart den zögernden Ministerpräsidenten bedrängte, unverzüglich Waffenstillstandsverhandlungen einzuleiten. Ein erbitterter, soeben zum Unterstaatssekretär im Verteidigungsministerium ernannter Brigadegeneral de Gaulle mußte erleben, wie die großen Helden des Ersten Weltkriegs in Defätismus versanken.

Die Katastrophenstimmung ergriff das ganze Land. An den Fronten begannen ganze Einheiten zu desertieren oder sich einfach überrollen zu lassen. Verzweiflungstaten der Bevölkerung und der einfachen Soldaten demonstrierten die totale Demoralisierung und das Ende aller Widerstandsbereitschaft: Einwohner von Vierzon töteten einen Offizier, der eine Brücke verteidigen wollte; in der Maginot-Linie wurde ein Oberst von seinen Soldaten erschossen, weil er die Verteidigung der Festung fortzusetzen gewillt war; im Süden besetzten Bauern ein Rollfeld der Royal Air Force mit ihren Fahrzeugen und verhinderten damit den Start der Bomberstaffeln. Die Bevölkerung Nordfrankreichs überflutete in wilder Flucht die Straßen – von den etwa 20000 Einwohnern Evreux' in der Normandie befanden sich am 11. Juni noch ganze 172 in der Stadt. Das vollkommene Debakel! Von koordinierter Kriegführung auf seiten der Alliierten war nicht mehr die Rede. Die deutschen Panzerspitzen nahmen sich nicht einmal mehr die Zeit, Gefangene zu machen, sondern ließen die kaum entwaffneten Soldaten allein zu den Sammelplätzen ziehen. Eine der düstersten Impressionen der Demütigung für den mit seinen Panzern von Schlachtfeld zu Schlachtfeld eilenden Charles de Gaulle. »Auf allen Straßen erbarmungswürdige Flüchtlingszüge. Ich sehe auch zahlreiche entwaffnete Soldaten. Sie gehören zu Truppenteilen, die die Offensive der Panzer zerstreut hat ... Sie erhielten den Befehl, ihre Gewehre wegzuwerfen, zu verschwinden, um die Straßen nicht zu blockieren. ›Wir haben keine Zeit, euch gefangen zu nehmen‹, rief man ihnen zu. Beim Anblick dieses verstörten Volkes, dieser militärischen Niederlage, beim Hören dieser Verächtlichkeiten des Feindes verspürte ich grenzenlosen Zorn. Ah, das ist zu dumm! Der Krieg beginnt unendlich schlecht. Er muß also fortgesetzt werden. Es gibt dafür Platz in der ganzen Welt. Wenn ich überleben sollte, so werde ich weiterkämpfen, wo es sein muß, bis der Feind geschlagen und der Schandfleck von der Nation abgewaschen ist. Alles, was ich später getan habe, wurde an diesem Tage beschlossen.«[2]

Der Juni 1940 hat Frankreich traumatisiert, schlimmer als die Greuel des Ersten Weltkriegs und nachhaltiger als das Debakel von 1870/71. Die Generation, die ihn bewußt erlebte, wurde für immer davon geprägt. Nichts von dem, was sie tat oder unterließ, wird verständlich ohne den düsteren Hintergrund der Katastrophe – weder Pétain noch de Gaulle, weder die Untaten der Judenpolitik des Vichy-Regimes noch die Schrecken der Säuberung nach der Befreiung, weder Brassilach noch Sartre. »Wir haben in wenigen Tagen alle Sicherheit verloren und befinden uns auf einem schrecklichen und unwiderstehlichen Gefälle. Nichts was man befürchten kann, erscheint unmöglich, und man kann absolut alles befürchten, alles sich vorstellen«, notierte Paul Valéry am 18. Juni 1940.

Die Erinnerungen dieser Generation wiederholen nach Jahrzehnten noch die Stimmung abgrundtiefer Verzweiflung und die Bilder apokalyptischer Schrecken in beklemmender Monotonie. »Alles brach zusammen, die letzte Hoffnung, der letzte Wille. Dies war die Zeit der Schande und der Verzweiflung. Wer sie nicht gekannt hat, kann die Leidenschaft für Frankreich derjenigen nicht begreifen, die das Drama erlebten. Wer sie gekannt und vergessen hat, verdient die Verbannung«, schrieb ein Politiker der Fünften Republik vierzig Jahre nach dem Geschehen.[3] Ein anderer: »Ich sah, wie die erschöpften Soldaten aufgeriebener Einheiten unsere Straßen überschwemmten ... Ich sah, wie Afrikaner bis zum letzten Blutstropfen Frankreich verteidigten, während die Franzosen ihre Waffen wegwarfen und flohen. Ich sah, wie Offiziere mit frischem Teint und blitzenden Stiefeln die elenden Flüchtlinge mit der Waffe bedrohten, weil sie die Errichtung einer Barrikade störten, mit der sie den Feind aufhalten zu können glaubten ... Etwas in mir ist zerbrochen. Ich hatte den Tod, die Schrecken des Krieges, die demütigende Niederlage gesehen. Die Werte, an die ich geglaubt hatte, die Vorstellung, die ich mir von meinem Lande gemacht hatte, meine Lebensverhältnisse – alles war zusammengebrochen.«[4]

Nicht nur das Gefühl, einen Feldzug oder einen Krieg militärisch verloren zu haben, hatte das Volk ergriffen, sondern die Gewißheit des Zusammenbruches schlechthin: des politischen und moralischen, des sozialen und geistigen. Der Juni 1940 wurde erlebt als das definitive Ende einer Epoche, als Bankrott einer spezifischen Form französischer Existenz. »Es gibt kein Frankreich mehr, so wie man es gestern gesehen hat«, klagte Paul Valéry in den »Cahiers«. »In der düstersten Stunde seiner Existenz« ging das geschlagene Frankreich gnadenlos mit sich selbst zu Gericht und erkannte die Katastrophe als »Urteil der Geschichte« (Emmanuel Mounier); als »Strafe für die Freiheitsexzesse«, für die »traurige Herrschaft der Nachsicht« (André Gide), als Sühne für Verweichlichung und moralische Dekomposition.

Die Ultrarechte sah ihre alten Unheilsdiagnosen und -prognosen von liberalistischer Dekadenz, von kommunistischem Landesverrat, von der durch mörderischen Klassenkampf infam vergifteten und zermürbten Nation mit düsterer Genugtuung bestätigt. Die Anschauung bot ihr der faschistische Sieger: »Die Zwietracht hat die französische Niederlage entschieden, die Eintracht den deutschen Sieg. Diese heißt Einheit des Staates, sein Zusammenhalt, seine Stabilität, sein Geheimnis; sie heißt Autorität; eine ungeteilte, unteilbare Autorität, die sich Gehorsam verschafft. Was es an moralischer und politischer Kraft im deutschen Volk gibt, wird von seiner Regierung so umgesetzt, daß sie zur stärksten Macht werden«, schrieb der alte Charles Maurras.[5] Fast, daß die Perspektive der langersehnten autoritären Neuen Ordnung, wenn auch vom verhaßten Erbfeind zwangsimportiert, den alten Deutschenfresser mit der Niederlage versöhnte.

Die Ultralinke wiederholte ihre alten Schablonen vom perfiden, zu jeder Schandtat bereiten bourgeoisen Klassenfeind: »Ich vergegenwärtige mir den unabsehbaren Verrat, der im Dienste von Klasseninteressen unser unglückliches Land der Knechtschaft und der Schmach ausgeliefert hatte«, schrieb Jacques Duclos beim Anblick der Hakenkreuzfahne unter dem Arc de Triomphe.[6]

Den neuen alten Herren an der Spitze der geschlagenen Nation, die sich in Vichy versammelten, erschien das Debakel so sehr als verdienter

Schicksalsspruch über die jüngere französische Geschichte, daß manchem die germanische Invasion zur heilsamen Züchtigung geriet. Ein konsternierter US-Botschafter, William Bullit, der die ersten Tage der Etablierung des Regimes vor Ort miterlebte, berichtete dem Präsidenten unter dem Datum vom 1. Juli 1940 über seine Gespräche mit Politikern und Militärs (Pétain, Darlan, Chautemps, Weygand): »Der Eindruck aus den Unterhaltungen ist außerordentlich; er läuft darauf hinaus, daß die französischen Führer sich von dem lösen wollen, was Frankreich während der letzten beiden Generationen dargestellt hat; daß ihre physische und moralische Niederlage so total war, daß sie es vollkommen akzeptieren, wenn ihr Land eine Provinz von Nazi-Deutschland wird. Aber noch mehr ... sie wünschen, daß Frankreich eine Vorzugs-Provinz der Deutschen werde, ein neuer ›Gau‹, der sich in ein neues Gallien verwandeln würde.«[7]

Eines auf alle Fälle duldete keinen Zweifel: Ein für allemal sollte es ein Ende haben mit der liberalen Republik. General Weygand skizzierte die Umrisse des zukünftigen Paternalismus à la française in einem Memorandum an Marschall Pétain unter der Überschrift »Gott, Vaterland, Familie«. »Die alte Ordnung der Dinge, ein politisches System, kompromittiert durch Freimaurerei, Kapitalismus, Internationalismus hat uns dahin gebracht, wo wir sind. Frankreich hat genug davon! Der Klassenkampf hat das Land gespalten, jede konstruktive Arbeit verhindert, alle Demagogie erlaubt! Die Erhebung Frankreichs durch die Arbeit kann nicht erreicht werden ohne eine neue soziale Ordnung, basierend auf dem Vertrauen und der Zusammenarbeit zwischen Arbeiter und Unternehmer.«[8] Eine Flut moralischer Selbstgeißelung, eine Woge ideologischer Schuldzuweisungen überspülten das Land. Das betäubte Volk suchte unterdessen Zuflucht bei der Vatergestalt des uralten Marschalls.

Und der Brigadegeneral auf Zeit, Charles de Gaulle, Unterstaatssekretär im letzten Kabinett der Dritten Republik? Auch er war tief betroffen von der Katastrophe, auch er stand fassungslos vor der Plötzlichkeit des allgemeinen Zusammenbruchs – aber wie demütigend und erschütternd auch immer, es handelte sich für ihn in erster Linie um eine militärische Niederlage. So jedenfalls suchte er seinen Landsleuten das Debakel in eine erträglichere Dimension zu rücken. Gewiß, ein Regime hatte

Marianne wird von Juden, Freimaurern und Gaullisten gewaltsam gehindert, sich mit ihren faschistischen Schwestern zum neuen Europa zu vereinen. Karikatur aus dem Pariser Kollaborationsblatt »Je suis partout«.

versagt – ein politisches, militärisches und auch moralisches –, oft und laut genug hatte er ihm ja den Prozeß gemacht in seinen Vorkriegsschriften. Aber nichts, was Frankreich in seiner Substanz anging, war dadurch in Frage gestellt. »Frankreich hat eine Schlacht verloren« – nichts weiter. Nicht ein überlegenes geistiges Prinzip hat gesiegt, sondern die bessere Mechanik und Technik der Kriegführung. Nicht Frankreich hat abgedankt, sondern seine unfähigen Führer. »Wir wurden, wir werden durch die mechanisierten Erd- und Luftstreitkräfte des Feindes erdrückt. Sehr viel mehr als durch ihre Zahl haben die Deutschen uns durch ihre Panzer, ihre Flugzeuge, ihre Taktik zum Weichen gezwungen. Es sind die Panzer, Flugzeuge, die Taktik der Deutschen, die unsere Chefs überraschten und sie dahin brachten, wo sie heute sind«, rief der einsame Mann in London im historischen »Appell« vom 18. Juni 1940 über die Wellen der BBC seinen Landsleuten zu. Und, ebenso nüchtern wie entschieden: »Glauben Sie mir, der ich die Ursachen kenne und der Ihnen sagt, nichts ist verloren für Frankreich! Die gleichen Mittel, die uns besiegten, können uns eines Tages den Sieg bringen ... Ich, General de Gaulle, gegenwärtig in London, fordere die Offiziere und Soldaten, die sich auf britischem Gebiet befinden, auf, ... sich mit mir in Verbindung zu setzen. Was immer auch geschehen mag, die Flamme des französischen Widerstandes darf und wird nicht erlöschen.«[9]

Der Appell

Am 25. Mai 1940 war de Gaulle auf dem Schlachtfeld zum Brigadegeneral befördert worden, am 6. Juni wurde er von Ministerpräsident Reynaud als Unterstaatssekretär ins Kabinett berufen. Auch er wußte längst, daß die Schlacht in Frankreich verloren war, aber es erschien ihm als selbstverständlich, daß der Krieg fortgesetzt werden würde – im Kolonialreich, mit der intakten Flotte an der Seite Großbritanniens, mit dem erhofften Beistand der Vereinigten Staaten. Aber er mußte erleben, daß eine zur Kapitulation entschlossene militärische Führung und ein wankelmütiges Kabinett nichts weniger im Sinne hatten als den Weltkrieg. »Das Kolonialreich? Aber das ist doch die reine Kinderei«, antwortete ihm Weygand auf seine Vorhaltungen. »Die Welt? Wenn ich geschlagen worden wäre, würde England keine acht Tage gezögert haben, um mit dem Reich zu verhandeln.« Erbärmlicher Defätismus, kommentierte de Gaulle.

Die Generale bewegte im übrigen noch eine ganz andere Furcht als die vor dem siegreichen Feind. Hatte man nicht die Revolution zu gewärtigen, wenn die eigenen Ordnungskräfte völlig vernichtet sein würden? Würde nicht der Alptraum der Commune von 1871 schrecklichen Gedenkens sich wiederholen? Bereits am 8. Juni, erinnerte sich de Gaulle, habe Weygand ihm zu verstehen gegeben, daß dies seine Hauptsorge sei. »Ah, wenn ich sicher wäre, daß mir die Deutschen die notwendigen Kräfte beließen, um die Ordnung aufrechtzuerhalten.« [10] Eine Furcht, die nicht wenige teilten im Debakel des Juni 1940 und die nicht zuletzt den enormen Anfangserfolg des Marschalls Pétain erklärt. »Werden wir die Revolution vermeiden können? Alles ist möglich nach einem solchen Schock«, notierte beispielsweise Teilhard de Chardin am 18. Juni.

In den zehn Tagen seiner Zugehörigkeit zum letzten Kabinett der Dritten Republik führte de Gaulle einen ebenso zähen wie hoffnungslosen Kampf um die Fortsetzung des Krieges. Er pendelte zwischen London und den provisorischen Regierungssitzen – Briare, Bordeaux –, wohin das Kabinett sich vor den anrückenden Deutschen geflüchtet hatte, immer im verzweifelten Bemühen, sowohl Churchill als auch Reynaud bei der Stange zu halten. Churchill, von dem er fälschlich glaubte, er habe bereits dem Ausscheren Frankreichs aus der Kriegsallianz zugestimmt, Reynaud, von dem er sah, wie er den Pressionen der Militärs mehr und mehr erlag. Er versuchte, dem Ministerpräsidenten die Zusage abzuringen, den Regierungssitz nach Algier zu verlegen, er beschwor den Chefadmiral Darlan, die Flotte nach kanadischen, englischen oder amerikanischen Häfen zu überführen, und er, der frischgebackene Unterstaatssekretär, zögerte nicht, wo alles um ihn herum zusammenbrach, in seiner Person die Autorität der Regierung einzufordern. Einem ihn höhnisch nach seinen Vorschlägen fragenden Generalissimus antwortete er: »Die Regierung hat keine Vorschläge zu machen, sondern Befehle zu erteilen.« Er empfahl dringend, Weygand abzusetzen, und präsentierte Reynaud einen Nachfolger seiner Wahl, den General Huntziger. Er, dem Frankreich und französische Identität alles bedeuteten, der zeit seines Lebens Großbritannien mit Mißtrauen und unverhohlener Abneigung betrachtet hatte, brachte es über sich, einem letzten verzweifelten Unternehmen beizutreten, einem phantastischen Projekt, England und Frankreich staatlich zu vereinen.

Reynaud, aufgerieben zwischen den widerstreitenden Fraktionen seines Kabinetts, dem ungeheuren Druck des Geschehens wohl auch als Mensch nicht gewachsen, machte de Gaulle halbherzige Zusagen, um dann doch, in anderer Umgebung, wieder anders zu entscheiden. Der Regierungssitz wurde nicht nach Algier verlegt, Weygand wurde nicht entlassen, Darlan dachte nicht daran, »seine« Flotte den Engländern auszuliefern. Das Projekt der anglo-französischen Union bewirkte im Kabinett zu Bordeaux den genau gegenteiligen Effekt, den man in London erwartet hatte: Frankreich werde damit zu einem britischen Dominium degradiert, erregten sich die Minister. Weygand soll ausgerufen haben, England werde man in drei Wochen sowieso »den Hals wie einem Huhn umgedreht haben«; Marschall Pétain soll sekundiert haben, die Union mit den Briten sei »die Vereinigung mit einem Leichnam«. »Das Regime«, schrieb de Gaulle später in den »Mémoires de Guerre«, »... ohne Kraft und Glauben, entschied sich für die totale Aufgabe. Frankreich würde dafür nicht nur mit einem furchtbaren militärischen Waffenstillstand zu bezahlen haben, sondern auch mit der Unterwerfung des Staates. So bewies sich die Wahrheit, daß im Angesicht großer Gefahren das Heil nur in der Größe liegt.«[11]

Am Nachmittag des 16. Juni demissionierte das Kabinett Reynaud, und der Staatspräsident Lebrun beauftragte den vierundachtzigjährigen Marschall Pétain mit der Neubildung der Regierung. Weygand wurde Verteidigungsminister, Darlan Marineminister, und um ein Haar wäre Pierre Laval bereits Außenminister geworden. Am 17. Juni wurden über spanische Vermittlung die Waffenstillstandsverhandlungen aufgenommen. Am gleichen Tage verließ General de Gaulle an Bord eines britischen Flugzeuges Frankreich, ausgestattet mit 100000 Francs aus dem Geheimfonds der Regierung Reynaud, ansonsten »ohne Romantik und ohne Zwischenfälle«, wie er trocken vermerkte.

Winston Churchill hatte den »Junior General« schon während seiner Blitzbesuche bei der französischen Regierung mit Wohlgefallen bemerkt. In einem Telegramm an den Präsidenten Roosevelt vom 12. Juni, in dem er seine Befürchtungen über Pétain zum Ausdruck brachte, erwähnte er als Protagonisten der Gegenpartei »einen jungen General de Gaulle, der glaubt, daß noch vieles getan werden könne«. Darf man den episodischen Einlagen seiner »Geschichte des Zweiten Weltkrieges« vertrauen, so hat er dem »aufrecht und ausdruckslos dastehenden General de Gaulle« im Vorbeigehen auf französisch zugeflüstert: »L'homme du destin«. Nach der ersten ausführlichen Unterredung notierte der Premier: »Aus der Begegnung mit diesem sehr großen phlegmatischen Mann behielt ich den Eindruck: Hier ist der Connétable von Frankreich«.[12] Ein Vergleich, der ein Vierteljahrhundert zuvor schon die Mitgefangenen von Fort IX zu Ingolstadt inspiriert hatte. Sir Edward Spears, Sonderbotschafter Churchills bei der Regierung Reynaud und Begleiter de Gaulles auf dessen letzter Reise nach London, hat die Szene miterlebt und beschrieben: das spontane Interesse des Premiers und auch die imposant-melancholische äußere Erscheinung des »Connétable«: »Der Premier schien nach etwas zu suchen, das er auf den Gesichtern der anderen Franzosen nicht finden konnte. Der Umstand, daß er wiederholt den Gesichtsausdruck des General de Gaulle studierte, zeigte mir, daß er gefunden hatte, wonach er suchte ... Als einziger unter seinen Landsleuten bewies er eine Art ruhigen Phlegmas, ähnlich dem der Engländer. Ein Mann merkwürdigen Aussehens, riesig groß; am Tisch sitzend beherrschte er alle, wie auch, als er eintrat. Ohne Kinn, eine lange, hängende Nase, ein wenig wie ein Elefant, ein sehr kurzer Schnurrbart, der wie ein Schatten über dem kleinen Mund hängt ... eine hohe Stirn, ein wenig fliehend ... unter den Lidern blicken listige Augen.«[13]

»Mann der Vorsehung« hin, »Connétable« her! Churchill hatte in diesen turbulenten Tagen keineswegs die Absicht, de Gaulle als Widerpart zur neuen französischen Regierung aufzubauen oder anzuerkennen. Beim Amtsantritt Pétains hatte man in London noch immer gehofft, das neue Regime oder herausragende Persönlichkeiten des alten würden sich irgendwo im Kolonialreich installieren – in Algerien womöglich –, um wenigstens französische Souveränität außerhalb des Zugriffs der Deutschen aufrechtzuerhalten. Die englische Position jener Tage umriß Churchill mit dem Satz: »Keine Entlassung Frankreichs aus dem Bündnis, bevor die französische Flotte in englischen Häfen eingelaufen ist. Auf der anderen Seite bieten wir unlösbare anglo-französische Union an. Geht nach Afrika und laßt es uns zusammen ausfechten.«[14]

Die Flotte, das war in diesem Augenblick der Hauptpunkt britischen Interesses. Sie war damals die viertgrößte der Welt, völlig intakt und zum Teil mit Einheiten bestückt, die das Modernste darstellten, was die Kriegstechnik der Zeit zu bieten imstande war. Churchill in einem Telegramm an Marschall Pétain vom 17. Juni, also noch am Tage von dessen Amtsantritt: »Ich möchte Ihnen meine tiefe Überzeugung wiederholen, daß der große Marschall Pétain und der berühmte General Weygand, unsere Kameraden in zwei Weltkriegen gegen die Deutschen, ihre Alliierten nicht durch die Auslieferung der hervorragenden französischen Flotte an den Feind schädigen werden. Solch ein Akt würde ihre Namen auf tausend Jahre mit Schande bedecken.«[15] Obwohl Pétain und Darlan versprachen, dies würde nicht geschehen, verdichtete sich die britische Besorgnis und wurde besonders aufgrund von zwei Vorgängen zur bösen Gewißheit. Am 21. Juni schloß die Regierung Pétain mit dem Reich einen Waffenstillstandsvertrag, dessen eine Klausel besagte, daß die Flotte unter deutscher oder italienischer Aufsicht demobilisiert werden sollte. Churchill: »Das gab uns keinerlei Sicherheit. Wir mußten uns versichern, was immer es kosten würde, unter welchen Risiken auch immer, daß die französische Flotte nicht in falsche Hände geriet, um uns und andere dann vielleicht zu ruinieren.«[16] Das Vorspiel zur Tragödie von Mers-el-Kebir.

Der andere Vorgang ähnelte eher einer Tragikomödie. Unter den in Bordeaux versammelten Politikern gab es eine starke Fraktion, die für den Exodus nach Algier plädiert hatte (unter anderen Mandel und Daladier). Um sie loszuwerden, verschaffte ihnen Admiral Darlan ein Schiff, die »Massilia«, und ließ sie nach Nordafrika auslaufen. Am 24. Juni ankerte die »Massilia« im Hafen von Casablanca. Der dortige Militärgouverneur, General Noguès, verhinderte die Landung auf Order aus Bordeaux und setzte die Dissidenten de facto gefangen. Churchill: »So zerschlug sich die Hoffnung, eine starke, repräsentative Regierung entweder in Afrika oder in London zu errichten.«[17]

Erst jetzt gewann de Gaulle für Churchill politische Statur. Bis dahin hatte er den General und das von diesem bereits gegründete Komitee als »operative authority« für die Organisation und Erfassung französischer Flüchtlinge betrachtet. Als Koordinator einer Anlaufstelle für versprengte Franzosen sozusagen, als militärischer Chef einer französischen Hilfstruppe vielleicht, einer französischen Legion nach dem Beispiel Garibaldischer Freischaren möglicherweise. Das änderte sich jetzt. Am 28. Juni 1940 erkannte die britische Regierung de Gaulle als »Chef der Freien Franzosen« an – eine recht problematische Formel, wie sich sehr schnell erweisen sollte. Denn keineswegs meinte der Briten-Premier damit den Chef einer Art von Gegen- oder Exilregierung und schon gar nicht die Personifikation französischer Souveränität und Inkarnation republikanischer Legitimität. Der General freilich sah das ganz anders, womit der solide Grund für ein Drama von wahrlich antikischem Ausmaß gelegt war.

»Ich war Frankreich …«

In den allerersten Tagen seiner patriotischen Odyssee schien de Gaulle noch unsicher ob der persönlichen Tragweite und der politischen Dimension seines Engagements. Einerseits tätigte er ohne Auftrag und Legitimation Hoheitsakte auf fremdem Territorium – am Morgen des 15. Juni wies er von London aus die mit Waffen aus den USA mit Kurs auf Frankreich dampfende »Pasteur« an, einen englischen Hafen anzulaufen –, andererseits wollte er sich in seinen ersten Depeschen und Ansprachen lediglich als einen Kombattanten unter anderen im fortzusetzenden Krieg verstanden wissen. Von persönlicher Mission oder Bannerträgerschaft für das wahre Frankreich ist noch nicht die Rede.

Im historischen »Appell« vom 18. Juni nahm er auf sich selbst nur insoweit Bezug, als er die in England weilenden französischen Soldaten aufrief, sich mit ihm in Verbindung zu setzen. Am 19. Juni telegrafierte er an den Militärgouverneur von Nordafrika, General Noguès, mit dem ausdrücklichen Angebot, sich ihm zu unterstellen: »Halte mich zu Ihrer Verfügung, sei es, um unter Ihrem Befehl zu kämpfen, sei es für jedes andere Vorgehen, das Sie für nützlich halten.« Am 20. Juni antwortete er auf eine Order des Generals Weygand – mittlerweile Verteidigungsminister im Kabinett Pétain –, nach Frankreich zurückzukehren, er könne ihm – Weygand – »oder jeder anderen französischen Persönlichkeit, die sich an die Spitze des französischen Widerstandes stellt«, in London nützlicher sein. Und noch einmal, am 24. Juni, sandte er die dringliche Aufforderung an General Noguès: »Alle hier sind überzeugt, daß Sie der große Chef des französischen Widerstandes werden müssen.« [18] Also: höchstens vorläufige Statthalterschaft für die legitime, in der Hierarchie höher rangierende Autorität, noch bei weitem nichts von personifizierter Souveränität!

In den »Mémoires de Guerre« hat er es so dargestellt, als sei ihm die Mission, das weiterkämpfende Frankreich in seiner Person zu verkörpern, spätestens seit dem Waffenstillstand bewußt geworden. Zwei Dinge jedenfalls, so schrieb er, habe er den Engländern sofort klarmachen müssen: erstens, daß er den Kampf nicht an der Spitze einer Hilfstruppe für England fortzusetzen gedachte, sondern an der Spitze einer französischen Armee, sprich des bewaffneten Frankreich (»wieder in den Krieg gebracht werden mußten nicht nur die Franzosen, sondern Frankreich«); zweitens, daß er gerade angesichts der Tatsache, faktisch nichts und niemanden zu repräsentieren, die Autorität des anerkannten Chefs dadurch gewinnen mußte, sofort und kompromißlos sich als solcher zu gerieren. »Indem ich die Sache des nationalen Heils auf mich nahm, könnte ich die Autorität gewinnen. Indem ich als ein unbeugsamer Repräsentant der Nation und des Staates agierte, würde es mir möglich sein, unter den Franzosen Zustimmung und Enthusiasmus und unter den Ausländern Respekt und Anerkennung zu finden.« [19]

Wie auch immer, so hat er es fortan gehalten, kompromißlos und unbeirrt, zum jahrelangen unsäglichen Verdruß seiner Alliierten, zur oftmals schmerzlichen Irritation seiner Getreuen, zum Spott und Hohn seiner Feinde und Gegner – letztendlich freilich zum Triumph seiner gewissen Idee von Frankreich. Seit seiner Anerkennung als Chef der Freien Franzosen gerierte sich de Gaulle als de facto-Inhaber staatlicher französischer Souveränität. Er errichtete um sich herum eine Art rudimentären Regierungsapparat mit Innen-, Außen-, Wirtschaftsressort, er kreierte sogar so etwas wie einen parlamentarischen Ersatz in Gestalt einer achtköpfigen Beratenden Versammlung zur Absegnung seiner eigenen Gesetzgebung; er verhandelte mit den Alliierten in der Form gleichrangiger Partner oder versuchte es doch zu tun; er definierte als quasi-Staatsoberhaupt, was in dieser Zeit als Interesse Frankreichs zu gelten habe; er erließ Dekrete, verfaßte Proklamationen und reagierte wie die beleidigte Majestät, wo immer er glaubte, in diesem Hoheitsgebaren beeinträchtigt zu werden.

Charles de Gaulle vor dem Mikrophon der Londoner BBC.

»Frankreich hat eine Schlacht verloren … Aber Frankreich hat nicht den Krieg verloren.«
Aufruf de Gaulles vom 18. Juni 1940 an alle Franzosen, den Kampf fortzusetzen.

Das war durchaus kühl kalkuliert und keineswegs Ausdruck von Größenwahn oder mystischer Obsession, wie eine verblüffte Restwelt, seine Verbündeten zumal, zu glauben geneigt waren. Er war sich der lächerlich schmalen materiellen und der prekären juristischen Basis nur allzu bewußt, auf der er operierte. Aber gerade dies war der Grund für die Starrheit und Unbeugsamkeit seiner Selbstinszenierungen, sie waren seine einzige Waffe, sozusagen der moralisch-mythische Ersatz für mangelnde materielle Masse. Intransigenz und Maximalismus im Anspruch – die verzweifelten Mittel dessen, der außer seiner Person nichts in die Waagschale zu werfen in der Lage war!

Er hat es seinen Anhängern, den Alliierten, Frankreich und der Welt immer wieder zu erklären versucht, daß er gar nicht anders könne, als Intransigenz und Kompromißlosigkeit zu exerzieren – so wie immer in Augenblicken höchster Not die Unbeugsamkeit der historische Charakter nationaler Rettung gewesen sei. In einer Ansprache in der Londoner Albert Hall zum zweiten Jahrestag des Appells: »Die Ereignisse haben bewiesen, daß die Geradlinigkeit die bestmögliche Politik war und bleibt. Zweifellos hätte ein gewisses Nachgeben, eine gewisse Anpassung uns für den Augenblick bequemer erscheinen lassen. Man hätte weniger oft gesagt: ›Ah, wie schwierig sie doch sind‹. Aber damit hätten wir das verloren, was unsere Flamme ist und uns die Existenzberechtigung gibt: die Unbeugsamkeit unserer Ehre im Dienste des Vaterlandes. Denn im äußersten Elend, in dem Frankreich sich befindet, gibt es weder Kompromisse noch geschmeidiges Taktieren. Was wäre aus dem Vaterland geworden, wenn Jeanne d'Arc, Danton, Clemenceau sich aufs Taktieren eingelassen hätten? Von der Katastrophe zum Sieg ist die gerade Linie der kürzeste und zugleich der sicherste Weg.«[20]

In einem der erbittertsten der zahllosen stürmischen Auftritte zwischen ihm und Churchill hat er das dem Briten-Premier verständlich zu machen versucht: »Wenn ich das Frankreich von gestern oder morgen verträte, könnte ich mich vielleicht anders verhalten, so aber ist die Verantwortung, die ich trage, größer als die Mittel, über die ich verfüge.«[21] Und ein für allemal gegenüber einer beschwerdeführenden englischen Delegation: »Unsere Größe und Kraft liegen allein in der Intransigenz bis zum Rhein einschließlich!«[22]

Im Appell vom 18. Juni hatte er sich vorgestellt als schlichter Partisan des Widerstandes; am 19. Juni bereits als »französischer Soldat und

Chef, in der Gewißheit im Namen Frankreichs zu sprechen«. Ein Vierteljahr später, im Manifest von Brazzaville (27. Oktober 1940), proklamierte er sich zum Inhaber der »Staatsgewalt im Namen Frankreichs« und verwies Vichy in die Illegalität: »Es gibt keine wirkliche französische Regierung mehr. Was in Vichy sitzt und sich diesen Namen anmaßt, ist verfassungswidrig und dem Eroberer unterworfen ... Eine neue Gewalt muß deshalb die Aufgabe übernehmen, die französischen Kriegsanstrengungen zu leiten. Die Ereignisse weisen mir diese heilige Pflicht zu ... Ich werde meine Gewalt im Namen Frankreichs und allein zu seiner Verteidigung ausüben, und ich übernehme die feierliche Verpflichtung, über alle meine Handlungen vor den Vertretern des französischen Volkes Rechnung zu legen, sobald es ihm möglich sein wird, sie frei zu berufen.« Mit gleichem Datum erließ er sein erstes Dekret unter der Hoheitsformel »Im Namen des französischen Volkes und Kolonialreiches, verordnen Wir, General Charles de Gaulle, Chef der Freien Franzosen ...«.[23]

Seit der Anerkennung als Chef der Freien Franzosen durch Churchill jedenfalls hatte sich für de Gaulle der »Ruf aus der Tiefe der Geschichte« konkretisiert und war ihm seine historische Legitimität gewiß und fortan undisputierbar. Von nun an gab es kein Andienen mehr an »hohe französische Persönlichkeiten«, der Ton wird staatsmännisch-hoheitsvoll: »Nous, General de Gaulle, Chef des Français Libres ...«

Die Anfänge als Chef der Freien Franzosen waren freilich eher deprimierend. Der Appell wirkte keineswegs als zündender Funken, weder unter den französischen Emigranten in Großbritannien noch im Kolonialreich, und im besetzten Frankreich wurde er kaum wahrgenommen. »Nur ein paar hundert« von den Zehntausenden französischer Soldaten, die sich in und um London aufhielten, fanden sich eine Woche nach dem Appell im Saal des »Olympia« zu einer Art erster Musterung ein, wie der General enttäuscht notierte. Die Männer, die sich ihm spontan anschlossen, waren wenig bekannt. Nach und nach stellten sich ein: zwei ehemalige Minister, ein Abgeordneter, ein Admiral, drei Generale aus den Kolonien, ein Universitätsprofessor. Männer von Rang und Namen dagegen, die sich in London aufhielten, blieben auf Distanz zu dem unbekannten General, warteten ab oder zogen es vor, sich Vichy anzuschließen. Der französische Botschafter, der einflußreiche Finanzier Jean Monnet, der weltberühmte Romancier André Maurois versagten sich dem Appell; Jean Monnet, der spätere Mitinitiator der Europäischen Wirtschaftsgemeinschaft, mit der bemerkenswerten Begründung: »In Frankreich wird diese Bewegung als eine von England protegierte, von dessen Interessen inspirierte Bewegung erscheinen, und sie wird deshalb zum Scheitern verurteilt sein« [24].

Im Verlauf des Jahres 1940 reihten sich zwar eine Anzahl von Kolonialterritorien unter die Freien Franzosen (in Schwarzafrika insbesondere; einige pazifische Inseln), aber die Hauptmasse, Nordafrika vor allem und die Levante, blieben Vichy-treu oder verhielten sich abwartend. Im besetzten und unbesetzten Frankreich wurde der Name de Gaulle zunächst mehr durch die Gegenpropaganda des Pétain-Regimes bekannt als über die Stimme der BBC. Die Gaullisten, schrieb einer der allerersten Stunde, Jacques Soustelle, hat »Vichy populär gemacht«![25] Wo der Appell überhaupt vernommen wurde, erweckte er allenfalls vage Hoffnungen, zur »Flamme des Widerstandes« wurde er vorerst nicht. »Um die Wahrheit zu sagen, sein Name sagte uns gar nichts, und ich habe keinen seiner ersten Appelle gehört ... Ich konnte noch kaum seine Absichten erkennen, aber seine Ziele schienen mir in jener Zeit diejenigen Frankreichs zu sein«, so beschrieb Georges Pompidou, nachmaliger gaullistischer Großwürdenträger und zweiter Präsident der gaullistischen Republik, den Publizitätsgrad und die Bedeutung der Londoner Appelle.[26]

So blieb die Enttäuschung bei den Alliierten nicht aus. Das britische Außenministerium, das den sperrigen, hochmütigen und für seine diplomatischen Finessen überaus hinderlichen Mann ohnehin nicht liebte, versuchte beharrlich, ihn unter seine Aufsicht zu stellen. Das War Office, das jeden Augenblick die deutsche Invasion erwartete und von dem starrsinnig auf Selbständigkeit pochenden General mehr Behinderung als Unterstützung befürchtete, ließ den französischen Soldaten im Lande offen sagen, daß es sie für Rebellen hielte, wenn sie sich für de Gaulle entschieden.[27] Selbst seinem großen Protektor kamen schon bald die ersten Zweifel ob der Zuträglichkeit seiner Wahl. Nach dem Bericht des Generals Catroux, der im September in London eintraf, soll der Premier zu ihm gesagt haben: »Die Bewegung des ›Freien Frankreich‹ braucht Führung, und ich meine, daß Sie die Leitung übernehmen sollten.« [28]

Die damalige Stimmung Churchills hat Catroux so beschrieben: »Er hatte damit gerechnet, daß unter der Führung des Generals das ›Freie Frankreich‹ zu einer realen Macht werden würde. Aber seine Hoffnungen waren enttäuscht worden. Nicht nur, daß die Anhänger des ›Freien Frankreich‹ zu zählen waren, sondern man sah auch keine bekannte Persönlichkeit aus der Politik, der Armee, dem Geistesleben in ihren Rängen ... Man könnte daraus den Schluß ziehen, daß die Persönlichkeit des Generals nicht stark genug ist und seine Strahlkraft nicht mächtig genug, um jene Anziehungskraft auszuüben, die man erwartet hatte. Ohne Zweifel könnte ein anderer, der in der Öffentlichkeit bekannter und mit dem internationalen Milieu vertrauter ist, bessere Erfolge erzielen.«[29] De Gaulle hat den Flirt Churchills mit Catroux natürlich anders interpretiert. Nicht um ihn auszuschalten habe der gewiegte Taktiker seine Avancen an Catroux gemacht, sondern um durch Autoritätsteilung das »Freie Frankreich« selbst in den Griff zu bekommen.

Erste Zeiten der Enttäuschung bei den Verbündeten und erste Zeiten der Bitternis und des Zweifels bei Charles de Gaulle. Gleich zu Beginn waren es zwei Ereignisse, welche die junge Allianz einer schmerzlichen Prüfung unterwarfen und selbst die Existenz des Freien Frankreich in Frage stellten. Ereignisse, deren erstes als schwere moralische Hypothek das Bündnis und damit den General belasten sollte, deren anderes de Gaulle selbst an den Rand der Aufgabe brachte: die Tragödie von Mers-el-Kebir und die schwere Niederlage vor Dakar.

Am 3. Juli 1940 erschien ein britisches Geschwader vor dem französischen Kriegshafen Mers-el-Kebir bei Oran und forderte die dort liegende französische Flotte auf, unter seiner Bedeckung englische Häfen anzulaufen. Auf deren Weigerung wurden die manövrierunfähigen Schiffe angegriffen und weitgehend vernichtet – mehr als 1200 französische Seeleute fanden dabei den Tod. Wie unvermeidlich und richtig auch immer in militärischer Hinsicht, politisch-psychologisch war Mers-el-Kebir eine Katastrophe. »Es war eine hassenswerte Entscheidung«, kommentierte Churchill später seinen Entschluß, »die unnatürlichste und schmerzlichste, mit der ich je zu tun hatte ... Es war griechische Tragödie.«[30]

Im besetzten und unbesetzten Frankreich, im Kolonialreich und auch unter den Freien Franzosen hatte das Massaker einen Aufschrei des Entsetzens und der Empörung zur Folge. Vichy brach die diplomatischen Beziehungen zu London ab und schien einen Augenblick an Kriegserklärung zu denken. Für die französische Marine, seit alters in Erbfeindschaft mit der britischen liegend, wurde Mers-el-Kebir zur Stunde der Wahrheit: Von den 500 Offizieren und 18 000 Matrosen, die sich in England befanden, entschieden sich ganze 20 Offiziere und 200 Matrosen für das Freie Frankreich, die Masse kehrte voll Verbitterung in das Frankreich Vichys zurück. De Gaulle, vor dem man das Unternehmen geheimgehalten hatte, war tief betroffen und dachte einen Augenblick an Aufgabe. Seinem Freund und damaligen engsten Verbindungsmann zu den Engländern, General Spears, eröffnete er, daß er das englische Vorgehen aus objektiven Kriegsgründen zwar verstehen könne, für seine Person aber überlegen müsse, »ob er mit uns weiter zusammenarbeiten wolle, oder sich als einfacher Bürger nach Kanada zurückziehen solle«.[31]

Am nächsten Tag, dem 8. Juli, war seine Entscheidung gefallen, und er suchte sie seinen Landsleuten über die BBC verständlich zu machen: kein Franzose, der nicht mit Trauer und Zorn die »brudermörderische« Untat verdamme, keine Ruhmestat für die britische Flotte. Aber: »Es ist mir lieber zu wissen, daß die ›Dünkirchen‹, unsere schöne, unsere stolze, unsere mächtige ›Dünkirchen‹, vor Mers-el-Kebir zugrunde ging, als sie eines Tages von Deutschen bemannt zu sehen, wie sie englische Häfen oder Algier, Casablanca, Dakar bombardiert.«[32] Wichtig sei nur eines, der Kampf gegen den gemeinsamen Feind: »Was immer auch geschehen mag ... unsere beiden alten Völker, unsere beiden großen Völker bleiben miteinander verbunden. Entweder sie gehen gemeinsam unter, oder sie siegen gemeinsam.« Ungerührtheit gegenüber Menschenschicksalen? Empfindungslose Staatsräson?

Viele Franzosen haben de Gaulle die nach ihrer Meinung kalte Rechtfertigung der »Schlächterei von Mers-el-Kebir« nie verziehen, und die Vichy-Propaganda schlug seinerzeit ebenso Kapital daraus wie nach Jahrzehnten noch die antigaullistische Agitation. Der alte Charles Maurras verfluchte 1940 de Gaulle als »Söldling des perfiden Albion«, als »Hilfswilligen des jüdischen Weltreiches«. Am 2. August 1940 wurde de Gaulle von einem französischen Militärgericht in Clermont-Ferrand wegen Aufforderung zur Desertion zum Tode verurteilt. Wo immer die Sache des Londoner Widerstandes Sympathien gehabt haben mochte, da sanken sie auf Null. Otto Abetz, der zivile Statthalter des

Reiches im besetzten Frankreich, meldete entzückt seinem Führer, daß nach Mers-el-Kebir Frankreich bereit sei, »die Fronten zu wechseln«[33]. André Gide notierte am 9. Juli 1940: »Neun von zehn Franzosen akzeptieren die deutsche Herrschaft, davon drei oder vier mit einem Lächeln.« Für die Masse seiner Offizierskameraden war de Gaulle nach Mers-el-Kebir nicht nur ein Hoch-, sondern einfach ein ordinärer Landesverräter.

Auch nach 1945 blieb Mers-el-Kebir unvergessen und diente den Feinden de Gaulles über zwei Jahrzehnte als nie versagendes Argument. Noch 1965 wurde der General in einem in Massenauflage verbreiteten Pamphlet als intellektueller Urheber der Tragödie »entlarvt«: »Der Schreckenstag von Mers-el-Kebir hat ihn nur leicht verstimmt. Obwohl er selber das Gerücht aufgebracht hatte, das Churchill zu dem Überfall verleitete, quälten ihn keinerlei Gewissensbisse.« Dies alles zum Nachweis, »daß dieser Kriegshetzer bei jeder Gelegenheit Öl ins Feuer goß und Gift in die Wunden träufelte«.[34] »Es war«, schrieb der General in seinen Memoiren, »ein furchtbarer Axthieb für alle unsere Hoffnungen.«[35]

Womöglich noch tragischer, sicher aber politisch weit verhängnisvoller geriet das zweite Ereignis sieben Wochen später: die schwere Schlappe von Dakar. Es war, wie erinnerlich, von Anfang an de Gaulles Absicht gewesen, den Krieg von französischem Territorium aus weiterzuführen. Die riesige Landmasse von Französisch-Nord- und Westafrika bot dafür das natürliche strategische Hinterland. Schon in den Tagen des Zusammenbruchs war es de Gaulle als selbstverständlich erschienen, daß die französische Regierung von Algerien aus weiterkämpfen würde. Als diese Hoffnung sich mit der Regierungsübernahme durch Pétain erledigt hatte, glaubte de Gaulle immer noch, die Chefs der Militär- und Zivilbehörden in Nordafrika würden den Krieg fortsetzen – auch gegen den Willen des Vichy-Regimes. Sein Telegramm an den Militärgouverneur in Algier, General Noguès, vom 19. Juni 1940, also einen Tag nach dem Appell, bezeugt diese Erwartung. Da auch diese Hoffnung trog, und das französische Nordafrika sich dem Marschall loyal erwies – nicht zuletzt unter dem Eindruck von Mers-el-Kebir –, gedachte der General in Westafrika eine Basis zu finden.

Dakar, an der äußersten Westspitze Afrikas, schien von seiner geographisch-strategischen Lage und seiner Bedeutung als wichtige Kapitale des westafrikanischen Kolonialreiches her dafür die idealen Voraussetzungen zu bieten. Ermutigt durch den Anschluß einer Reihe von zentralafrikanischen Kolonien – Ende August hatten sich der Tschad, der Kongo und Ubangi für das Freie Frankreich erklärt –, schlug de Gaulle Winston Churchill einen Handstreich auf Dakar vor. Er wollte ursprünglich weit im Süden, in Conakry, mit einer rein französischen Streitmacht landen, in der Zuversicht, daß sich beim Marsch auf Dakar das Land und das dort stationierte Militär ihm anschließen würden. Der Fall Dakars würde sich friedlich und womöglich in allgemeiner Begeisterung vollziehen – ein unschätzbarer Prestigegewinn für das Freie Frankreich und eine dringend benötigte Kompensation für die Tragödie von Mers-el-Kebir. Den Briten sollte dabei lediglich die Rolle des maritimen Transporteurs und des Bedeckers der Küste zufallen.

Churchill war sofort Feuer und Flamme – de Gaulle schilderte in seinen Memoiren einen Briten-Premier, der in überschwenglichen Farben dramatische Landungs-, Verbrüderungs- und rauschende Siegesszenen improvisierte: »Dakar erwacht eines ungewissen und tristen Morgens« –, wollte aber das Unternehmen weit umfangreicher anlegen. Er sprach von einer »gewaltigen Flotte«, wollte »mindestens hundert Schiffe« engagieren, wollte holländische, belgische und polnische Streitkräfte beteiligen, wollte mit einem Wort ein bedeutendes alliiertes Kriegsunternehmen daraus machen – so jedenfalls nach den Memoiren de Gaulles. Tatsächlich maß Churchill der Aktion große Bedeutung bei. Neben dem Prestigegewinn für das Freie Frankreich würde mit der Inbesitznahme Dakars die drohende Gefahr einer deutschen U-Boot-Basis an der Westküste Afrikas ausgeräumt, »deren Konsequenzen für die Kap-Route tödlich sein würden«, wie er dem südafrikanischen Premier General Smuts in einem Exposé des Unternehmens darlegte. Günstige Verbindungslinien zu Mittel- und Ostafrika könnten gezogen werden und dergleichen Strategisches mehr. Und noch etwas ganz Besonderes bestach Churchill am Dakar-Projekt, nämlich die Aussicht auf 60 bis 70 Millionen Pfund in Gold, ausgelagert nach Afrika aus belgischen und polnischen Staatstresoren, hochwillkommen zur Bezahlung der damals noch nur gegen bar liefernden amerikanischen Kriegsindustrie.

De Gaulle beugte sich schließlich dem Plan Churchills, wenn auch nicht ohne Bedenken und nicht ohne energisches Zurechtrücken der

»Sein Drama war das Alter ...«
Der neunundachtzigjährige Marschall Pétain vor seinen Richtern im August 1945.

Gold-Perspektive, aber doch schon deshalb, damit nicht die »Engländer früher oder später die Sache auf eigene Rechnung machten« zum Schaden der französischen Souveränität.[36] Am 23. September 1940 erschien vor Dakar eine imposante anglo-französische Armada, nicht gerade mit hundert Schiffen, aber doch machtvoll genug, das Unternehmen als Aktion ersten Ranges auszuweisen.

Um so fataler der Mißerfolg. So ziemlich alle Kalkulationen erwiesen sich als falsch. Dakar wurde zu einem ernüchternden militärischen Fiasko für die Alliierten und für de Gaulle persönlich zu einer schweren politischen und moralischen Niederlage. Nicht nur, daß sich die Besatzung der Seefeste dem Liebeswerben des Freien Frankreich verschloß und die Landung der de Gaulleschen Emissäre mit Waffengewalt verhinderte – es kam zu einer zweitägigen Kanonade mit beträchtlichen Verlusten auf beiden Seiten. Der verunglückte Handstreich bestärkte große Teile des seit Mers-el-Kebir zutiefst verbitterten Militärs in ihrer Neigung, den wahren Feind Frankreichs in Großbritannien zu sehen.

Für Vichy, bis dahin der nordafrikanischen Loyalität keineswegs sicher, wurde Dakar zum unverhofften Erfolg, in letzter Instanz freilich zur fatalen Wegmarke in die Kollaboration mit den Deutschen. Fürs erste jedenfalls war nun gewiß, daß die wichtigsten Teile des Kolonialreiches ihre Befehle vom Marschall empfangen würden und daß die dort stationierten Potentiale ihm zur Disposition standen. Das Vichy-Regiment trumpfte auf, ließ einen Tag nach der Kanonade von Dakar von Nordafrika aus einen Luftangriff auf den britischen Felsen von Gibraltar fliegen und säumte nicht, de Gaulle und seine Freien Franzosen erneut und mit starken Beweisen als Rebellen, Landesverräter und Brudermörder in Englands Sold zu denunzieren. Die Erbitterung der Militärs über den neuerlichen Akt bewaffneter Aggression der »perfiden Briten« und ihrer dissidenten Helfershelfer fand unter anderem ihren Ausdruck in den Verhandlungen der deutsch-französischen Waffenstillstandskommission zu Wiesbaden, als, zur freudigen Überraschung der Wehrmacht, der Chef der französischen Delegation, General Doyen, am 25. September 1940 erklärte: »Wir befinden uns in einer beispiellosen Situation. Sie führen Krieg gegen England und wir auch, aber wir befinden uns noch im Kriegszustand mit Ihnen.«[37] Hitler suchte die unerwartete Gunst der Stunde bei seinem Treffen mit Pétain zu nutzen, um den Marschall zur sofortigen Kriegserklärung gegen

England zu bewegen. Und wiewohl dies schließlich doch unterblieb, datiert seit Dakar die immer engere Kollaboration zwischen Siegern und Besiegten.

Moralisch am schwersten für de Gaulle wog die Tatsache, daß vor Dakar zum ersten Mal Franzosen auf Franzosen geschossen hatten – ein weiterer Schock für die zerrissene Nation und nach den Beschwichtigungen von Mers-el-Kebir für viele Franzosen erneuter Beweis für die verräterischen Absichten und die skrupellos antipatriotische Gesinnung des Generals. »Die folgenden Tage waren grausam für mich«, schrieb de Gaulle in seinen Memoiren. »Ich hatte das Gefühl eines Mannes, dem ein Erdbeben das Haus erschüttert und dem die Ziegel auf den Kopf fallen. In London brach ein Sturm des Zornes gegen mich los; in Washington ein Hurrikan von Sarkasmus.«[38]

Die Reaktionen bei den Alliierten waren in der Tat für den Augenblick die folgenreichsten und politisch schmerzlichsten Ergebnisse von Dakar für das Freie Frankreich. Der britischen Generalität und Admiralität seit eh und je zutiefst suspekt, galt de Gaulle samt windigem Anhang fortan als unfähig und unzuverlässig, zu seriösem Kriegsgeschäft jedenfalls untauglich. Es gab massenhaft Gerüchte über undichte Stellen im Umkreis des Generals, beißende Kommentare zu französischer Ruhmredigkeit und Geschwätzigkeit, die das Unternehmen verdorben hätten. In der Presse war die Rede von fataler Donquichotterie, die *Daily Mail* befand: »Mit Dakar haben wir ohne Zweifel den Gipfel der Dummheit erreicht.«

Verheerend aber war vor allem der Eindruck in Washington. Die USA, noch nicht im Krieg, hatten sich bis dahin schon alle Mühe gegeben, die Verbindungen zu Vichy nicht abreißen zu lassen. Sie erkannten in der Regierung Pétain die legale französische Staatsführung an und unterhielten sorgsame diplomatische Beziehungen zu ihr. Trotz wiederholter Kontaktversuche hatte Roosevelt den Abgesandten de Gaulles das Gehör verweigert, er hatte öffentlich vom »sogenannten Freien Frankreich« gesprochen, dessen Chef als »einen französischen General unter anderen« bezeichnet. Dakar erschien als der endgültige Beweis für die Richtigkeit dieser Politik. Dakar jedenfalls erschien im Herbst 1940 als die eklatante Widerlegung der Anmaßungen des hochfahrenden Generals. Alles was de Gaulle in den folgenden Jahren besonders von US-Seite an Abneigung, Geringschätzung,

Demütigung hinzunehmen hatte, fand durch Dakar seine unwiderlegliche Rechtfertigung.

Das Scheitern vor Dakar bescherte dem General persönlich wohl die schwärzeste Stunde für sein Sendungsbewußtsein. Der Mann, dem nach dem Bekenntnis seiner Memoiren zumute war, als stürze das Haus über ihm zusammen, hatte in der Stunde des Geschehens das Gefühl endgültigen Scheiterns: seinem Vertrauten René Pleven bekannte er wenige Tage nach Dakar, er habe sich beim Abbruch des Unternehmens erschießen wollen.[39] Fast dreißig Jahre später, mitten im Sturm des Pariser Mai 1968, erinnerte sich der General in einem Fernsehgespräch an seine dunkelste Stunde, als »Franzosen auf Franzosen schossen« und er versucht war aufzugeben.[40] Aber das Selbstgefühl und der »Ruf aus der Tiefe der Geschichte« waren doch stärker – wenigstens in den Stilisierungen der Memoiren: das Schifflein, das ihn trug, so wußte er, »trägt Frankreichs Schicksal!«[41]

»Wir nennen ihn Jeanne d'Arc«

Hätte ein gänzlich unwissender Leser die Kriegsmemoiren de Gaulles allein zur Hand, so müßte er glauben, der Krieg, von dem die Rede ist, habe sich vornehmlich zwischen dem General und seinen Verbündeten abgespielt. Die Deutschen kommen darin kaum vor, der eigentliche Krieg, der Krieg der großen Schlachten, der gewaltigen interkontinentalen Operationen, der unerhörten Anstrengungen und der Leiden, spielt sich irgendwo schattenhaft im Hintergrund ab. De Gaulles Kriegstheater wird ganz und gar beherrscht von seinem erbitterten Kampf um die Anerkennung, allein und ungeschmälert das Freie, das Kämpfende, oder einfach Frankreich schlechthin zu verkörpern.

Aus gutem Grund, denn die Widerstände dagegen erhoben sich von Anfang an und von allen Seiten; zuallererst, am stärksten und am beharrlichsten von seiten der »Angelsachsen«, wie der General seine englischen und amerikanischen Verbündeten nicht ohne Abneigung, gemischt aus historischen Reminiszenzen und persönlicher Antipathie, in der Regel pauschal zu bezeichnen pflegte. Churchill und Roosevelt, immerhin befaßt mit einem Weltkrieg und verstrickt in zahllose Kombinationen und Rücksichten, konnten und wollten so weitreichende Ansprüche nicht sanktionieren. In den ersten beiden Jahren der Allianz – Sommer 1940 bis Herbst 1942 – war zum einen, aus damaliger Sicht, noch nicht abzusehen, wohin das Vichy-Regime sich entwickeln würde, zum anderen machte man schmerzliche Erfahrungen mit der verstockten Vichy-Treue des überseeischen Frankreich, das keineswegs mit fliegenden Fahnen zu de Gaulle und dem Freien Frankreich überging – weder im September 1940 vor Dakar, noch im Juni 1941 in Syrien, im Mai 1942 auf Madagaskar oder im September 1942 bei der Landung in Nordafrika. Zum dritten wollte man keine politischen Fakten schaffen, welche die Nachkriegsordnung hätten präjudizieren können. De Gaulle als Chef des Freien oder des Kämpfenden Frankreich ja, jedenfalls was Churchill anging; aber entschieden nein zu de Gaulle als dem Inhaber französischer Souveränität. »De Gaulle, der alles riskierte und die Flagge hochhielt, konnte – mit seiner Handvoll von Anhängern außerhalb Frankreichs – niemals den Anspruch erheben, eine tatsächliche alternative Regierung darzustellen«, schrieb Churchill im Rückblick auf diese ersten Jahre.[42] Aber genau dies war es, wovon der General keinen Zentimeter abwich und worauf mit höchster Empfindlichkeit reagierte, wo immer er darin – tatsächlich oder vermeintlich – von seinen Alliierten beeinträchtigt wurde. Das reichte von theatralischen Trotzreaktionen bis zur Androhung von militärischer Gewalt.

Anlaß für zahllose Konflikte, bittere Konfrontationen und persönliche Zerwürfnisse – ganz besonders mit Winston Churchill. Der britische Premier, ein leidenschaftlicher Verehrer und Bewunderer von Frankreich und allem Französischen seit eh und je, zutiefst ergriffen und erschüttert zudem von Frankreichs Niederlage und Demütigung, pflegte einerseits ein geradezu sentimental-heroisches Bild von der Persönlichkeit und historischen Statur de Gaulles, dem »Connétable« und »Mann der Vorsehung«. »Er ist vielleicht der Letzte einer Rasse von Kriegern«, so der Tonfall in den Augenblicken poetischer Erhebung. Andererseits, Sanguiniker mit stets paraten cholerischen Temperamentsausbrüchen, reizte ihn des Generals eiserne Kompromißlosigkeit bis aufs Blut. Er schrie es ihm mehr als einmal ins Gesicht, daß er ihn »nicht als Frankreich anerkenne«, daß er an ihm »die schwerste Last« zu tragen habe, daß er mit seiner Intransigenz »anstatt gegen Deutschland, den Krieg gegen England« führe[43], daß seine »Anglophobie krankhaft sei«. Die Wortgefechte zwischen den beiden so ungleichen Männern hielten sich über Jahre hin auf homerischem Niveau. Denn de Gaulle verstand durchaus zu replizieren; nur Ribbentrop sei schlimmer gewesen, notierte einmal ein schockierter Anthony Eden. Im übrigen ließen die Zornesausbrüche Churchills den General durchaus kalt: »kalkulierte Emotionen«, schrieb er in seinen Memoiren.[44]

Die Haßliebe zu seinem Kriegsgefährten bescherte einer erstaunten und beunruhigten Umgebung die bizarrsten Einfälle, Vermutungen und Verdächtigungen des Premiers. »Apostel der Anglophobie«, nannte er den General vor den Abgeordneten des Unterhauses, »er verbündet sich mit den Kommunisten, während er vorgibt, das letzte Bollwerk gegen sie zu sein«, warnte er das Kriegskabinett.[45] »Er hat eine entschiedene Neigung zum Faschismus und zur Diktatur«, ließ er die englische Presse wissen[46]; »er ist fähig, sich eines Tages auf die Seite der Deutschen zu schlagen«, eröffnete er dem verblüfften kanadischen Premierminister MacKenzie King[47], oder, ganz einfach und summarisch an seinen Freund Roosevelt: »Dieser Mann schreckt vor nichts zurück.«[48]

Dennoch fand der alte Frankomane schnell und regelmäßig zurück zu großmütiger Versöhnungsbereitschaft. Eine Art von widerwilliger, aber doch tief empfundener Faszination behielt stets die Oberhand. Faszination gerade durch jene Züge in der Person des Vielgeschmähten, die ihn als Politiker zur Verzweiflung brachten: die Unbeugsamkeit, die souveräne Verachtung des banal Faktischen, die ins Großartige getriebene Anmaßung. »Sein Land hat den Kampf aufgegeben, er ist nichts als ein Flüchtling, und wenn wir unsere Unterstützung zurückziehen, ist er erledigt. Aber schauen Sie ihn an. Man könnte glauben, er sei Stalin mit 200 Divisionen hinter sich ... Ich habe ihm gesagt, wenn er sich nicht kooperativer verhält, lassen wir ihn einfach fallen! Und wie hat er es aufgenommen? ... Er hat kaum zugehört. Weder meine Versprechungen noch meine Drohungen haben die mindeste Reaktion bei ihm hervorgerufen«, berichtete Lord Moran, der Leibarzt, von einem in die Betrachtung der sich im Garten entfernenden Gestalt des Generals versunkenen Churchill.[49]

Widerwillige Faszination: Harold Nicolson schilderte anläßlich einer der stürmischen Auftritte den schäumenden, racheschnaubenden Churchill, dem er entgegengehalten habe: »Sie haben sicherlich recht,

Herr Premierminister. Aber dies alles ist ohne Bedeutung, da der General de Gaulle ein großer Mann ist.« Worauf Churchill: »Ein großer Mann! Er ist arrogant, er ist egoistisch, er betrachtet sich als den Mittelpunkt der Welt, er ist ... Sie haben recht, er ist ein großer Mann.«[50] In seiner Geschichte des Zweiten Weltkriegs hat Winston Churchill dem General ein literarisches Denkmal gesetzt, das letztlich doch vom tiefen Verständnis und von Übereinstimmung mit dessen heroischer Unbeugsamkeit Zeugnis gibt – post festum freilich:

»Auf diesen Seiten finden sich verschiedene harte Urteile über den General de Gaulle auf Grund momentaner Geschehnisse, und ich hatte ganz gewiß ständig Schwierigkeiten und viele scharfe Auseinandersetzungen mit ihm. Dennoch gab es ein beherrschendes Element in unserer Beziehung. Ich konnte ihn nicht als Vertreter des unterworfenen Frankreich anerkennen und auch nicht des Frankreich, das ein Recht darauf hatte, seine eigene Zukunft frei zu bestimmen. Ich wußte, daß er kein Freund Englands war. Aber ich anerkannte in ihm stets den Geist und die Vorstellung dessen, was durch die Geschichte hindurch das Wort ›Frankreich‹ immer bedeuten würde. Ich verstand und bewunderte sein arrogantes Verhalten, während es mich gleichzeitig zur Verzweiflung trieb. Hier war er also – ein Flüchtling, ein von seinem Land Verstoßener, zum Tode verurteilt, in einer Situation totaler Abhängigkeit von britischem und amerikanischen Wohlwollen. Die Deutschen hatten sein Land erobert. Nirgendwo hatte er wirklichen Rückhalt. Was tut es, er forderte alle heraus. Stets, selbst wenn er sich am schlimmsten aufführte, schien er Frankreich in seiner Person zu verkörpern – eine große Nation mit all ihrem Stolz, ihren Ambitionen. Man sagte im Scherz, daß er sich selbst für die Reinkarnation der Jungfrau von Orleans hielte ... dies schien mir nicht so absurd, wie es sich anhörte. Clemenceau, mit dem er sich auch verglich, wie es hieß, war sicherlich ein erfahrenerer Staatsmann. Aber beide erweckten den gleichen Eindruck, unbeugsame Franzosen zu sein.«[51]

Churchills eigentliche Leiden am Lothringerkreuz hatten indessen doch andere als nur persönliche Gründe – äußerst schwerwiegende, ja vitale politische Gründe, nämlich die unüberwindliche Abneigung und Ablehnung der Amerikaner gegenüber dem General. Sie waren so massiv und beharrlich, daß der Premier wiederholt zu befürchten hatte, sein Festhalten am Chef der Freien Franzosen könnte zu ernstlicher

Beeinträchtigung der anglo-amerikanischen Allianz führen. Auf dem Tiefpunkt der Beziehungen, ausgerechnet in dem Augenblick, als sich der Kriegsverlauf endgültig zugunsten der Alliierten gewendet hatte – im Frühjahr 1943 –, kabelte Churchill von einem Treffen mit Roosevelt an das Kriegskabinett zu Hause: »Ich muß Sie voll Besorgnis davon in Kenntnis setzen, daß die de Gaulle-Frage eine ernste Wendung genommen hat. Es vergeht kein Tag, ohne daß der Präsident davon spricht ... Wenn das Problem nicht gelöst wird, sehen wir uns mit einer realen Gefahr konfrontiert ... Ich bin überzeugt, daß wir dies alles beenden müssen. Nach meiner Meinung interessiert er (de Gaulle) sich nur für seine Karriere ... Ich bitte meine Kollegen, unverzüglich zu prüfen, ob wir nicht von jetzt an de Gaulle als politische Kraft ausschalten können. Wenn ich das absolut lebensnotwendige Interesse abwäge, das die Aufrechterhaltung guter Beziehungen mit den USA für uns darstellt, erscheint es mir unmöglich, diesen Tölpel und Saboteur seine üblen Aktivitäten weiter betreiben zu lassen.«[52]

Wieder einmal der Anlaß: de Gaulle hatte sich energisch einem von den Amerikanern lancierten Projekt widersetzt, den Oberbefehl über das Kämpfende Frankreich mit einem Mann ihrer Wahl, dem General Giraud, zu teilen. Für de Gaulle nichts Neues, denn die Affäre Giraud war nur ein weiterer Akt im zähen US-Bemühen, ihn unter alliierte Botmäßigkeit zu bringen, womöglich ihn auszuschalten – und keineswegs der letzte; eines Bemühens, das eigentlich erst mit dem Tode Roosevelts endete und für den General zeit seines Lebens unvergessen und unverziehen blieb. Noch im Sommer 1944, als de Gaulle allseits längst als der Repräsentant, ja als die Inkarnation des wiedererstehenden Frankreich akzeptiert war und die nationale Begeisterung ihm als dem Erretter und Befreier zujubelte, unternahm Roosevelt den obstinat-hoffnungslosen Versuch, den letzten Präsidenten der Dritten Republik, Albert Lebrun, zu reaktivieren, nur um dem widrigen General doch noch den Weg zu verlegen. De Gaulles Kommentar, noch in der Rückschau des distanzierten Memoirenschreibers: »Der Präsident fand es richtig, daß Frankreich geteilt blieb bis zu dem Augenblick, wo er selbst seine Lösung durchsetzen würde.«[53] Also hegemoniale Absichten, Intrigen zur Sabotage französischer Souveränität für den Tag danach – das Übliche, was von angelsächsischer Perfidie zu gewärtigen war!

Was waren die Gründe für den beharrlichen Rooseveltschen Anti-Gaullismus? Es gab wohlerwogene politische, aber doch auch sehr ausgeprägte persönliche Gründe. Roosevelt und das State Department ignorierten zuerst ganz einfach die hohen Ansprüche des Generals und suchten ihn dann, als der Mann sich nicht ignorieren ließ, mit allen Mitteln aus dem Spiel zu bringen. De Gaulle erschien vor allem hinderlich und abträglich dem großen diplomatisch-politischen Meisterspiel, das die Vereinigten Staaten unbegreiflich lange mit dem Pétain-Regime betreiben zu können glaubten. Sie setzten darauf – vertrauend auf traditionelle Bindungen und mehr noch auf persönliche Kontakte –, es müsse ihnen, im Unterschied zu den seit je in Frankreich verhaßten, nun seit Mers-el-Kebir und Dakar erneut als Erzfeinde entlarvten Briten gelingen, das Vichy-Regime umzudrehen und eines Tages wieder in den Krieg zu bringen.

Diese Erwartungen wurden für lange Zeit zur fixen Idee des Weißen Hauses. Unbeirrt durch die immer enger werdende Kollaboration Vichys mit den Deutschen, klammerte sich die US-Diplomatie an die Fiktion vom »Guten alten Freund« und Ersten-Weltkriegs-Alliierten Pétain, der nur auf die Gelegenheit warte, die Banner des Widerstands an der Seite der USA wieder zu entrollen. Der greise Marschall nährte diese Hoffnungen unter der Hand angelegentlich mit Sympathiebekundungen, vagen Andeutungen, halben Versprechen. Alles was Roosevelt von seinen Emissären am Hofe von Vichy zu hören bekam, mußte ihn darin bestärken. »Er ist der einzige Mann, der trotz seines Alters für Frankreich sprechen kann und die Liebe seines Volkes besitzt«, kabelte der US-Geschäftsträger Freeman Mathews am 15. November 1940 an den Präsidenten, und »ich bin überzeugt, daß er niemals willentlich etwas unternehmen wird, das gegen die Ehre Frankreichs wäre.« Er zitierte ausführlich den Groll des Marschalls gegen die Engländer: »Sie haben sich Frankreich gegenüber immer übel verhalten ... Sie haben Frankreich in einen Krieg gezogen, auf den es nicht vorbereitet war ... Sie haben den Verräter de Gaulle unterstützt. Sie haben feige Mers-el-Kebir angegriffen.« Und auch: »Sagen Sie Ihrem Präsidenten ..., daß ich alles in meiner Macht Stehende tun werde, um die Freundschaft Ihres Landes zu erhalten.«[54]

Am liebsten hätte Roosevelt einen alten Waffengefährten und persönlichen Freund Pétains aus ruhmreichen Tagen des Ersten Weltkriegs nach Vichy entsandt, den General Pershing, doch da der betagte Herr dazu nicht mehr in der Lage war, sollte es wenigstens ein anderer Soldat sein, Admiral Leahy, der im Januar 1941 seinen Posten antrat, um Pétain »ein Stahlkorsett zu verpassen«. Leahy wußte zwar – je länger, desto mehr – faktisch nur Ernüchterndes und Enttäuschendes aus Vichy zu berichten, was ihn indessen nicht hinderte, noch im Februar 1944 (!) dem Präsidenten zu versichern, »wenn die alliierten Truppen Frankreich betreten, ist die zuverlässigste Gestalt, die uns helfen kann, die Franzosen zusammenzubringen, der Marschall Pétain«.[55]

Jedenfalls: zur gleichen Zeit, als Vichy-Truppen vor Dakar, in Syrien, auf Madagaskar und sonstwo im französischen Kolonialreich auf den britischen Alliierten schossen, pflegte Washington herzliches Einvernehmen mit dem Etat Français des greisen Marschalls, belieferte trotz englischer Kontinentalsperre das unbesetzte Frankreich und die unter Vichy-Autorität stehenden überseeischen Territorien mit US-Gütern und reagierte mit heftigen Demarchen, wo immer das Freie Frankreich des Generals de Gaulle sich im Kolonialreich durchsetzte. Als beispielsweise im Dezember 1941 ein gaullistisches Kommando die Kanada vorgelagerten französischen Inseln St. Pierre und Miquelon besetzte, formulierte das State Department einen Protest, der schon beinahe einer Besitzstandsgarantie für Vichy gleichkam: »Die Aktion gegen St. Pierre und Miquelon durch Schiffe des sogenannten (!) ›Freien Frankreich‹ war ein willkürliches Unternehmen ... Die Regierung der Vereinigten Staaten hat Auskunft von der kanadischen Regierung verlangt, welche Maßnahmen zur Wiederherstellung des Status quo auf den Inseln sie zu unternehmen gedenkt.«[56]

Freilich, so ganz abwegig und verblendet wie in der Rückschau erschien zum Zeitpunkt des Geschehens das US-Liebeswerben um Pétain keineswegs. Wenigstens bis zur deutschen Besetzung ganz Frankreichs (November 1942) stand die Masse der Bevölkerung auf der Seite des Marschalls und jedenfalls mit Erbitterung gegen die Engländer. Beamtenschaft und Militär dienten loyal der legalen Regierung, und von Begeisterung für de Gaulle und das Freie Frankreich konnte keine Rede sein. Schon gar nicht bei den alten Offizierskameraden des Generals. Für ihre große Mehrheit war die Londoner Sezession bei allem Haß auf den Okkupanten nichts anderes als Disziplinwidrigkeit, Insubordination, Rebellentum – so ungefähr das Widerwärtigste für den in den

Traditionen einer alten Armee erzogenen Geist. Für diejenigen, die Vichy weiter aktiv dienten, kam hinzu, daß, wenn de Gaulle recht hatte, sie die Verräter waren. Also war der Eindruck, den die US-Diplomatie von der Loyalität des Landes zum Marschall gewann, so abwegig nicht.

Der alliierte Oberbefehlshaber in Europa, Dwight D. Eisenhower, hat sehr viel später in seinem Feldzugsbericht »Kreuzzug in Europa« recht anschaulich die damalige US-Perspektive geschildert: »Es ist verständlich, weshalb de Gaulle in den Rängen der französischen Armee abgelehnt wurde. Als Frankreich sich 1940 ergab, hatten die Offiziere, die in der Armee blieben, die Befehle ihrer Regierung akzeptiert und zu kämpfen aufgehört. Von ihrer Warte aus mußte, wenn de Gaulles Weg der richtige war, jeder Offizier, der den Befehlen seiner Regierung gehorchte, ein Feigling sein. Wenn de Gaulle ein loyaler Franzose war, hatten sie sich als Feiglinge zu betrachten. Selbstverständlich entschieden sich diese Offiziere für eine andere Betrachtungsweise; sie sahen sich selbst als loyale Franzosen, die den Befehlen der legalen Regierung gehorchten, und betrachteten de Gaulle als Deserteur.«[57]

Dies aber war das Milieu, aus dem die US-Diplomatie vornehmlich ihre Erkenntnisse bezog und zur Leitlinie ihrer Frankreich-Politik machte. Im übrigen: noch im Dezember 1942 bemühte sich kein Geringerer als Churchill selbst, um Verständnis für die US-Position zu werben. In einer Geheimrede vor dem Unterhaus erläuterte er die nach seiner Meinung unschätzbaren Vorteile der US-Intimitäten mit dem Marschall. Sie hätten »ein Fenster zu ihrem Hinterhof offengehalten, das sonst nicht existiert hätte«; sie hätten verhindert, daß »Vichy-Frankreich uns den Krieg erklärte, als wir gezwungen waren, auf Vichy-Truppen in Oran oder Dakar oder Madagaskar zu schießen«; sie hätten insgesamt einen »ungeheuren Einfluß auf alle Franzosen« ausgeübt.[58]

Wie auch immer, die USA setzten auf Pétain und waren überzeugt, daß, wenn erst das Sternenbanner anstelle des Union Jack zum Symbol des Kampfes werden würde, sich Frankreich unter der Führung des Marschalls spontan erheben und an der Seite seines historischen Bundesgenossen die Befreiung vollenden würde. So geschah es, daß die USA in Sachen Frankreich eine Politik verfolgten, die den englischen Alliierten brüskierte, die eigene Öffentlichkeit zunehmend in helle

Empörung versetzte und de Gaulle mit Erbitterung und Verachtung erfüllte.

Am Vorabend der Landung in Marokko und Algerien (September 1942) lehnte Roosevelt eine britische Beteiligung mit der Begründung ab, daß bei einem amerikanischen Alleingang »es keinen französischen Widerstand geben ... werde«.[59] Einer der vielen bösen Irrtümer, wie sich zeigte. Nur mit Mühe konnte Churchill dem Präsidenten ausreden, daß er ein Manifest an Pétain bei dieser Gelegenheit mit »Mein lieber Freund« einleitete. Nicht verhindern konnte er, daß Roosevelt mit einem der kompromittiertesten Männer Vichys paktierte, dem Admiral Darlan.

Darlan, der sich im Juni 1940 geweigert hatte, die französische Flotte in sichere Häfen zu überführen, war zwischen Februar 1941 und April 1942 zum mächtigsten Mann Vichys aufgestiegen. Stellvertretender Regierungschef, Verteidigungs-, Innen- und Außenminister zugleich, erwies er sich nächst Pierre Laval als zuverlässigster Kollaborateur der Deutschen – in welcher patriotischen Absicht auch immer. Als französischer Admiral sowieso geborener Feind der Briten, setzte er auf die deutsche Karte in der Überzeugung, daß bei einem Sieg Englands Frankreich »ein Dominium zweiter Klasse, ein kontinentales Irland« werden würde.[60] Vom deutschen Endsieg versprach er sich dagegen phantastische Perspektiven. Dem US-Botschafter Leahy vertraute er an: »Es ist sicher, daß die Deutschen den Krieg gewinnen und in Europa eine neue Ordnung errichten werden.« Aber er glaube, daß das Nazi-Regime Hitler nicht lange überleben würde und daß dann »das französische Volk in der Lage sein wird, großen Einfluß oder große Autorität über das neue Europa auszuüben«[61]. Es mochte wohl zutreffen, was man von ihm sagte, daß seine Germanophilie vornehmlich seiner Anglophobie entsprungen sei, seine Taten jedenfalls entsprachen voll seinen Endsiegerwartungen und vor allem denjenigen der Deutschen. Nach einem Treffen mit Hitler in Berchtesgaden im Mai 1941 schloß er ein Abkommen, das der Wehrmacht die Benutzung französischer Flughäfen in Syrien einräumte, er ließ das Afrikakorps über das französische Tunesien versorgen und befahl den Widerstand gegen die Anglo-Gaullisten überall im Kolonialreich.

Als das Blatt sich zu wenden begann, besann der Admiral sich anders. Im November 1942, bei der Landung der Alliierten zufällig in

Algier, erklärte er sein bisheriges Verhalten »als Ergebnis der schmerzlichen Ereignisse, die mich als Seemann bewegten« – Anspielung auf Mers-el-Kebir –, deutete sein Zusammenspiel mit den Deutschen als »Politik, die verhindern wollte, daß Frankreich und das Kolonialreich von den Achsenmächten besetzt würde«, und stellte sich, nachdem er zunächst den heftigsten Widerstand gegen die alliierte Landung befehligt hatte, den Amerikanern zur Disposition, »da ich nur auf diese Weise meinem Eid treu bleiben kann«.[62] Ohne zu zögern akzeptierte Roosevelt die skandalöse Offerte, und am 10. November 1942 wurde ein Abkommen unterzeichnet, das Darlan als de jure-Inhaber französischer Souveränität in Nordafrika anerkannte: »Der Admiral übt die Macht über Nordafrika im Namen des Marschalls aus«, lautete die Formel. Das war denn doch zuviel, und es erhob sich in der Öffentlichkeit Englands und der USA ein Sturm der Entrüstung. Im besetzten Frankreich schlug die Nachricht wie eine Bombe ein, und selbst Churchill, stets ängstlich bemüht um nahtlose Übereinstimmung mit Roosevelt, versicherte de Gaulle, daß er »keine Worte finde, um seiner Verachtung Darlan gegenüber Ausdruck zu verleihen«.[63] Die Ermordung Darlans am 24. Dezember 1942 durch einen jungen Franzosen enthob Roosevelt zwar den Verlegenheiten, änderte indessen nichts an seinem Festhalten an Pétain – und vor allem an seiner Ablehnung de Gaulles. Er setzte umgehend auf einen neuen Mann, diesmal einen Militär, unverdächtig der Sympathien für den Feind und dazu noch versehen mit dem Nimbus eines frischgebackenen Kriegshelden, den soeben aus deutscher Kriegsgefangenschaft entflohenen General Giraud – Anlaß für die oben beschriebenen schweren Zerwürfnisse mit de Gaulle.

Es gab auch noch andere Gründe für amerikanischen Widerwillen gegen den General. Man hielt zuerst de Gaulle für eine von den Briten raffiniert ins Spiel gebrachte Kreation; man meinte bei ihm faschistische, zumindest diktatorische Neigungen zu erkennen, man befürchtete von seinem archaischen Nationalismus Hemmnisse für die notwendige Neuordnung der Welt nach dem Kriege, besonders im Hinblick auf die nach US-Ansicht unvermeidliche Liquidation der alten Imperien – und man fand ihn einfach unerträglich. Die pathetische, anmaßende Selbstinszenierung, der ganze hochmütige Stil dieses Mannes, der aus einem anderen Jahrhundert herüberzureichen schien, waren Rooseveltscher Common-man-Mentalität schlicht zuwider.

Das erste Treffen der beiden Männer während der historischen Konferenz von Casablanca im Januar 1943 – Begegnung unter unangenehmen Umständen und voll von bizarren Mißverständnissen: de Gaulle behauptete beispielsweise ernstlich, man habe ihn unter Bewachung gestellt (»C'était la captivité«) – bekräftigte die wechselseitige Abneigung ein für allemal. Der Präsident, von Churchill schon immer vor dem unheilbaren Jeanne d'Arc-Komplex des Generals gewarnt, behauptete nachher, de Gaulle habe sich ihm nicht nur als die Jungfrau von Orleans angedient, sondern auch als Clemenceau und dazu noch als Colbert empfohlen – »alles in einer Person«[64] – ein so bezeichnend anmaßender Hochmut in den Augen Roosevelts, daß er die Geschichte zwei Jahre später während seiner ersten Begegnung mit Stalin in Jalta diesem als Quintessenz de Gaulleschen Größenwahns zum besten gab. Sir Winston hat die Jeanne d'Arc-Geschichte noch um eine für ihn typische Pointe bereichert: »Wir nennen ihn Jeanne d'Arc, und wir suchen dringend einen Bischof, um ihn verbrennen zu lassen.«[65] Auch de Gaulle selbst leistete seinen ganz spezifischen Beitrag zum allseits beliebten Jeanne d'Arc-Motiv, kaum überbietbar an Ironie und Hochmut zugleich: »Roosevelt glaubte, daß ich mich für Jeanne d'Arc halte«, sagte er zu General Eisenhower, »er hatte unrecht. Ich hielt mich einfach für den General de Gaulle!«[66]

Wiederholt schlug Roosevelt dem Premier vor, de Gaulle einfach die materielle Basis zu entziehen, und im Juni 1943, als der General den US-Favoriten Giraud auszumanövrieren begann, da platzte dem Präsidenten der Kragen: »Ich habe genug von diesem de Gaulle«, schrieb er an Churchill. »In Friedenszeiten wäre das ohne Bedeutung, aber unter diesen Umständen bin ich der festen Überzeugung, daß er unseren Kriegsanstrengungen den größten Schaden zugefügt hat und noch zufügt und daß er für uns eine große Gefahr darstellt. Ich bin mit Ihnen der Meinung, daß er weder die Engländer noch die Amerikaner leiden kann und daß er uns bei der ersten Gelegenheit hereinlegt.«[67]

Der General blieb unbeeindruckt. Rooseveltscher Grimm brachte ihn keinen Fingerbreit ab von seinem hohen Anspruch. Er hat dem Präsidenten seinen Standpunkt zwar nicht persönlich verübelt. »Herrschaftsinstinkt« – so urteilte er in den Memoiren. Aber er wird keine einzige Demütigung vergessen und nicht den kleinsten Affront vergeben, der ihm von US-Seite widerfuhr. Zwanzig Jahre später wird der

»Es war Gefangenschaft...«, kommentierte de Gaulle die unglückliche Begegnung mit seinen Kriegsalliierten auf der Konferenz von Casablanca im Januar 1943, wo Churchill (rechts) und Roosevelt (zweiter von links) ihn mit seinem Rivalen General Giraud (links) zwangsversöhnen wollten.

Staatspräsident der Fünften Republik seine Amerika-Politik begründen mit den Erfahrungen von St. Pierre und Miquelon, mit den Affären Darlan und Giraud und den Brüskierungen von Jalta und Potsdam.

Briten-Verdruß und US-Widerstand bereiteten dem General unendliche Schwierigkeiten und fügten seinem empfindlichen Souveränitätsstandpunkt niemals verziehene Demütigungen zu. Seit Dakar, also seit September 1940, wurde er von seinen Alliierten, wo immer sich das machen ließ, konsequent von allen bedeutenden Kriegsunternehmungen ferngehalten, überhaupt erst informiert, wenn die Operationen bereits im Gange waren – für den General besonders schmachvoll und erbitternd, wenn es sich um Unternehmen auf oder gegen französische Territorien handelte. So bei der Besetzung Madagaskars durch die Briten im März 1942 (Churchill: »Mit den Erinnerungen an Dakar konnten wir die Operation nicht dadurch komplizieren, daß wir die Freien Franzosen beteiligten«); so bei der Landung der Amerikaner in Marokko und Algerien im November 1942 (Roosevelt: »Ich halte es für unratsam, de Gaulle irgendeine Information zu geben.«) und schließlich – am unerträglichsten – bei der Invasion der französischen Atlantikküste im Juli 1944 (Roosevelt an Churchill: »Aus Sicherheitsgründen werden Sie es zweifellos für richtig halten, den General in Großbritannien bis zum Morgen nach dem Tage J festzuhalten.«).

Wo es aus militärischen Gründen unumgänglich war, das Freie Frankreich zu beteiligen, gab es unvermeidlich die schwersten Zusammenstöße bis hin zu gegenseitiger Drohung mit Gewalt. So anläßlich der Syrien/Libanon-Kampagne vom Frühsommer 1941, wo Churchill angesichts einer drohenden deutschen Invasion gegen den heftigen Widerstand seiner militärischen Führung vor Ort die gaullistischen Verbände beteiligte mit der Folge, daß es nach dem gemeinsamen Sieg über die Vichy-Truppen wegen de Gaullescher Souveränitätsansprüche (Syrien und der Libanon standen noch unter französischer Mandatsverwaltung) um Haaresbreite zum Waffengang zwischen Engländern und Freien Franzosen gekommen wäre.

Die Empörung der »Angelsachsen« andererseits erreichte zu Zeiten solche Grade, daß man dem General rigoros den Handlungsspielraum beschnitt, ihn etwa durch Verweigerung von Transportmitteln quasi festsetzte, ihn vom Kommunikationsnetz ausschloß oder ihm die Mikrofone der BBC sperrte. »Niemals haben sich die Angelsachsen bereit gefunden, uns als Alliierte zu behandeln«, resümierte de Gaulle voll Bitterkeit in den Memoiren seine Kriegserfahrungen mit den westlichen Verbündeten.[68] Er war im übrigen selbstverständlich der Überzeugung, daß dies nichts mit seiner Person, sondern mit den höchst selbstsüchtigen Absichten und Interessen der Angelsachsen zu tun gehabt habe. Die Briten, so argwöhnte er, hätten sich Frankreichs Ohnmacht zunutze machen wollen, um dem historischen Rivalen Teile des Kolonialreichs zu entreißen. Die Amerikaner, so der Schluß aus seinen unangenehmen Erfahrungen mit der Rooseveltschen Politik, hätten systematisch ihre Schiedsrichter- und Hegemonialrolle über das Nachkriegseuropa vorbereitet. »Für den Präsidenten der Vereinigten Staaten und den britischen Premierminister war Frankreich das Objekt ihrer Entscheidungen, und ihr eigentlicher Unmut gegenüber dem General de Gaulle bestand darin, daß er dies nicht zuließ«, schrieb er selbstgewiß in den Kriegserinnerungen.[69]

Was die Engländer anging, so sah er seinen alten Faschoda-Komplex an allen Ecken und Enden bestätigt. Schon bei der Dakar-Unternehmung hatte er den Verdacht, der Churchill-Enthusiasmus gelte weniger dem erhofften Erfolg des Freien Frankreich als der Ausbreitung des englischen Einflusses in Westafrika. Die Vorgänge in Syrien und im Libanon gaben ihm die Gewißheit, daß das »perfide Albion« die gute Gelegenheit zu nützen entschlossen war, »im ganzen Orient die britische Herrschaft zu errichten«.[70] Die Besetzung des französischen Madagaskar, militärische Eigenmächtigkeiten in Französisch-Ostafrika, im Tschad – bei Licht besehen überall im französischen Kolonialreich: Wo England vorgab, gegen die Achse zu kämpfen, tat es dies im eigenen Interesse und zum Schaden Frankreichs. »So sind wir also zurückgekehrt zu den Zeiten Faschodas«, ließ er in den Memoiren seinen General Catroux in Syrien den Engländern sagen; und er selbst fügte hinzu: »Nur mit dem Unterschied, daß bei Faschoda Frankreich in der Lage war, es auf einen Konflikt mit England ankommen zu lassen, während dieses heute nicht das geringste Risiko läuft.«[71]

Zeitweise, so scheint es, hatte sich seine Kriegsperspektive im scharfen Mißtrauen gegen Briten-Niedertracht so verschoben, daß ihm der alte Jahrhundertgegner jenseits des Kanals hinter dem aktuellen Getümmel als der wahre Feind erschien. Ein Untergebener bekam vom General zu hören: »Sehen Sie, Hitler wird besiegt werden. Das wird lange, schwierig und hart sein. Aber er wird besiegt werden. Danach werden wir uns wieder vor den alten Problemen und dem alten Erbfeind sehen: England.«[72] Die Anglophobie erreichte solche Ausmaße, daß unter den Getreuen das Motto kursierte: »Man muß den General regelmäßig daran erinnern, daß der Feind Nummer eins der Deutsche ist, denn für ihn ist es eher der Engländer.«

Denkwürdige Szenen de Gaullescher Erbitterung: Am 6. Juni 1942 ließ er durch den Sowjetbotschafter in London, Bogomolow, in Moskau anfragen, ob er mit dem Freien Frankreich in die Sowjetunion übersiedeln könne; am 8. November 1942 reagierte er auf die Nachricht von der alliierten Landung in Nordafrika mit dem herzlichen Wunsch: »Ich hoffe, daß die Vichy-Leute sie ins Meer zurückwerfen werden«; am 4. Juni 1944, zwei Tage vor der Landung in der Normandie da von in Kenntnis gesetzt, daß die Alliierten eine Militärverwaltung mit eigenem, in den USA gedruckten Geld in Frankreich einzurichten gedachten, schleuderte er außer sich vor Empörung Churchill entgegen: »Bitte sehr, führen Sie doch den Krieg mit Ihrem Falschgeld«; am 4. Juni 1945 (!) bedauerte er in einer turbulenten Auseinandersetzung mit dem britischen Botschafter Duff Cooper, daß Frankreich im Augenblick leider nicht in der Lage sei, England den Krieg zu erklären. Der Grund, britische Machinationen in Syrien, um Frankreich dort zu verdrängen – so jedenfalls sah es der General.

Die Russen

Ganz anders gestalteten sich die Beziehungen zum sowjetischen Alliierten – so lange wenigstens, wie man zueinander auf Distanz lebte. Die Sowjets, weitab von den Schauplätzen des Interessenwiderstreites ihrer westlichen Verbündeten und ohne rechtes Verständnis für deren diplomatische Finessen und komplizierte Rangeleien um Souveränitäts- und Prestigeansprüche, hatten de Gaulles Freies Frankreich in einer politisch ungleich verbindlicheren Formel anerkannt als die Angelsachsen (»Führungsorgan des Kämpfenden Frankreich, das allein die Zuständigkeit besitzt, die Teilnahme französischer Bürger und Territorien zu organisieren«; die Amerikaner hingegen verstanden sich nur auf ein mattes »Symbol des französischen Widerstandes gegen die Achse«); natürlich auch sie nicht aus schierer Bewunderung für den hartnäckigen Mann und sein Häuflein Getreuer, sondern durchaus schon im Hinblick auf europäische Nachkriegsgestaltungen. Aber was für de Gaulle zählte, war die durch eine Großmacht erfolgte de jure-Anerkennung seiner alleinigen Legitimität, das Freie Frankreich zu repräsentieren. »In den Augen der Russen konnte es also zwischen Vichy und dem ›Kämpfenden Frankreich‹ weder eine dritte Macht noch eine dritte Gewalt geben«, bemerkte der General befriedigt.[73]

Noch immer »die Russen«! Und dabei wird er bleiben gemäß seiner unerschütterlichen Überzeugung von wesenhaft nationaler und nicht ideologischer Identität der Völker. Im übrigen konnten ihn seine Erfahrungen mit den Russen darin nur bestärken, besonders seine Erfahrungen mit dem obersten aller Russen, dem Marschall Stalin. Er hat ihn genau studiert, analysiert und beschrieben anläßlich der Verhandlungen zum französisch-sowjetischen Beistandspakt im November 1944 in Moskau. Der Eindruck, der sich ihm in langen Stunden intensiver Begegnung aufdrängte: der Zar, der Despot, der Tyrann – im Dienste der uralten russischen Machtinteressen. »Vereinigung der Slawen, Vernichtung der Germanen, Ausbreitung nach Asien, Zugang zu den offenen Meeren, das waren die Träume des Vaterlandes, das waren die Ziele des Despoten.«[74] Revolution, Kommunismus, Bolschewismus – nichts als Herrschaftsmittel, Instrumente der Macht! »Das ideologische Banner verdeckt in Wahrheit die Ambitionen – so war es, seit die Welt besteht.«[75]

Als solche freilich nahm er sie ernst, sehr ernst – im Unterschied etwa zu Roosevelt. Am Tag nach dem russischen Kriegseintritt (23. Juni 1941) ließ er dem Sowjetbotschafter in London übermitteln: »Das französische Volk ist mit den Russen. Wir wünschen deshalb, mit Moskau militärische Verbindungen herzustellen.« In der begleitenden Instruktion für den Übermittler stellte er klar, was dieses Angebot bedeutete und was nicht: »Ohne darüber zu diskutieren, welche Mängel das Sowjetregime hat oder selbst welche Verbrechen es begangen hat, müssen wir – wie Churchill – erklären, daß wir mit den Russen sind, weil sie die Deutschen bekämpfen. Es sind nicht die Russen, die Frankreich zerschmettern, die Paris, Reims, Bordeaux, Straßburg besetzen.«[76] Ganz wie der alte Bolschewikenfeind Churchill also, der gerade erklärt hatte, daß er im Falle eines Hitler-Angriffes auf die Hölle vor dem Unterhaus einige freundliche Bemerkungen über den Teufel machen würde. Und de Gaulle machte nicht nur einige freundliche Bemerkungen: Er bot bei passender Gelegenheit seine ganze pompöse Rhetorik auf zum Ruhm und Preise des nicht geheuren neuen Alliierten (»Mit Enthusiasmus begrüßt das französische Volk Aufstieg und Erfolge des russischen Volkes«), während er gleichzeitig die Amerikaner vor einem russischen Alleinsieg warnte: »Wenn sie den Krieg allein gewännen, wären sie die Herren von Europa, und das würde nicht nur Europa, sondern auch die USA teuer zu stehen kommen«, bedeutete er dem US-Botschafter in London, Winant, schon im Mai 1942.[77]

Gewiß waren seine Besorgnisse vor sowjetischer Nachkriegsdominanz nicht geheuchelt, und bis an sein Lebensende wird er es als eine seiner Haupttaten rühmen, Frankreich und damit Westeuropa vor dem Kommunismus gerettet zu haben, aber er benutzte doch auch die Bolschewikenfurcht der Angelsachsen nach Kräften zur Beförderung seiner Ziele. Dem widerwilligen US-Präsidenten suchte er das Freie Frankreich wenigstens dadurch schmackhaft zu machen, daß er ihm eindringlich die drohende kommunistische Alternative für das Nachkriegsfrankreich vor Augen führte: »Wenn Frankreich unter dem Eindruck, eine besiegte Nation zu sein, von den Demokratien befreit wird, ist sehr zu fürchten, daß seine Verbitterung, seine Demütigung, seine Zerrissenheit es dazu verführen könnte, sich nicht nach den Demokratien, sondern nach anderen Einflüssen zu orientieren. Sie wissen welche!« schrieb er an Roosevelt in einer umfangreichen Explikation seiner Absichten und Ziele.[78]

Dem britischen Premier prophezeite er anläßlich der skandalösen Darlan-Affäre: »Vielleicht werden Sie auf diese Weise militärisch den Krieg gewinnen, moralisch werden Sie ihn verlieren, und es wird nur einen Sieger geben: Stalin.«[79] Eindringliche Warnungen, düstere Prophezeiungen – er hatte es durchaus auch so gemeint. Je stärker das militärische und politische Gewicht der Sowjetunion in der Endphase des Krieges ins Spiel kam, desto gewisser wurde ihm die zukünftige unvermeidliche Konfrontation. Und als man andernorts im alliierten Lager noch immer den Rooseveltschen Visionen einer heilen »one world« nach der Vernichtung der faschistischen Bestie nachhing, stand für den General fest, daß der dritte Weltkrieg, die Entscheidungsschlacht zwischen Ost und West, unvermeidlich sei.

Perspektiven eines »Großen Planes«: Abschluß des französisch-sowjetischen Beistandspaktes vom 10. Dezember 1944 in Moskau als Gegengewicht zur »angelsächsischen Hegemonie«.
Sitzend Außenminister Bidault, dahinter stehend sein Kollege Molotow, Marschall Stalin – und rechts – de Gaulle, Chef der provisorischen französischen Regierung.

Auf der anderen Seite zögerte er nicht, seinerseits die russische Karte zu spielen. Mit Genugtuung registrierte er »ernste sowjetische Besorgnisse angesichts amerikanischer Hegemonie-Tendenzen« in Sachen Frankreich und sowjetische Bereitschaft, sich dieser »Politik der Angelsachsen zu widersetzen«.[80] Auf einem der Höhepunkte seines Kampfes mit den Angelsachsen (November 1942) erwog er ernstlich den Abzug des Freien Frankreich in die Sowjetunion, und im November 1944 führte ihn seine erste offizielle Auslandsreise als Chef der Provisorischen Regierung nach Moskau, erklärtermaßen »vis-à-vis des tentatives d'hégémonie anglo-saxonne«.[81] In der letzten Kriegsphase habe er, so bekannte er in seinen Memoiren, einen großangelegten Plan entworfen, der Frankreich angesichts des russisch-amerikanischen Antagonismus außerordentliche Möglichkeiten eröffnete – also bereits die Perspektive einer Art weltpolitischer dritter Kraft zwischen den zukünftigen Supermächten oder wenigstens der Rolle des von beiden Seiten umworbenen Profiteurs, der sich in die glückliche Lage versetzt sieht, seine machtpolitische Drittklassigkeit durch diplomatische Äquidistanz zu kompensieren. Für ihn, den Verächter der Ideologien, wo es um nationale Interessen ging, bedeutete dies selbstverständlich keine weltanschauliche Neutralität, sondern bare realpolitische Opportunität. Denn wie widerwärtig ihm Albions Perfidie, wie unerträglich ihm die amerikanische Hegemonie-Anmaßung auch sein mochten, so gab es doch keinen Augenblick des Zweifels darüber, daß er auf der Seite der westlichen Demokratien und ihrer Werten stand, daß er den »russischen Despotismus« und dessen volksdemokratische Maske nicht weniger verabscheute als Hitler-Deutschland und dessen faschistische Neue Ordnung. »Rußland kennt nur ein Regime, die Diktatur, gemildert durch den Mord«, wird er einmal sagen.[82] Politische Interessen sind eine, persönliche Überzeugungen und Sympathien eine andere Sache.

Den Beistandspakt mit den Russen, den er im Dezember 1944 sehr zum Mißvergnügen der westlichen Verbündeten schloß, kommentierte er abschließend: »In der heutigen Welt, wo ziemlich ausschließlich Realismus die Beziehungen zwischen den Völkern beherrscht, ist es die Vernunft, welche die Bündnisse diktiert.«[83] Ein rechtes de Gaulle-Diktum, das in vielen Variationen wiederkehrt und als seine oberste außenpolitische Maxime gelten darf. Die Vernunft, nicht die Emotion und nicht die Sympathie! Die Vernunft, orientiert auf realpolitischen Pragmatismus und definiert durch die jeweiligen nationalen Interessen – ob Allianz mit den Angelsachsen, ob Beistandspakt mit den Russen, ob Freundschaftsvertrag mit der Bundesrepublik Deutschland. Ein Romantiker, wer da glaubt, das könne sich jemals ändern. »Keine Erfahrung verändert die Natur des Menschen, keine Krise diejenige der Staaten.«[84]

Das haben die Sowjets sehr wohl begriffen und zu schätzen gewußt. In einem der raren authentischen Dokumente zur Innenansicht sowjetischer Außenpolitik, in Chruschtschows auf Band gesprochenen »Memoiren«, zeichnete der freimütige Parteichef ein politisches Porträt des Generals, dessen derbe Realistik den nüchternen Vernunftstandpunkt des Generals richtig einschätzte: »De Gaulle ist ein besonderer Fall. War er gerissen oder dumm? Eine Zeitlang galt er als Idiot und als Faschist. Tatsächlich aber war er ein gerissener Bursche. In der Außenpolitik betrachteten wir de Gaulle als einen der intelligentesten Staatsmänner der Welt, zumindest unter den bourgeoisen Führern ... Er hatte eine sehr korrekte und nüchterne Vorstellung von der Bedeutung der Sowjetunion in der Welt.«

Aus seiner Begegnung mit Stalin im Spätjahr 1944 hat de Gaulle Impressionen festgehalten, die in knappen Strichen das uralte, das immer gleiche Antlitz der Despotie zeichneten: Stalin, der listig-hartnäckige Verhandlungspartner, Stalin, der derb-dröhnende Spaßmacher inmitten seiner Paladine, die stets präsente latente Drohung auch in den Gesten seiner Gunst – und immer wieder die gebannte Spannung, die schweigende Erregung, die Präsenz des Terrors unter den Großwürdenträgern des Regimes.

Die Geburt des Gaullismus

Diktator und Revolutionär – Mutmaßungen über den Chef der Freien Franzosen

Der Kampf de Gaulles um die Durchsetzung seiner Idee von hoher Berufung und metapolitischer historischer Funktion beschränkte sich mitnichten auf die verständnislosen Alliierten. Bevor er als allseits anerkannter und umjubelter Retter des Vaterlands im Triumphzug die Champs-Elysées herabschritt, hatte er zahllose Schlachten, Fehden, Intrigen mit den eigenen Landsleuten zu bestehen. Vichy hatte ihn als Deserteur und Landesverräter zum Tode verurteilt, die Masse des Militärs stand ihm lange Zeit ablehnend bis feindselig gegenüber, die seit dem Spätjahr 1941 sich allmählich in Frankreich formierende Résistance stellte sich keineswegs spontan unter seine Order, und es erhoben sich – je länger, desto mehr – politische Einwände, ideologische Bedenken, persönliche Verdächtigungen gegen den »Gaullismus« und die Ambitionen seines Inspirators.

Das begann sehr früh schon in der kleinen Schar der ersten Londoner Gefährten. Man war bestürzt über des Generals »Megalomanie« im Umgang mit den Engländern, von deren Wohlwollen das Schicksal des Freien Frankreich ja in jeder Beziehung abhing; man war verbittert über den autoritären Stil im Umgang mit den Getreuen, besonders wo es sich um Gleich- oder Höherrangige in der militärischen Hierarchie handelte; man argwöhnte insgeheime faschistische Vorlieben oder psychische Defekte oder beides zusammen. Churchill wurde aus dem Kreis der Freien Franzosen zugetragen, daß man ernstlich darüber nachdenke, wie man den hochfahrenden Chef zügeln könne. Im September 1940 verdichtete sich der Unmut der Gefährten zur veritablen Palastrebellion unter Führung des Admirals Muselier, dem Erfinder des gaullistischen Feldzeichens, des Lothringer Kreuzes, der drohte, mit »seiner Flotte« das Nationalkomitee zu verlassen, wenn de Gaulle sich nicht zu kollegialer Führung verstünde. Der Ton war äußerst scharf, die Vorwürfe hart, die Urteile vernichtend. Aus der Umgebung des Admirals wurde den Briten bedeutet: »Die Generalstäbe der Marine und der Luftwaffe ... sind zu dem Schluß gekommen, daß de Gaulle, wie immer nützlich er als Symbolfigur bleiben mag, ... nicht ungestraft den eingeschlagenen Weg fortsetzen darf. Er ist gewiß ehrenhaft, aber von einem Fanatismus, der an Unzurechnungsfähigkeit grenzt. Er hat nichts von einem Diplomaten, und als Politiker scheint er dem Faschismus zuzuneigen ... Die Mitglieder des Generalstabes des Freien Frankreich sind entschlossen, den General zu zwingen, einen Führungsrat zu bestellen.« [1]

Die Affäre Muselier war nur die erste einer ganzen Reihe von internen Rebellionen, die der General zwar zu unterdrücken verstand – nicht immer mit den feinsten Methoden: den protestierenden Briten erläuterte er die Absetzung des Admirals mit der Bemerkung, dieser sei ein »drogenabhängiger, erschöpfter Mann, der auch noch moralisch labil ist« –, die ihm indessen Todfeindschaften bescherten, an deren Konsequenzen er noch schwer zu tragen haben sollte. In diesen internen Machtkämpfen formierte sich so etwas wie ein Antigaullismus der ersten Stunde. Eine antigaullistische Kampfschrift aus dem Kreise der Résistance trug den Titel »Diktator de Gaulle«[2].

Gab es politische Gründe für dergleichen Verdächtigungen? War es nicht nur der schroffe Stil, sondern die Person selbst, die Bedenken erregen konnte? Die Person, an deren nicht eben demokratischen Enthusiasmus aus der Vorkriegszeit man sich noch lebhaft erinnerte; deren einstige enge Verbindung zu Pétain und zu allem, wofür der erzkonservative Marschall stand, den Eingeweihten durchaus noch präsent war; deren literarisches Selbstporträt vom schicksalerkorenen Chef Militaire sich wie die Planskizze für den autoritären Staat ausnahm? »Ist de Gaulle wirklich Demokrat?« fragte ein besorgter Jean Moulin, der legendäre politische Koordinator der Résistance nach langen Unterredungen in London.[3] In der hauseigenen Gazette *La France Libre* schrieb der junge Raymond Aron 1943 einen beziehungsreichen Artikel unter der Überschrift »Im Schatten Bonapartes«, in dem vor der alten Neigung der Franzosen zum charismatischen Cäsarismus gewarnt wurde.

»Symbol der Hoffnung ... Werkzeug des Schicksals«.
Charles de Gaulle am 26. August 1944 auf dem Weg vom Arc de Triomphe zum Hôtel de Ville im befreiten Paris.

Waren das mehr als nur Besorgnisse über den Führungsstil de Gaulles? Konnte man Rückschlüsse ziehen aus der Zusammensetzung des inneren Kreises um den General? Gab es überhaupt eine erkennbare politische Physiognomie des Freien Frankreich? Alles Patrioten, gewiß, aber doch Männer des unterschiedlichsten Herkommens. Einige unpolitische Militärs, wie die Generale Kœnig oder Leclerc, eine ganze Reihe von Linken, wie René Cassin oder Jacques Soustelle. Aber auch ausgewiesene Leute der Ultrarechten, wie der ehemalige Feuerkreuzler Charles Vallin, der Mitte (Pleven) oder des politischen Katholizismus (Maurice Schumann). »Alles war in diesem Mikrokosmos versammelt«, schrieb rückblickend einer der allerersten Gaullisten, Jacques Soustelle, »in diesem verkleinerten Abbild Frankreichs, das sich von den Vichy-Anhängern nur durch seine Ausgangsposition unterschied, eine Position, für die man sich öfter gefühlsmäßig als aus Überlegung entschieden hatte. Es gab nur sehr wenige, die schon in diesem Augenblick versuchten, dem Gaullismus einen Inhalt zu geben.«[4]

Gaullismus – war dies in den Kriegsjahren überhaupt schon mehr als organisierter Widerstandswille, als patriotische Entschlossenheit, »den Boche zu verjagen«? In den Anfängen, bevor der Begriff noch geprägt war, wollte der General es nach außen sicher so verstanden wissen. Das Freie Frankreich, das Kämpfende Frankreich sollte das Feldzeichen der Wiedergeburt jener heiligen nationalen Union sein, in der die Besten in der Stunde der Not sich schon immer zusammenfanden, um dem Vaterland zu dienen. »Zahllose Beweise zeigen, daß jene nationale Union, die der Mission Jeanne d'Arcs den Rückhalt gab, die den kriegerischen Elan der Revolution ins Leben rief, die Poincaré und Clemenceau trug, in der Résistance wiederersteht.«[5] Die Hingabe an die Sache des Vaterlands sollte zählen, nichts weiter. Weder politisch-soziales Herkommen noch ideologisch-philosophische Standorte, noch vor allem die alten verhängnisvollen Parteiungen und Rivalitäten sollten eine Rolle spielen: »Die Kämpfenden Franzosen gehören zu keiner Partei; sie zählen Männer aus allen Parteien und jeder Meinung zu den ihren; sie haben sich zu einer einzigen Aufgabe zusammengefunden, der Befreiung Frankreichs.«[6]

Freilich, so ganz ohne Absichten für den Tag danach, so gänzlich überpolitisch war die de Gaullesche »Nationale Union« keineswegs, zum mindesten nicht so, wie es aus den frühen Proklamationen klang.

Der General, nach seinem Format und nach dem Verständnis seiner Berufung schon immer sehr viel mehr Politiker als schlichter Militär, begriff seine Schöpfung im Grunde eben doch politisch – und zwar von Anfang an. Freies Frankreich, Résistance, das war für ihn natürlich mehr als nur militärische Organisation und Kriegspräsenz, das war auch und vor allem geistiges und moralisches Potential, das nicht nur das Debakel von 1940 und dessen Folgen beseitigen, sondern auch dessen tiefere Ursachen beheben sollte. Sein Verständnis von der eigenen Mission, Frankreich wiederaufzurichten, seine permanenten Interessen zu vertreten, Frankreich selbst und nicht nur ein französisches Hilfskorps im Krieg zu halten, war selbstverständlich politisches Programm, und was den – ziemlich bescheidenen – Kriegsbeitrag des Freien Frankreich anging, so hat er ihn immer zuerst im Hinblick auf dessen politische Bedeutung verstanden, geplant und genutzt.

Die politische Perspektive des Gaullismus war von Anbeginn an die nationale Sammlung, die überparteiliche Bewegung, das Reservoir neuer Eliten für die Wiedergeburt der Nation, für die sittliche Läuterung ihrer materiellen und geistigen Gestalt nach der Befreiung vom äußeren Feind. Das war die ursprüngliche Vision und Grundidee. Mit dem Wachstum und der Festigung der Bewegung konkretisierte sie der General allmählich zum politischen Anspruch. Das Freie Frankreich würde nach dem Sieg als Ferment der Erneuerung wirken, es würde seine »geistigen und moralischen Werte einbringen« in die wiedergeborene Republik, verhieß er im Manifest von Brazzaville im Oktober 1940.[7] Die Résistance würde am Tag der Befreiung die erneuerte französische Demokratie »auf die Höhe des Sieges bringen«, orakelte er noch dunkel im Oktober 1941.[8] Aber bereits ein halbes Jahr später war die Rede von der Neuen Elite, »die von nun an das Schicksal unseres Landes bestimmen wird«, einer Elite, »die das Ferment darstellt, das Frankreichs Genie geboren hat, um sich bis in seine Tiefen zu erneuern«.[9] Noch ein Jahr später, im April 1943: »In der Résistance und im Kampf zeigen sich in diesem Augenblick die Männer, die unser Volk für würdig und fähig befinden wird, seine Geschicke zu lenken.«[10] Endlich, am 14. Juli 1943, in einer in mancher Beziehung für den Gaullismus denkwürdigen Rede vor einer Massenversammlung auf dem Forum von Algier: »Gewisse Theoretiker mochten glauben, die Kriegsanstrengungen der Nation könnten sich außerhalb der Politik abspielen. Wir erklären, daß diese ›Realisten‹ außerhalb der Realität leben.«[11] Ironischer Verweis für diejenigen unter den Alliierten und Rivalen, die das Freie Frankreich auf die bloße militärische Hilfsfunktion reduziert sehen wollten.

Also keine Rede davon, daß das Freie, das Kämpfende Frankreich nach getaner militärischer Arbeit – wie Cincinnatus – in die Ränge zurücktreten würde; vielmehr verkörpere es nichts weniger als die Führungselite von morgen. Das klang manchen recht verdächtig: Ähnelte die Neue Elite nicht haargenau jenen »Chefs«, die der Militärtheoretiker und Gesellschaftskritiker de Gaulle vordem der Nation verordnet hatte? Jedenfalls wurde deutlich, daß der sich formierende Gaullismus über den bloßen militärischen Sieg hinaus politische Ambitionen hatte, daß er sich zumindest als den Kern einer politisch-moralischen Erneuerungsbewegung verstand.

Aber Erneuerung in welche Richtung? In den Londoner Appellen war zwar viel davon die Rede, auch davon, daß eine neue Republik »pur et dur« wie der Phönix aus der Asche sich erheben würde und daß es ein Ende hätte mit dem System der Skandale, des Verzichts, des Betrugs, des Eigennutzes der Vorkriegszeit. Aber was war präzise damit gemeint? Über die Ablehnung der Dritten Republik und ihrer Mängel waren sich so gut wie alle einig, auch darüber, daß es im erneuerten Frankreich gerechter, sozialer, anständiger, würdiger – insgesamt moralischer – zugehen müsse. Nur: des Generals öffentliche Rhetorik ließ nicht so recht erkennen, welches nach seiner Meinung dafür die konkrete Remedur wäre. Gewiß, es gab viel pathetische Phraseologie mit bedeutsamer Intonation, zum Beispiel im Gebrauch des für französische Ohren allemal vibrierenden Begriffes der Revolution: »Wir Freien Franzosen wissen, daß aus diesem sicheren Sieg ein neues Frankreich hervorgehen wird. Ein solcher Krieg ist eine Revolution, die größte von allen, welche die Welt gekannt hat. Aus dem, was wir Freien Franzosen in uns tragen an Elan, an Großem, an Reinem, wollen wir ein Ferment machen. Wir, die Freien Franzosen, werden eines Tages eine reiche Ernte einbringen an Hingabe, an Uneigennützigkeit, an gegenseitiger Hilfe. So wird morgen unser Frankreich wiedererstehen.«[12]

Revolution! Gar die allergrößte, welche die Menschheit gekannt hat, aber dann doch mit eher moralisierenden denn politischen Perspektiven: Hingabe, Uneigennützigkeit, gegenseitige Hilfe. Das war übrigens gar nicht so weit von dem entfernt, was gleichzeitig Vichy in seiner – ebenfalls so genannten – Nationalen Revolution propagierte. Fast zwei Jahre später, im April 1942, wurde die – jetzt – »größte Revolution in der französischen Geschichte« inhaltlich auch nur um weniges greifbarer: »Wer glaubt, Frankreich werde politisch, sozial, moralisch das gleiche sein wie zuvor, der begeht einen schweren Irrtum«[13]. Aber was sollte sich ändern? Nur das Personal, die Gesinnung, die Moral oder beispielsweise auch die Institutionen, die Staatsverfassung, oder gar das ganze politische System? Fragen über Fragen für eine sich im Widerstand rekonstituierende politische Szene – und nicht nur Fragen, sondern, wie begreiflich, auch Bedenken, Befürchtungen, Verdächtigungen. Noch im Juni 1942 entgegnete der Sozialist André Philip, im Auftrag seiner Widerstandsgruppe zu politischen Sondierungsgesprächen in London, auf lange und weitschweifige Ausführungen des Generals zum realen Bedeutungsgehalt der größten französischen Revolution: »Mein General, sobald der Krieg beendet ist, werde ich mich von Ihnen trennen. Sie kämpfen für die Restauration nationaler Größe. Ich für ein sozialistisches und demokratisches Europa.«[14] De Gaulle selbst hat die vielerlei Spekulationen um seine eigentlichen politischen Absichten einmal ironisch glossiert. Es sei eine seiner raren Zerstreuungen, sagte er, »zu beobachten, wie die Freien Franzosen gleichzeitig eingeschätzt werden als dem Faschismus zugeneigt oder als Parteigänger einer monarchischen Restauration oder als Wegbereiter des Vorkriegsparlamentarismus, speziell seines jüdischen oder freimaurerischen Personals, und schließlich als Agenten des kommunistischen Endsieges«[15].

Tatsächlich wucherten die bizarrsten Vermutungen, und lange Zeit beließ es der General bei seinen pompösen Gemeinplätzen: »Eine gewaltige Woge erhebt sich vom Grunde der Nation und wird die Ursachen des Desasters hinwegfegen«, oder: »Die Nation wird ... wie in ihrer Großen Revolution als Chefs nur Männer der öffentlichen Wohlfahrt anerkennen«, oder auch: »Ja, wir werden siegen, aber mit einer verjüngten Armee. Ja, wir werden unsere Prosperität wiedererlangen, aber mit einem ökonomisch und sozial verwandelten Regime. Ja, wir werden unseren Söhnen das Feuer in den Augen, das Lachen in der Brust, die Glut im Herzen wiedergeben, aber durch neue physische, geistige und moralische Verhältnisse.« Vieldeutige Animationsrhetorik zu fast beliebigem Gebrauch.

Visionen von der »République dur et pur« und Volksfrontstrategien im Dienst des Nationalen Heils

Erst allmählich und unter dem immer stärker insistierenden Druck aus der Résistance schälten sich gewisse konstitutionelle, politische und soziale Grundsätze heraus, die als eine Art politisches Programm gelten konnten, und ungefähr seit der Jahreswende 1942/43 hatte der Gaullismus seine vorläufige Gestalt erlangt – eine für manche recht überraschende Gestalt: Nein, Revolution ist nicht nur moralisch gemeint, sie bedeutet auch nicht nur Austausch des verschlissenen und diskreditierten Personals von ehedem, sondern neue Institutionen, eine neue Verfassung, eine neue, die Vierte Republik. (»Die IV. Republik, diejenige der nationalen Erneuerung«; 6. Juni 1943). Ja, das wiedergeborene Frankreich wird das Land der Menschen-Freiheits-Bürgerrechte bleiben, die es einst der Menschheit geschenkt hat (»Das jahrhundertealte französische Ideal der Gleichheit, Freiheit, Brüderlichkeit wird bei uns von nun an in die Praxis umgesetzt!«; 23. Juni 1942).

Nein, die neue Demokratie wird sich nicht im Formalismus bürgerlicher Institutionen erschöpfen, sondern sie wird eine soziale Demokratie sein (Frankreich wird »... ein soziales und moralisches Gebäude errichten, in dem jedes Individuum in Würde und in Sicherheit wird leben können, wo kein Monopol die Menschen mißbrauchen und dem Gemeinwohl wird entgegenstehen können«[16]). Allerdings auch, vorläufig noch in Nebensätzen verborgen, das große verfassungspolitische Leitmotiv des Gaullismus in der Zukunft: die starke, die stabile, die von den politischen Tageskombinationen unabhängige Staatsautorität! (»Frankreich erwägt zuerst die tödlichen Gefahren, in die es nacheinander die allmähliche Dekadenz der Staatsautorität und die Infamie der persönlichen Herrschaft gestürzt haben. Es zieht daraus die Schlußfolgerung, daß die Gewalt, die den Auftrag hat, den Staat zu lenken, über die Mittel verfügen muß, dies kraftvoll und auf Dauer zu tun.«[17]) Vor allem aber und ohne Einschränkung: Selbstverständlich wird am Tage danach das französische Volk demokratisch und souverän über seine Geschicke selbst bestimmen – immer wieder hat es der General betont, wiederholt, unterstrichen.

Die Vierte Republik, politisch definiert als liberale und soziale, als stabile Demokratie – noch immer vage genug –, darauf konnte sich die außerordentlich heterogene Résistance mit de Gaulle einigen. Besonders die soziale Zukunftsperspektive unter dem Lothringer Kreuz brachte dem General breite Zustimmung und dem Gaullismus in der zweiten Kriegsphase das Image einer wiedergeborenen Volksfrontbewegung. Abschaffung der Privilegien, Zügelung der Monopole, Volkseigentum, Arbeitermitbestimmung, Nationalisierung – das klassische Repertoire linker Programmatik belebte unversehens die gaullistischen Appelle zur Nationalen Union. Verblüffend genug: der vermeintliche Erzkonservative, der scheinbar in Reverien von verblichener Grandeur und mythischem Kult der Nation verlorene Chauvinist, der verdächtige Protagonist elitärer Berufung, entpuppte sich als Mann unabsehbarer gesellschaftlicher Umwälzungen – so schien es wenigstens!

Für den General wurde die demonstrative Anreicherung des Gaullismus mit sozialen, ja sozialistischen Elementen zum großen, vielleicht entscheidenden Erfolg in der besonders problematischen Situation im Spätjahr 1942/Frühjahr 1943. Sie brachte ihm die endgültige Zustimmung der Résistance und damit ein gutes Stück demokratischer und nationaler Legitimation in einem Augenblick, da England und die USA sich angeschickt hatten, sich seiner zu entledigen. Die Widerstandsgruppen in Frankreich nämlich, wie vielgestaltig und politisch heterogen auch immer, pflegten ausnahmslos die Überzeugung, daß das neue Frankreich irgendwie sozialistisch werden müsse. Die korrupte Klassengesellschaft von ehedem hatte die Bedingungen der Niederlage zu verantworten, der Konservatismus war durch seine Verbindungen zu Vichy vorläufig diskreditiert, der Sozialismus durch sowjetischen Kriegsheroismus und kommunistischen Widerstandsgeist patriotisch rehabilitiert, und ganz allgemein war der Geist der Zeit, wie so häufig nach großen Katastrophen, auf moralische Erneuerung gestimmt, auf Gerechtigkeit, Brüderlichkeit, Solidarität – kurz: auf die traditionellen Werte des Sozialismus. Die Résistance von links bis rechts war sozial motiviert: vom Appell an das soziale Gewissen, über die Verheißung des sozialistischen Reformismus bis hin zur Ankündigung der proletarischen Revolution. Noch die im Widerstand organisierte Rechte verwarf den einstigen unternehmerischen Paternalismus und verpflichtete sich auf soziale Reformen: »Es ist gut und notwendig, den Arbeiter zu verstehen, ihn zu lieben, aber es ist absolut unzureichend. Wir brauchen Einrichtungen, die ihn schützen und die verhindern, daß die führenden Klassen zu profitierenden Klassen werden«, schrieb das Widerstandsblatt *Essor*[18], Organ junger Résistants der politischen Rechten, im Dezember 1943. »Die gesamte organisierte Résistance fühlte sich links«, schrieb André Malraux in seinen »Antimémoires«.[19]

Auf die Verdammung der Monopole ließ der General Bilder von zukünftigem sozialen Fortschritt und gesellschaftlicher Wandlung folgen, aus deren Formulierung alles mögliche herausgehört werden konnte: »Jawohl, nach dem Sturz des alten Systems ... nach all diesem Leid, diesem Zorn, diesem Ekel wird die Nation wollen, daß alle, ich sage alle ihre Kinder fortan in Würde und sozialer Sicherheit werden leben und arbeiten können ... Die Nation wird wollen, daß die Naturschätze, die Arbeit und die Technologie, welches die drei Elemente der Wohlfahrt aller sind, nicht zum Profit einiger weniger ausgebeutet werden. Die Nation wird es zuwege bringen, daß alle ökonomischen Ressourcen ... nicht nach dem Belieben einzelner, sondern zum Gemeinnutzen erschlossen werden. Wenn es noch Bastillen geben sollte, mögen sie freiwillig ihre Tore öffnen. Denn wenn es zum Kampfe zwischen dem Volke und der Bastille kommt, dann endet stets die Bastille im Unrecht.«[20]

Wohlfahrtsstaat, Vergesellschaftung der natürlichen Ressourcen, vielleicht sogar der Produktionsmittel insgesamt; dazu Anleihen aus dem klassischen Revolutionsvokabular der Linken (die fluchwürdige Bastille, die gerechte Sache des Volkes): sogar die Kommunisten zeigten sich beeindruckt und stellten sich »im Bewußtsein, die Gefühle des französischen Volkes auszudrücken«, uneingeschränkt hinter de Gaulle[21] – die Kommunisten, die zwei Jahre zuvor noch den Unterschied zwischen de Gaulle und Pétain mit dem Unterschied zwischen Pest und Cholera verglichen hatten. Auch die Nazis wußten fortan Bescheid: »Gaullismus, das ist die bolschewistische Perspektive für Frankreich«, schrieb *Das Reich* am 5. September 1943.

War es nur taktisches Kalkül, das dem Gaullismus in einer kritischen Phase ein sozialistisches Make up bescherte, oder war es doch mehr? In den Memoiren schrieb de Gaulle lakonisch: »Die traditionelle Linke reiht sich ein unter das Lothringer Kreuz.«[22] Nie hat er ein Hehl daraus gemacht, daß es ihm dabei auch um die Einbindung der radikalen Linken gegangen war, ihre Domestizierung durch Miteinbeziehung in die Nationale Union. »Die Tragödie des Vaterlandes«, schrieb er in den Kriegsmemoiren, »bot diesen Franzosen ... die historische Gelegenheit, in die Nationale Union zurückzukehren.« Und später: »Nicht, daß ich mir Illusionen über die Loyalität der (kommunistischen) ›Partei‹ mache. Ich weiß sehr wohl, daß sie die totale Macht zu ergreifen beabsichtigt ... Aber ihr Anteil an der Résistance, der Einfluß, den sie auf die Arbeiterklasse ausübt, der Wunsch, sie zur Nation zurückkehren zu sehen, haben mich dazu bestimmt, ihr den angemessenen Platz im Wiederaufbau zu geben ... Wenn sie anstatt auf die Revolution auf die Mehrheit in einem parlamentarischen Regime zielt, läuft die Gesellschaft geringere Gefahr.«[23] Mit Erfolg: die Kommunisten stellten sich nicht nur unter die Autorität des Generals im Befreiungskampf, sie entsandten auch Vertreter in den Nationalen Befreiungsrat in Algier und stellten Minister zuerst in der Provisorischen, dann in der ersten regulären Regierung de Gaulle nach der Befreiung – das erste und bis zur Präsidentschaft Mitterrands vierzig Jahre später einzige Mal, daß Kommunisten direkt an der politischen Verantwortung in Frankreich beteiligt waren. (Während der Volksfront im Jahre 1936 waren sie nur passiv – durch parlamentarische Unterstützung des Kabinetts Léon Blum – an der Regierung beteiligt.)

Dennoch: die »linke« Einfärbung des Gaullismus in der zweiten Phase des Krieges war keineswegs nur Andienung an die Genossen Résistants oder Reverenz vor dem Zeitgeist. Wenn politische Einbindung das taktische Hauptmotiv der Wendung oder besser der Profilierung nach links darstellte, so war sie eingebettet in ein weit größer angelegtes strategisches Ziel, das der General anvisierte: die Re-Integration der Arbeiterklasse in das nationale Kollektiv durch ihre Erhebung in den Rang sozialer Partnerschaft. Für diese Lösung der sozialen Frage schienen ihm Niederlage, Vichy, Résistance eine einmalige historische Chance zu bieten. Die Arbeiterschaft, in der Klassengesellschaft der Vorkriegszeit völlig entfremdet dem Geist und den Interessen der Nation, die Erfüllung ihrer Hoffnungen in chimärischen und vergeblichen Ideologien fremder Provenienz suchend, war im Kampf gegen den Okkupanten und seine Statthalter mit der Nation wieder vereinigt. Würde es jetzt gelingen, das Werk der äußeren Befreiung zu krönen mit einem machtvollen Schub sozialer Emanzipation, so könnte die unselige Zer-

Der Chef der Provisorischen Regierung 1945.

rissenheit der Nation im Klassenkampf überwunden und zugleich das gewaltige Potential der Arbeiterschaft für Staat und Nation in einem bisher unvorstellbaren Ausmaß aktiviert werden. Denn darum handelte es sich für den General selbstverständlich in erster Linie! Soziale Gerechtigkeit, ein Leben in Würde und Sicherheit für alle Franzosen, gewiß, aber nicht als abstrakter Selbstzweck, sondern zum Frommen und Gedeihen der Nation, zur Förderung der Macht Frankreichs.

Bei der Darlegung der Aufnahme seiner sozialökonomischen Reformpläne durch die »Politiker« in den Memoiren beschrieb er deren allseitige Zustimmung: die der einen, weil es sich um alte Forderungen ihrer Parteien handelte, die der anderen, weil sie sich davon die Erhaltung des sozialen Friedens versprachen. Aber, fuhr er fort: »Wieder einmal stelle ich fest, wenn für sie und für mich das Ziel dasselbe sein mag, so sind es doch nicht dieselben Gründe, die mich zu diesem Ziel bewegen. Während sie ihre Haltung nach den Vorurteilen ihrer jeweiligen (ideologischen) Tendenz ausrichten, berührt mich dergleichen wenig. Umgekehrt sehe ich sie kaum beeindruckt von dem, was mich inspiriert, nämlich die Macht Frankreichs.«[24] Und bei der Vorstellung seiner Arbeitermitbestimmungsmodelle: »Ganz unabhängig von der Frage der Gerechtigkeit und der Zweckmäßigkeit ist es die gleiche Ansicht, die mich bewegt, die Arbeiter zu Mitverantwortung zu erheben. Der Zusammenhalt Frankreichs erfordert, daß sie sich moralisch in die nationale Gemeinschaft re-integrieren, von der viele dazu neigen ..., sich zu entfernen. Wenn darüber hinaus die Arbeiterklasse von sich aus die Quellen ihrer Möglichkeiten erschließt, was könnte dies für die Produktivität und damit für die französische Macht bedeuten!«[25] Das klingt nun doch schon wieder vertrauter. Die Lösung der sozialen Frage, »eine Frage ersten Ranges«, wie er nicht müde wurde zu versichern, aber eben im Hinblick auf die Größe der Nation! Es sollten sich über diese Zweck-Mittel-Relation noch Generationen von Rechts- und Links-Gaullisten die erbittertsten Schlachten um die wahre Orthodoxie liefern.

Die Beförderung der nationalen Union durch Volksfrontstrategien: die Vision scheint bei de Gaulle im Lauf des Krieges Gestalt gewonnen zu haben. In den historisch-militärtheoretischen Arbeiten der Vorkriegszeit, die ja immer zugleich auch aktuelle Zeitkritik formuliert hatten, war die soziale Frage merkwürdig blaß geblieben und als Problem allenfalls im Zusammenhang seiner moralisierenden Zivilisationskritik (Vermassung usw.) erschienen. Erst in London, so scheint es, und vermutlich unter dem Zwang der ihm von der politischen Résistance gestellten Fragen fand er zu einer der dauerhaftesten und spektakulärsten Kreationen des Gaullismus. »Man müßte Arbeiter und Patron miteinander assoziieren«, äußerte er in London einem Gefährten gegenüber, »ich weiß zwar nicht wie, aber ich bin zutiefst davon überzeugt.«

Noch eine andere bedeutsame Wendung nahm der Gaullismus während der zweiten Kriegsphase – mit der Entdeckung einer demokratischen Legitimität eigener Art, der Volksakklamation, dem charismatisch bewegten Massenapplaus. Bis dahin, wie erinnerlich, waren es die Eliten gewesen, denen de Gaulle die Verantwortung und hohe Berufung für das Schicksal der Nation zuerkannt hatte, ganz stark in seinen theoretischen Vorkriegsschriften und noch deutlich genug in den Appellen und Proklamationen der beiden ersten Jahre des Freien Frankreich. Das änderte sich jetzt unter dem Eindruck zweier elementarer Erfahrungen: der Enttäuschung durch die Politiker zum einen und der Begegnung mit den Massen zum anderen.

Schnell mußte der General erkennen, daß die Eliten sich keineswegs auf der Höhe der historischen Stunde bewegten, so wie er das verstand. Kaum daß die Aussichten auf den Sieg sich konkretisierten und sich in Algier nach der Landung der Amerikaner im November 1942 so etwas wie ein politisches Leben um das Freie Frankreich herum zu regen begann, da erlebte er nicht die erwartete und so oft beschworene große Stunde der nationalen Erneuerung, sondern die Wiederkehr der banalen politischen Normalität. Mit Unmut registrierte er den altbekannten Geist kleinlicher Parteilichkeit, der Intrige, des fanatisch verfolgten Eigen- und Sonderinteresses. Mit Erbitterung vermerkte er die Infizierung auch der jungen Köpfe mit den schlechten Gewohnheiten des alten Systems; mit Verachtung die Neuauflage der wohlfeilen Parteienphraseologie. Die einen sah er das Geschäft ihrer Gruppe betreiben, andere ihre persönliche Karriere vorbereiten, dritte mit Ungeduld auf den Tag der Rache warten. »Wenn ich in ihre Seelen blickte, dann fragte ich mich, ob unter all denen, die von Revolution redeten, ich nicht in Wahrheit der einzige Revolutionär war«, schrieb er in den Memoiren.[26]

Er sah das instinktive Mißtrauen der Parteipolitiker gegen den starken Staat wiederaufleben und sich gegen ihn, den General Charles de Gaulle, wenden, weil der starke Staat, weil Charles de Gaulle der Inbesitznahme des Staates durch die Profis der Sonderinteressen im Wege stand. Schon auf den Rängen der Beratenden Versammlung in Algier meinte er es raunen zu hören, er strebe nach »persönlicher Herrschaft«.

Mit der politischen Elite, weder der alten noch der sich formierenden neuen, war die nationale Wiedergeburt nicht zu bewerkstelligen. Eine Überzeugung, die ihm täglich gewisser wurde und deren Bestätigung am Tage der Befreiung ihn nur noch dann mit besonderem Schmerz erfüllte, wenn es Männer mit großem Namen waren, die sie erbrachten. »Léon Blum betrachtete das große nationale Problem, von dem ich sprach, ausschließlich unter sozialistischer Optik. Ich bekenne, daß mich Trauer ergriff, wenn ich dabei an die Erfahrungen dachte, die das Land gerade gemacht hatte und deren Opfer er selbst gewesen war.«[27] Oder: »Edouard Herriot lehnte meinen Vorschlag zum Eintritt in die Regierung ab. Ich bat ihn, beim Wiederaufbau Frankreichs zu helfen, er erklärte mir, daß er sich dem Wiederaufbau der Radikalen Partei widmen wolle.«[28] Trostlose Erfahrungen mit dem Versagen der politischen Eliten, deprimierende Erlebnisse mit dem unaufhebbaren Wesen parteipolitischer Borniertheit – bald werden sie sich zur elementaren Überzeugung verdichten, daß hier das eigentliche Krebsgeschwür am Körper der Nation wuchere und daß es seiner Mission zweiter Teil sei, den Tumor unschädlich zu machen.

Die andere Erfahrung, die ihm im Lauf der zweiten Kriegsphase widerfuhr, war gewissermaßen komplementär zum Verrat der Eliten und überaus beglückend. Der General erlebte Massenbegeisterung um seine Person – in der Londoner Albert Hall, in den befreiten Kolonien, auf dem Forum von Algier; er entdeckte die Magie seiner Gestalt, die Faszinationskraft seiner Visionen, die Resonanz seiner hohen Ideale bei den Massen. Der Massenenthusiasmus habe seine Person so geformt, bekannte er später, »daß ich sie nicht mehr ändern konnte« – köstliche und mit schwerer Verantwortung belastende Erfahrung zugleich. Der geborene Chef, so hatte er einst in seinen theoretischen Entwürfen zur Psychologie von Führer und Gefolgschaft gelehrt, wird immer von der Masse erkannt und anerkannt, er selbst kann sich dem nicht mehr entziehen. In dem Maß, wie er sie führt, inspiriert, erhebt, wird er zu ihrer Inkarnation und wächst über das Normal-Menschliche hinaus. Der »geborene Chef hat kein Privatleben«, hatte der Schriftsteller de Gaulle geschrieben. »Mein Los ist die Einsamkeit«, schrieb der Staatsmann, und er fügte hinzu: »Aber um die Last zu tragen, welche Stütze ist die Zustimmung des Volkes! Dieses massive Vertrauen, diese elementare Freundschaft, die es mir in verschwenderischer Weise bezeugt, das ist es, was mich bestärkt.«[29] Es wurde ihm zuerst zum großen Trost in den Widrigkeiten des Londoner Exils, sodann aber, je länger, desto mehr, zur quasi-demokratischen Legitimation seiner Berufung: Der gaullistische Populismus wurde geboren und gewann Gestalt. Sicherlich die wichtigste, beständigste und erfolgreichste Kreation des Gaullismus zu Lebzeiten seines Schöpfers.

»Nie wieder ein Deutsches Reich!«

Der vergebliche Kampf um eine europäische Nachkriegsordnung »à la française«

Des Generals Sonderkrieg mit seinen Alliierten endete keineswegs mit dem gemeinsamen Sieg über die Achse – nur die Schauplätze und Ziele wechselten die Namen. War es seit Juni 1940 darum gegangen, Frankreichs Interessen in seiner Person durchzusetzen, so ging es seit seiner endlichen Anerkennung als Chef des befreiten Frankreich darum, Frankreich als gleichberechtigte Siegermacht zur Geltung zu bringen; nach den Vorstellungen und Überzeugungen des Generals eine Siegermacht mit durchaus eigenen, weitreichenden und sehr aparten Sonderwünschen.

Aber bevor er überhaupt Wünsche und Interessen vorzutragen in der Lage war, mußte er zur Kenntnis nehmen, daß die Großen Drei gar nicht daran dachten, ihn an den Entscheidungen für die Nachkriegszeit zu beteiligen oder ihn dazu auch nur zu konsultieren – sowenig wie bei den großen Kriegsoperationen. Die Konferenzen von Teheran, Jalta, Potsdam, auf denen die entscheidenden Marken für die Weltpolitik der folgenden Jahrzehnte gesetzt wurden, fanden unter Ausschluß Frankreichs statt. Wäre es nach den Wünschen der Amerikaner und Russen gegangen, so hätte Frankreich weder eine eigene Besatzungszone noch einen Sitz im Alliierten Kontrollrat für das besetzte Deutschland erhalten. Daß es schließlich doch noch Besatzungsmacht wurde, verdankte es der Beharrlichkeit des von de Gaulle so oft verdächtigten englischen Premiers. Ein Löwe habe Churchill für die Interessen der Franzosen gekämpft, berichtete Roosevelt-Intimus Harry Hopkins, der in Jalta mit von der Partie war.

Stalin und Roosevelt beugten sich nur widerwillig dem unermüdlichen Drängen des Briten-Premiers, Stalin mit wenig schmeichelhaften

Hinweisen auf die Unangemessenheit einer solchen Privilegierung angesichts des französischen Kriegsbeitrages: »De Gaulle scheint sich der Lage in Frankreich nicht bewußt zu sein, ebenso der Tatsache, daß der französische Beitrag zu den militärischen Operationen an der Westfront sehr bescheiden ist – und daß sie (die Franzosen) 1940 sich überhaupt nicht geschlagen haben ... Man darf nicht vergessen, daß es in diesem Krieg Frankreich war, das den Feind hat passieren lassen. Das ist eine Tatsache. Wir hätten nicht solche Verluste und Verwüstungen erlitten, wenn die Franzosen den Feind nicht hätten passieren lassen. Die Kontrolle über Deutschland muß den Mächten vorbehalten bleiben, die von Anfang bis Ende widerstanden haben, Frankreich gehört nicht dazu.«[1]

Daß die Trikolore über einem eigenen Teil des besiegten Deutschland wehte, konnte den General nur schwer versöhnen mit dem weiterbestehenden faktischen Ausschluß aus dem Kreis der Großen – und schon gar nicht mit dem, was diese an weltpolitischen Zukunftsentscheidungen für richtig befanden. Da war zunächst einmal und weitaus am wichtigsten die Lösung der deutschen Frage. Was sollte mit dem besiegten Reich geschehen? Für de Gaulle nicht nur das zentrale Problem französischer oder europäischer Zukunft, sondern, in seiner Kriegs- und unmittelbaren Nachkriegsperspektive, *das* politische Weltproblem schlechthin. »In Wahrheit ist das Schicksal Deutschlands das Hauptproblem der Welt (le problème central de l'univers)«[2], so vor der Provisorischen Nationalversammlung im November 1944. Was das Prinzip anging, so gab es für den General keinen Zweifel: »Nie wieder ein zentralistisches Reich.« So hat er von Anfang an das politische Hauptkriegsziel des Kämpfenden Frankreich definiert. Im Klartext: Deutschland aufgelöst in seine »natürlichen« Teile, also die Staaten, Länder, Landschaften, wie in ihrer partikularen Besonderheit seit Jahrhunderten existierend vor der preußischen »Zwangseinigung« von 1871. »Da Preußen als Macht untergegangen ist«, erläuterte er einer internationalen Pressekonferenz im Oktober 1945 mit zwingender Logik, »... gibt es auch das von ihm geschaffene einheitliche Deutschland nicht mehr. Es gibt Deutsche, und es gibt sogar Deutschländer (Allemagnes).«[3] Diese Deutschländer möchten – vielleicht – verbunden werden zu einer Föderation, am liebsten nach Maßgabe des westfälischen Friedens von 1648. Die Einzelstaaten ihrerseits wiederum sollten poli-

Das zerstörte Reiterstandbild Kaiser Wilhelms I., der 1871 in Versailles zum Deutschen Kaiser proklamiert worden war – Symbol für das Ende des zentralistischen Deutschen Reiches.

tisch, ökonomisch und kulturell verschränkt werden mit den europäischen Nachbarn und vorzüglich mit einem mächtigen und wohlwollenden Frankreich. Die schöne Polyphonie (und Anarchie) des alten Römischen Reiches Deutscher Nation, versetzt mit Rheinbund-Reminiszenzen aus großer französischer Zeit – so etwa sah es aus, das Idealbild von der politischen Zukunft des Nachbarn »outre-Rhin«, wie es dem General vorschwebte; das alte, das uralte französische Wunschbild von deutscher Partikularität. Nach einem besonders schönen und hintersinnigen Wort des Generals entspreche sie der »Natur der Dinge, wie entdeckt durch unseren Sieg«[4].

Aber nicht nur aufgelöst in seine historisch-landsmannschaftlichen Bestandteile sollte das neue Deutschland werden, sondern auch reduziert auf seine »natürlichen« Grenzen. Grob skizziert: der Rhein im Westen, die Alpen im Süden, die Oder im Osten, mit dieser und jener zusätzlichen Korrektur, gewisse rechtsrheinische Brückenköpfe etwa, vor allem aber das Ruhrgebiet betreffend. Ob und inwieweit die linksrheinischen Landschaften schlichtweg Frankreich zuzuschlagen wären, ob es sich um Gebilde mit innerer Autonomie unter französischer Souveränität handeln sollte oder um Gebiete, die nur im französischen Wirtschaftsverbund zu stehen hätten, das ließ der General vorläufig offen. Von Annexion war zwar öffentlich nie die Rede, im Gegenteil: vor der Presse wies der General wiederholt diesbezügliche Vermutungen zurück; aber die von ihm gewählten Statusbeschreibungen der vom Reich abzutrennenden Territorien (etwa: »Sie müssen mit uns leben«) ließen doch alle Möglichkeiten offen. Wo er dagegen meinte, Fraktur reden zu können, zum Beispiel Stalin gegenüber, da gab es keine semantischen Zimperlichkeiten: »Was das Rheinland im allgemeinen angeht, so muß es von Deutschland losgetrennt und mit dem französischen Territorium vereinigt werden.«[5] Auf jeden Fall sollten die linksrheinischen Gebiete politisch nicht mehr zu Deutschland gehören und – so oder so – eng mit Frankreich verbunden werden.

Frankreich am Rhein von Köln bis Basel – das andere Uralt-Ziel französischer Ostpolitik! »L'idée fixe de la France«, hatte es zwanzig Jahre zuvor Maurice Barrès genannt. Der Autor der »Berufsarmee« hatte 1934 geschrieben, daß »der Rhein von der Natur den Galliern als Schutz und Grenze bestimmt ist«. Nach den Erfahrungen seither hielt de Gaulle die Rheingrenze für unerläßlicher denn je. »Frankreich wird diesen Krieg nicht beenden, ohne daß seine Macht nicht auf Dauer von einem Ende des Rheins zum anderen etabliert ist«, verkündete er auf einer Pressekonferenz im Januar 1945.[6] In einer Instruktion an seinen Außen- und Verteidigungsminister zur Verhandlungsführung mit den Alliierten über die Grenzziehung der französischen Besatzungszone hieß es: »Die eigene französische Zone muß gleichzeitig jene rheinischen Territorien umfassen, die wir beschlossen haben vom Reich zu trennen, und gewisse rechtsrheinische Territorien, die wir für unbestimmte Zeit zu besetzen gedenken.«[7] Noch im September 1945, als es längst klar war, daß keine der drei Großmächte den Amputationen im Westen zustimmen würde, erklärte er in der Londoner *Times*: »Die militärische und politische Sicherheit der vier Länder (Frankreich, Belgien, Holland, England) erfordert, ... daß das Rheinland vom Rest Deutschlands getrennt wird.«[8]

Der General wurde nicht müde, den Alliierten und der Weltöffentlichkeit eindringlich vorzuhalten, daß angesichts der historischen Erfahrungen nur diese Lösungen für Frankreich akzeptabel seien; daß schon einmal durch angelsächsischen Unverstand am Ende des Ersten Weltkriegs die Chance verspielt worden sei; daß Deutschland, wie zerschlagen auch im Augenblick, nie die Gewähr dafür bieten würde, seine bösen Neigungen aufzugeben: »Ein großes Volk, das aber immer zum Krieg neigt, weil es nur an Herrschaft denkt; ein Volk, fähig, die anderen zu vernichten, unerhörte Anstrengungen zu erbringen und äußerste Opfer auf sich zu nehmen; ein Volk, immer bereit, jedem bis zum Verbrechen zu folgen, der ihm Eroberungen verspricht – so ist das deutsche Volk! So ist es insbesondere, seit preußischer Ehrgeiz und preußische Härte sich seiner auf den Ruinen des alten Habsburger Reiches bemächtigten und zugleich die Entwicklung der modernen Industrie sich mit seiner Lust am Krieg verband, um es zu einer mächtigen und entschlossenen Kampfmaschine zu verwandeln.«[9] So der General vor den Delegierten der Provisorischen Nationalversammlung in Paris am 21. Dezember 1944 zur Begründung des sowjetisch-französischen Beistandspaktes, in dessen Hauptklauseln die gemeinsame Verhinderung einer neuen deutschen Aggression vereinbart war.

Die Alliierten indessen entschieden anders. Nicht, daß sie nicht ihrerseits die abenteuerlichsten Aufteilungs- und Amputationspläne gehegt hätten – nicht nur im Osten. Auf der Konferenz von Casablanca im Januar 1943 entwickelte Churchill Pläne für eine europäische Nachkriegsordnung, die eine Donau-Föderation unter Einschluß Bayerns und die Ausgliederung Preußens aus dem Reich vorsahen. Noch im September 1944 stand auf der Quebec-Konferenz Morgenthaus Plan der Reduktion Deutschlands auf »ein Land von im wesentlichen landwirtschaftlichem und Weidecharakter« zur Diskussion. Nicht zu gedenken der schier zahllosen Aufteilungs- und Neukombinationsentwürfe aus der Umgebung Roosevelts. Also keine Rede davon, daß die de Gaulleschen Deutschlandpläne von besonderer Drastik gewesen wären. Nur: daß Frankreich der Profiteur im Westen sein sollte, daran dachten die Angelsachsen nicht im Traum. Zwar hatte Churchill nichts einzuwenden gegen ein starkes Frankreich – schon deshalb nicht, wie er schrieb, »weil die Aussicht, kein starkes Land auf der Karte zwischen England und Rußland zu haben, nicht attraktiv war«[10]. Zwar versicherte noch Roosevelt-Nachfolger Truman dem General, man werde Deutschland »auf einem niederen Niveau halten, so daß es zu einem hauptsächlich agrarischen Land wird«[11]. Aber von natürlicher Rheingrenze und dergleichen mochten sie nichts hören; ebensowenig von natürlicher germanischer Partikularität.

De Gaulle, Unheil ahnend, hatte deshalb seine Hoffnungen auf die Russen gesetzt. Im Gespräch mit Stalin zeigte er sich überzeugt, »daß die Sowjetunion angesichts ihrer ähnlichen Lage zu der Frankreichs, die sie den gleichen Gefahren aussetzt, leicht die Begründetheit unserer Forderungen erkennt, sie zu den ihren macht und sie zu gegebener Zeit bei den alliierten Mächten unterstützt«[12]. Um so mehr, als er im Gegenzug die Anerkennung der neuen Ostgrenzen, der Oder-Neiße-Linie, anbot: »Der General bemerkte, daß diese Grenzführung aus den gleichen geographischen Erwägungen und den gleichen militärischen Erfordernissen entspringt, auf die das französische Volk seine Forderungen hinsichtlich des Rheins stützt.«[13] Und noch einmal in der abschließenden Unterredung vom 8. Dezember 1944: »Wir halten es für unerläßlich, daß der deutsche Staat oder die deutschen Staaten auf dem Westufer des Rheins keinerlei Souveränität ausüben.«[14] Also, ziemlich unverhüllt, die Anmeldung umfangreicher französischer Annexionsabsichten im Austausch gegen die Anerkennung der sowjetischen Landnahmen im Osten. Jedoch auch hier nichts als Enttäuschungen! Stalin bewies zwar höfliches Verständnis und meinte, »es wäre gut, wenn Frankreich am Rhein stünde«, und daß man dem »kaum widersprechen könne«, aber er erklärte unmißverständlich, daß an einseitige Erklärungen nicht zu denken sei und daß dies alles mit den anderen Großmächten diskutiert werden müsse – womit sich die Hoffnungen auf den Russenbeistand in dieser Sache erledigt hatten.

Überhaupt die Russen! De Gaulles großangelegter Plan, die weltpolitischen Rivalitäten der Großen zum eigenen Nutzen gegeneinander auszuspielen, erwies sich fürs erste als kompletter Fehlschlag. Die Russen bewiesen keinerlei Sympathie und bereiteten dem General seit Kriegsende nicht weniger Enttäuschungen und Ärger als die Angelsachsen. Es war die Sowjetunion, die als erste Großmacht für ein zentralistisch geordnetes neues Deutschland eintrat, die energisch der französischen Reparationspolitik widersprach, die durch ihr Veto die schönen französischen Ruhrpläne durchkreuzte, die überhaupt nur höchst widerwillig den Beitritt Frankreichs in den Kreis der Sieger hinnahm.

Alpträume von einer germano-russischen Allianz

In Jalta und Potsdam wurde die Beute verteilt, und Frankreich ging leer aus – so sah es der General in unendlicher Verbitterung. Eine Woche nach dem Abschluß der Konferenz von Potsdam brach es aus ihm während einer Rede in Bethune (11. August 1945) hervor: »Wie viele Franzosen, seit zweitausend Jahren in ihrer Heimaterde begraben, erschauerten in ihrem Grab, als bekannt wurde, daß über das Schicksal des besiegten Deutschland entschieden wurde, ohne daß Frankreich das Wort gehabt hätte.«[15] Und nicht nur das, er sah die alten verhängnisvollen Fehler aus der Zeit nach dem Ersten Weltkrieg wiederholt, mit womöglich noch unheilvolleren Perspektiven, als sie das wiedererstehende Reich nach 1918 bot. In einem Gespräch mit Präsident Truman am 22. August 1945 beschwor er zum ersten Male den bedrückendsten seiner Alpträume – die slawisch-germanische Zukunftsallianz: »Die deutsche Einheit, die man unter der Autorität eines neuen Reiches anzustreben scheint, wird früher oder später zur Gefahr werden. Deutschland im Wiederbesitz der Mittel für seine Ambitionen wird sich eines Tages mit dem mächtigen slawischen Block verbinden, der durch die Beschlüsse von Jalta und Potsdam geschaffen wurde.«[16] Eine wahre Zwangsvorstellung, die ihn – und das ganze Nachkriegsfrankreich von rechts bis links, von de Gaulle bis Mitterrand – nie wieder verlassen wird.

»Sie wollen also ein Deutsches Reich wiederherstellen, es ist sinnlos, es zu bestreiten«, monologisierte er düster auf einer Pressekonferenz. Die Angelsachsen, um einen antikommunistischen Wall zu errichten, die Russen, um es in ihre Botmäßigkeit zu bringen. Aber wissen sie auch wirklich, was sie tun? »Eines ist gewiß, dieses Reich wird sich nicht zu Ruhe und Mäßigung entwickeln, es wird dazu nicht fähig sein. Es wird sich dynamisch entwickeln und wahrscheinlich – wie immer – zum Abenteurertum. Unselige angelsächsische Verblendung! Sie glauben, die Deutschen besser zu kennen und zu verstehen als wir mit unserer tausendjährigen Erfahrung.« Eines der populärsten Motive französischer Kritik an den Westalliierten in den Nachkriegsjahren! Und wovor er ein Jahr zuvor im Tête-à-tête mit dem US-Präsidenten gewarnt hatte, der monströsen Kombination »germano-russe«, das prophezeite er nun öffentlich der verängstigten Nation: »Wenn sich dieses Reich eines Tages mit der russischen Macht verständigt …, glauben Sie bloß nicht, daß sich dann noch einmal ein Mann des 18. Juni findet.«[17]

In den folgenden Jahren wurde die deutsch-russische Schreckensvision zum Standardrequisit seiner regelmäßigen öffentlichen Menetekel. Im Mai 1949 etwa, auf dem Höhepunkt außerparlamentarischer gaullistischer Machtentfaltung, zu Vincennes, dem legendären Treffen der 500000: »Rußland hat sich den Wiederaufbau so vorgestellt …, daß eines Tages die ungeheure sowjetische Macht, mit dem deutschen Dynamismus kombiniert, fast unbegrenzte Perspektiven eröffnet.« Sogar die Russen will er später vor diesem Alptraum gewarnt haben. Chruschtschow, im März 1960 auf spektakulärer Paris-Tour, bekam vom Staatspräsidenten zu hören, jedenfalls nach der Version seiner Memoiren: »Zu welchen Exzessen an Imperialismus und der Tyrannei könnte das totalitäre Rußland verführt werden, wenn es eines Tages mit einem kommunistisch gewordenen Deutschland sich zusammenschlösse, besessen von seinen Herrschafts- und Erobererinstinkten.«[18]

Spät erst begann sich der General abzufinden mit dem Wiedererstehen zentral organisierter deutscher Staatlichkeit. Daß es zwei deutsche

Staaten wurden, tröstete ihn anfänglich keineswegs, ganz im Gegenteil: von den »zwei Reichen«, die er da aus dem Kalten Krieg entstehen sah, befürchtete er einen nationalistischen Wiedervereinigungsimpuls, und welcher der beiden den anderen anschließen würde, schien ihm kaum zweifelhaft. War es nicht das alte Preußen, das den Kern des sowjetisch kontrollierten Deutschland ausmachte? »Man kann sich gut vorstellen, daß eines Tages die deutsche Einheit wieder einmal von Preußen hergestellt wird – aber dieses Mal von einem totalitären Preußen, mit Leib und Seele der Sowjetunion verschrieben ... Wenn dieses große deutsche Reich wiedererstehen sollte, von einem solchen Regime geführt, von solchen Verbündeten umgeben, was wären dann noch die Chancen für Frankreich?« schrieb er in einer Erklärung zu den Ergebnissen der Londoner Deutschlandkonferenz vom Februar / März 1948, auf der die Vereinigung der drei Westzonen und die Bildung einer provisorischen deutschen Zentralregierung empfohlen worden war.[19] Später, als die Würfel gefallen, die Bundesrepublik wie die DDR unumstößliche Realität geworden waren, da war ihm die Abwesenheit Preußens aus dem neuen Deutschland, mit dem es Frankreich zu tun hatte, doch ein rechter Trost – trotz eifriger Wiedervereinigungsdeklarationen zum Gefallen seiner neuen Freunde »outre-Rhin«.

Nicht lassen mochte er bis an sein Ende von der innersten Überzeugung, was die Natur- und Vernunftgemäßheit deutscher Partikularität anging. »Man lasse die verschiedenen und traditionellen deutschen Einheiten (entités germaniques) sich wiedererheben: Preußen, Sachsen, Bayern, Württemberg, die badischen Landschaften, Hessen, die Pfalz, die rheinischen Provinzen; man lasse sie sich selbst verwalten, sich jeder nach ihrer Art entwickeln«, rief er im Juli 1946 einer Versammlung zu. Das wäre die französische Lösung des Problems, eine »aufrichtige, praktische und menschliche Lösung«, wie er meinte, und eine einfache dazu.[20] Noch bei der Abfassung des dritten Bandes seiner Kriegsmemoiren – also bereits in der zweiten Hälfte der fünfziger Jahre – schwelgte er in Erinnerungen an rheinländisch-pfälzisch-badisch-saarländischen Frankreich- und de Gaulle-Enthusiasmus anläßlich seiner Inspektionsreisen im Herbst 1945. In Koblenz, schrieb er, folgte das Auditorium mit Bewegung seinen Perspektiven zu einer Westintegration; in Mainz war »eine zahlreiche Menge gekommen, um Charles de Gaulle zu begrüßen«, in Neustadt vernahm er donnernden Beifall zu seiner Rede, in der ein eigenständiger pfälzischer Staat gefordert wurde, »um seine Geschicke in die Hand zu nehmen und sich mit Frankreich zu verbinden«; in Freiburg gar »bebte der Saal von freudigen Hurra-Rufen«, als er von den engen Banden sprach, die »einst Franzosen und Süddeutsche einander nahebrachten und die wieder aufgenommen werden müssen«. Aber ach, die menschliche, die französische Lösung wurde verspielt, und das Reich erstand von neuem. Ein Trost wenigstens, daß es zwei Reiche wurden, wie unbefriedigend sonst auch immer. Chruschtschow versicherte er noch 1960: »Zwei Deutschland sind nicht genug, wir haben stets eine größere Anzahl unabhängiger Deutschlands vorgezogen.«

Frankreich verläßt abermals Frankreich

Die erste gaullistische Republik und das Scheitern der Nationalen Union

Am 26. August 1944 schritt der General, umgeben von seinen Getreuen, vom Arc de Triomphe herunter zur Place de la Concorde – Frankreichs prächtiger Via triumphalis – und weiter zum Hôtel de Ville, umbrandet vom Jubel des befreiten Paris. Für ihn, dem von der Geschichte Berufenen, ein sublimer Akt kultischer Kommunion: Das wahre Frankreich, die Seele Frankreichs kehrte zurück und vermählte sich erneut mit dem Volke – in der symbolischen Vereinigung des Charles de Gaulle mit den Massen.

»Ich gehe zu Fuß ... Es handelt sich heute darum, ein Volk sich selbst wiederzugeben durch das Schauspiel seiner eigenen Freude, durch das Erlebnis der Freiheit. Da jeder einzelne ... in seinem Herzen Charles de Gaulle als Trost in seinem Leid, als Symbol seiner Hoffnung gewählt hat, muß er ihn erblicken können, vertraut und brüderlich, damit die nationale Einheit sichtbar werde ... Ich gehe also, bewegt und ruhig, inmitten des unbeschreiblichen Jubels der Menge, im Donner der Stimmen, die meinen Namen widerhallen lassen ...Es vollzieht sich in diesem Augenblick eines jener Wunder des nationalen Bewußtseins, eine jener Gesten Frankreichs, die im Gange der Jahrhunderte unsere Geschichte erstrahlen lassen. In dieser Gemeinschaft, die nichts darstellt als einen einzigen Gedanken, einen einzigen Willen, heben sich die Unterschiede auf, die Individuen verschwinden ... Und ich inmitten dieses Ausbruches, ich spüre, daß ich eine Aufgabe erfülle, die weit über meine Person hinausreicht, daß ich als Werkzeug des Schicksals diene.«[1] Der andere de Gaulle, der nüchterne Realist indessen wußte sehr wohl zu unterscheiden zwischen dem mystischen Stück, das da aufgeführt wurde und dessen realen Komparsen. Auf die Bemerkung eines Begleiters hin, wenigstens bei den jubelnden Massen handle es sich nicht um Pétainisten, erwiderte er trocken: »Machen Sie sich nichts vor, es sind die gleichen!«[2]

Sechzehn Monate später, am 20. Januar 1946, demissionierte er vom Amte des Präsidenten der Provisorischen Regierung und zog sich zurück auf seinen Landsitz nach Colombey-les-deux-Églises – für ihn ein konsequenter Akt der Treue zu seiner Mission und zu seiner Person. Das neue Frankreich hatte beschlossen, zu einer Normalität zurückzukehren, die seiner Idee von hoher Idealität und politischer Notwendigkeit nicht entsprach. Das politische Frankreich hatte sich in diesen sechzehn Monaten in eine Richtung entwickelt, die er für grundverderblich hielt; die Nationale Union hatte sich aufgelöst in den vielstimmigen und mißtönenden Chor der Parteien, Gruppierungen und Interessen, ihr Organ, das Parlament, war wieder ganz hingegeben seinen Lieblingsbeschäftigungen der öffentlichen Polemik und den Kombinationen in den Kulissen. Vor allem: es schickte sich an, die Regierung so wie einst als Exekutivbüro seiner Tagesstimmungen zu behandeln – und ihn, den General, den Mann der Vorsehung und des Heils, versuchte es, wie den Vorsteher irgendeines Dutzendkabinetts der Vorkriegszeit mit kleinlichen Zurechtweisungen zu kujonieren. Der Beifall, schrieb er in seinen Memoiren, »einer Versammlung, deren Mehrheit einst meinem Appell gefolgt war, und noch dazu in meiner Gegenwart, erfüllte mich mit Trauer und Ekel ... Ich hatte erkannt, wie die Parteiung und die politische Leidenschaft die Seelen bis auf den Grund verändert hatten.«[3] Die einzige mögliche Konsequenz: der Rückzug. »Die Sache war entschieden, es wäre vergeblich, ja unwürdig, noch regieren zu wollen, da die Parteien ... ihre alten Spiele wieder aufnahmen, kurz, ich hatte meinen Abschied zu nehmen.«

Der Anlaß war eine Forderung der Sozialisten nach Kürzung des Militärbudgets gewesen, aber eben nur der Anlaß. »Jeder wußte, wenn de Gaulle sich mit dieser Situation abfinden würde, um im Amt zu bleiben, wäre sein Ansehen dahin, bis ihm eines Tages die Parteien ein Ende bereiten oder ihn in eine dekorative Position abschieben würden.«[4] Das einzige, was er in seinem politischen Leben jemals bereute, wird er später sagen, war, daß er nicht schon früher, gleich nach der Befreiung, demissioniert habe.

Das politische Milieu quittierte den Abgang mit kaum verhohlener Genugtuung. Der eigene Minister für Öffentliche Arbeiten und Ver-

Menetekel vom Ende Frankreichs – der Parteiführer und Agitator de Gaulle.

kehr, der Sozialist Jules Moch, seufzte erleichtert: »Die Persönlichkeit des Generals erstickte die Nationalversammlung. Sie wird sich nun frei entfalten können.« Auch das Volk nahm die Ausschiffung des Lotsen mit bemerkenswerter Gelassenheit hin. Keine spontanen Demonstrationen, keine Masseninitiativen – nichts. Fürs erste war der Bedarf an anstrengenden Helden und autoritären Zuchtmeistern offensichtlich gedeckt. Am 20. November 1945 hatte François Mauriac im *Figaro* einen nachdenklich-betroffenen Artikel unter der Überschrift »Die Versuchung des Pilatus« veröffentlicht: »Was hilft es, die Augen zu verschließen. Die Nationalversammlung nährt den Gedanken, sich des Mannes zu entledigen, dessen Schatten über ihr liegt und sie am Atmen hindert. Hauptsache für die Abgeordneten wäre, wenn sie sagen könnten: ›Er will selbst gehen, wir haben ihn nicht verjagt.‹ Es wäre die Stunde des Pilatus. Wir wären dann wieder unter uns, unter Leuten gleicher Größe. Es gäbe dann nicht mehr an unserem Horizont diese merkwürdige Gestalt, die mit niemandem zu messen ist, diesen Typ, der uns schließlich mit seiner ›Grandeur‹ ermüdete.« Der Pilatus-Abgeordnete wusch am 20. Januar 1946 erleichtert seine Hände in Unschuld, und das zu minder tragischen Stücken aufgelegte Volk nahm kaum Notiz, als die Passion ihren Lauf nahm.

Die Erleichterung der »Politiker« war so unbegreiflich nicht, denn die Regierungspraxis de Gaulles war sicherlich nicht gerade die routinäre Normalität im Rahmen eines funktionierenden parlamentarischen Systems. Zum einen handelte es sich eben noch um ein Provisorium, das der demokratischen Legitimität durch allgemeine Wahlen entbehrte, zum anderen befand sich das Land in noch gänzlich ungefestigten Verhältnissen. Bis zur Wahl der Verfassunggebenden Versammlung am 21. Oktober 1945 regierte de Gaulle auf dem Verordnungsweg und nahm die Beschlüsse der bis dahin ja nur beratenden Versammlung zur Kenntnis, wie es ihm beliebte. Die sogleich unternommenen Versuche, ihn in die parlamentarische Verantwortung zu nehmen, unterband er schroff. »Persönliche Herrschaft«, murmelte es wieder auf den Bänken der Provisorischen Versammlung. Nichtsdestoweniger wurde der General von der im Oktober 1945 gewählten ersten Konstituante einstimmig zum Regierungschef bestellt – ein unausweichlicher Akt der Pietät, wie manche meinten.

Die sechzehn Monate der Regierung de Gaulle in Paris waren dramatische Monate gewesen – acht davon währte noch der Krieg in Mitteleuropa, alle waren angefüllt von den heftigsten Auseinandersetzungen mit den Alliierten, von verzweifelten Anstrengungen, dem ruinierten Land die Lebensbasis zu sichern, vor allem aber vom Ringen um die Wiederherstellung ziviler Ordnung und staatlicher Autorität. Am Anfang bot das Land in weiten Teilen nicht nur ein Bild der Verwüstung und der dringlichsten Not, sondern auch der drohenden Anarchie. Die in der letzten Kriegsphase überall aus dem Boden schießenden Gruppen der Résistance waren nicht immer und ausschließlich getragen von edelstem Patriotismus und idealistischen Absichten. Es gab, wie stets in Zeiten chaotischer Wirren, manches Trübe, das nach oben drängte, private Rache übte oder schlicht die Gunst der Stunde zum Verbrechen nutzte. Vor allem aber: es gab die Kommunisten, die im Untergrund bereits so etwas wie die logistische Basis einer zukünftigen militärisch-politischen Organisation eigener Autorität in den meisten und wichtigsten Résistance-Gruppen geschaffen hatten. Eine Entwicklung, die de Gaulle schon lange mit Beunruhigung beobachtet und der er bereits von London und Algier aus zu steuern versucht hatte.

Überhaupt die Résistance und ihre kaum zu kontrollierende und schwer zu disziplinierende Klientel! Schon vom Prinzip her – so ganz geheuer war sie dem General wohl nie. Dem Berufsoffizier einer regulären Armee dieser Tradition und dieses Verständnisses von Ordnung, Disziplin und Autorität konnte Freischarenwesen unmöglich gefallen. Er hat von Anfang an versucht, sie zu disziplinieren und unter die eigene Aufsicht zu stellen, und zwar in dreifacher Absicht: um den bewaffneten Kampf auf eigene Faust so gering wie nur möglich zu halten, um die dadurch drohende Anarchie zu verhindern und, nicht zuletzt, um das Entstehen militärischer Macht für spätere politische Zwecke zu unterbinden. Offensichtlich zuwider war ihm die spontane Guerilla, der bewaffnete Kleinkrieg ohne übergeordnete Planung und Verantwortung. Am 23. Oktober 1941 hat er in einer förmlichen Anweisung an die Widerstandsgruppen im besetzten Frankreich (Mot d'ordre), verlesen über BBC, dazu aufgerufen, »keine Deutschen zu töten«. Zwar, wie er begründete, allein wegen der zu erwartenden massiven Vergeltung der Besatzer, aber sicherlich nicht nur deshalb. Der Kampf aus dem Dunkel, die Tötung aus dem Hinterhalt widerstrebten wohl doch seinem soldatischen Ehrgefühl – selbst angesichts eines solchen

Feindes. Wie sonst ist es zu deuten, daß er für die grausigsten Repressionen der Wehrmacht wo nicht gerade Verständnis, so doch immerhin eine Erklärung aufbrachte. Das Massaker von Oradour-sur-Glane, furchtbares Symbol von SS-Barbarei in Frankreich, kommentiert der General in den Memoiren so: »Was die Deutschen angeht, so werden ihre Garnisonen angegriffen, ihre Verbindungslinien unterbrochen, sie leben in ständiger Angst. Ihre Einzelposten werden getötet oder gefangengenommen. Ihre Kolonnen können sich nicht bewegen, ohne bei jedem Schritt gestellt zu werden. Sie reagieren mit Brand und Massakern wie in Oradour-sur-Glane, in Tulle ... etc.«[5] Gewiß nichts, was als Verständnis zu deuten gewesen wäre, aber der Soldat de Gaulle vermochte sich doch in die Lage einer Armee zu versetzen, die von einem unsichtbaren, ungreifbaren Feind zermürbt wird, und er vermochte zu begreifen, wie sie in Panik wahllos zuschlägt und in wilder Grausamkeit endet.

Nein, begeistert für die Guerilla war er nicht, so willkommen ihm auch ihre Erfolge waren. Als im Oktober 1941 die Wehrmacht in Nantes und Bordeaux hundert Geiseln erschossen hatte, rief er von London zur Demonstration des Widerstands auf – zu fünf Minuten des nationalen Streiks! Ziviler Widerstand, wie es sich für Zivilisten gehört. Der Kampf gebührt den Soldaten!

Der zweite Punkt seines Mißtrauens galt der drohenden Verwischung der Grenzen zwischen patriotischem Kampf, revolutionärer Aktion und als Säuberung drapiertem Verbrechen, kurz: der drohenden Anarchie. Die Streikempfehlung als angemessener Akt zivilen Widerstandes begründete er in den Memoiren ausdrücklich damit, er habe ein Abgleiten der Résistance in die Anarchie verhindern wollen.[6] An anderer Stelle erklärte er seine Disziplinierungs-Anstrengungen damit, es habe die Gefahr bestanden, die Guerilla »entweder in die Anarchie der ›Grandes Compagnies‹ abgleiten zu sehen, oder sie dem Zugriff der Kommunisten auszuliefern«. Anarchie der Grandes Compagnies: gemeint waren die marodierenden Söldnerhaufen der Bürgerkriege.

Aber natürlich war das letztere, die Furcht vor der kommunistischen Untergrundarmee, sein Hauptbedenken gegen eine frei und unkontrolliert operierende Résistance. Immer wieder schildert er in den Memoiren, wie die Kommunisten mit ihrem intakten Parteiapparat, ihrer quasi-militärischen Disziplin, ihrer klaren politischen Zielsetzung die Résistance-Gruppen unterwandert und unter ihre Kontrolle gebracht hätten; wie während und nach der Befreiung ganze Landstriche faktisch unter ihre Herrschaft geraten seien und sie vermittels ihrer örtlichen Befreiungskomitees revolutionären Terror ausgeübt hätten; wie sie in Marseille beispielsweise schon eine »anonyme Diktatur« errichtet hätten. »Seitdem Hitler Rußland angegriffen hatte, präsentierten sie sich als Vorkämpfer des Krieges. In der Résistance ... (versuchten sie) in einer einzigen Revolte den nationalen Aufstand mit der sozialen Revolution zu verschmelzen ... So rechnete die kommunistische Partei damit, im Zusammenbruch Vichys die Chance zu erhalten, bei uns ihre Diktatur errichten zu können.«[7]

Hat sie das wirklich versucht? Die Fakten sprechen eher dagegen. Frankreich war immerhin besetzt von einem Millionenheer alliierter Soldaten, die Bewaffnung der Patriotischen Milizen, der militärisch organisierten Basisgruppen der Partei, war dürftig, wenigstens unzureichend für den zu erwartenden Bürgerkrieg, vor allem aber: von revolutionärer Entschlossenheit an der Parteispitze konnte keine Rede sein. Sehr viel später hat Jacques Duclos, zweiter Mann in der Parteihierarchie jener Zeit, in einer etwas gewundenen Erklärung den Eindruck zu erwecken versucht, es habe halt an den objektiven Bedingungen gelegen, wenn der »qualitative Sprung« (die Revolution) nicht gewagt wurde. Ja, der Versuch hätte dazu führen können, daß die Alliierten gemeinsam mit Deutschland den Krieg gegen die Sowjetunion fortgesetzt hätten.[8]

Aber es lag ganz gewiß nicht nur an den objektiven Bedingungen. Die Parteiführung setzte dem energischen Zurückstutzen kommunistischer Basismacht durch de Gaulle so gut wie keinen Widerstand entgegen. Als er am 28. Oktober 1944 durch Dekret die Patriotischen Milizen entwaffnen und auflösen ließ – immerhin eine Truppe in Stärke von – geschätzt – einer halben Million Mann, kurz zuvor von der Partei noch gerühmt als »der Kern unserer Roten Armee und unserer Polizei«[9] – da gab es zwar einigen papierenen Protest, aber keinerlei aktiven Widerstand. (Das Politbüro der KP am 2. November 1944: »Wieder einmal hat der Regierungschef es auf sich genommen, die französische Widerstandsbewegung als etwas Belangloses zu behandeln. Der Nationale Widerstandsrat und die Befreiungskomitees werden diese Haltung mit Bitterkeit zur Kenntnis nehmen.«) Knappe drei Monate später gab die Partei dazu sogar öffentlich ihren Segen. Maurice Thorez, aus russischer Emigration gerade wieder an die Spitze der Partei zurückgekehrt, blies in einer öffentlichen Verlautbarung des ZK den »qualitativen Sprung« endgültig ab, wenn er je geplant gewesen sein sollte: »Die öffentliche Ordnung muß von den regulären Polizeikräften gewährleistet werden. Die Zivilgarden und, allgemein gesprochen, alle nichtregulären bewaffneten Einheiten dürfen nicht länger aufrechterhalten werden ... Die Aufgabe der Befreiungskomitees ist es nicht, selbst zu verwalten ...«: Law and order, Demobilisierung, Loyalität zur Regierung de Gaulle.[10]

Freilich, zwischen der Liquidation militärisch-kommunistischer Basismacht und ihrer Sanktion durch die Partei lagen drei bewegte Monate, und besonders ein Ereignis in dieser Zeit könnte den Schlüssel zum Verständnis des frommen Wandels bieten. Zwischen dem 28. Oktober 1944 und dem 22. Januar 1945 lag der Besuch de Gaulles in Moskau und der Abschluß des französisch-sowjetischen Beistandsabkommens vom 10. Dezember 1944. War dies des Rätsels Lösung? Handelte die Kommunistische Partei Frankreichs wie gewohnt zähneknirschend auf höheren Befehl? Später, in Zeiten des Kalten Krieges und des antikommunistischen Furor, hat der General gelegentlich dergleichen durchblicken lassen; aus dem, was von den Moskauer Gesprächsprotokollen bekannt geworden ist, läßt sich ein entsprechendes Arrangement zwischen Stalin und de Gaulle allerdings nicht belegen.

Wie auch immer, der General hat fortan in Wort und Schrift seinen Landsleuten und dem Erdkreis versichert, er habe 1944 das Vaterland gleich ein zweites Mal gerettet: vor dem Absinken in die alliierte Vassalität und vor der kommunistischen Diktatur. »Wenn die Partei die Gelegenheit nicht ergreifen konnte, so deshalb, weil ich auf dem Plan war, um ganz Frankreich zu verkörpern«, schrieb er in den Memoiren.[11]

Sechzehn dramatische Monate der ersten Regierung de Gaulle: sie bescherten dem Land sozialökonomische Reformen auf dem Verordnungsweg, die im Prinzip noch über das hinausgingen, was knappe zehn Jahre zuvor die Volksfront zustande gebracht hatte. Im Spätherbst 1944/Frühjahr 1945 dekretierte de Gaulle die Verstaatlichung der wichtigsten Träger der Energiewirtschaft, des Verkehrs, des Kreditwesens, führte ein Betriebsrätestatut und die Familienfürsorge ein; im Oktober 1945 errichtete er – immer par ordre – ein für französische Verhältnisse revolutionäres Sozialversicherungswesen. Dazu – dessen sollte er sich immer ganz besonders rühmen – verlieh er den Frauen das Wahlrecht. Maßnahmen im Geist jener Verheißungen der Erneuerung aus der Zeit der im Widerstand geborenen Nationalen Union, die der französischen Gesellschaft ein neues Gesicht gaben und damals für erste Schritte zu einer noch durchgreifenderen Umwandlung gelten konnten. »Im Zeitraum eines Jahres sollten die unter meiner Verantwortung erlassenen Dekrete und Gesetze der Struktur der französischen Ökonomie und den Lebensbedingungen der Arbeiter Veränderungen von beträchtlichem Ausmaß eintragen, worüber das Vorkriegsregime vergeblich während mehr als einem halben Jahrhundert beraten hatte«, vermerkte er mit Stolz.[12] Und, fügte er hinzu, hätte er seine Absichten vollenden können, so wäre auf jenem zentralen Feld, das ihn, den »einzigen wahren Revolutionär« allein interessiert hatte, der endlichen Versöhnung von Kapital und Arbeit in einer institutionalisierten Kooperation zwischen Unternehmer und Arbeiter ebenfalls der Weg gebahnt worden.

Noch ein ganz anderes Kapitel französischer Zeit- und de Gaullescher Lebensgeschichte wurde in diesen Monaten zum bitteren Ende gebracht: das Drama Pétain. Am 5. August 1945 wurde der Marschall von einem Sondergericht zum Tode verurteilt. Der Neunundachtzigjährige hatte darauf bestanden, nach Frankreich zurückzukehren, nachdem er zuerst gewaltsam nach Deutschland gebracht und dann in die Schweiz abgeschoben worden war. Das Gericht verband mit dem Urteilsspruch eine Begnadigungsempfehlung, der de Gaulle als Staatschef sofort entsprach. Der Marschall wurde auf die Insel Yeu im Atlantik in Festungshaft gebracht, wo er sechs Jahre später, am 23. Juli 1951, verstarb.

De Gaulle hat in den Memoiren versichert, er habe den Greis nach spätestens zwei Jahren in die Freiheit entlassen wollen, und tatsächlich hat er öffentlich wiederholt die Amnestie gefordert. Aber schon ein halbes Jahr später war er nicht mehr im Amt, und so endete das persönliche Drama ohne versöhnlichen Schluß. Trauriges Ende einer jahrzehntelangen leidenschaftlich bewegten, in ihrer letzten historischen Antithetik weit über das Persönliche hinausreichenden Begegnung: Am Anfang der junge Hauptmann des Ersten Weltkriegs, voll von Bewunderung für den Helden von Verdun; der Protégé des Marschalls nach dem Kriege, der seinen Sohn nach dem Idol Philippe taufen läßt; der selbstbewußte Militärtheoretiker und Schriftsteller, der aus dem Schatten des Lehrmeisters tritt und sich mit dem Nationalhelden wegen der Autorschaft eines Buches überwirft; der Rebell endlich, der dem von der großen Mehrheit der Franzosen nach dem Debakel wie ein Vater verehrten Chef des französischen Staates Legitimität und Legalität entreißt, ihn als »Verräter«, »Vater der Niederlage«, »Marionette in der Hand des Feindes«, als »traurige Hülle vergangenen Ruhmes« der Verachtung und dem nationalen Haß preisgibt; der Retter des Vaterlandes und Staatschef der wiederhergestellten Republik am Ende, der den uralten Weggefährten und Widerpart, Freund und Feind, Verehrten und Geschmähten, verurteilen läßt, ihn zwar begnadigt, aber den fast Hundertjährigen doch im Gefängnis sterben sehen muß.

Er hat sich ausführlich und immer wieder dazu geäußert, und ganz hat ihn der Schatten des Marschalls wohl nie verlassen. Er hätte sich gewünscht, der Marschall wäre nicht zurückgekehrt nach Frankreich, schrieb er in den Memoiren. Aber da er darauf bestand, mußte aus Gründen der Staatsräson die Justiz ihren Lauf nehmen. Was er ihm nicht vergeben konnte, war die Kapitulation mit ihren furchtbaren Konsequenzen von Kollaboration, Unterwerfung, Spaltung der Nation, Blutvergießen von Franzosen untereinander. Was er ihm nie absprach, war sein historischer Ruhm, und am Ende überwog für ihn der Sieger von Verdun den Vater der Niederlage. »Der Marschall«, pflegte er häufig zu sagen, »ist im Jahre 1925 gestorben ... ich, der ich damals mit ihm zusammenarbeitete, habe in ihm zwei gleich starke und zugleich widersprüchliche Züge erkennen können: die senile Gleichgültigkeit gegenüber allem und die senile Gier auf alles.« [13] Das Alter – ihm hat de Gaulle schließlich die Hauptverantwortung für die Tragödie zugemessen: »Sein Drama war das eines Alters, dessen Jahre ihm die Kraft geraubt hatten, Menschen und Geschehnisse zu lenken.« [14]

Sehr spät, im Mai 1966, anläßlich des Gedenkens zum 50. Jahrestag der Schlacht von Verdun, zitierte de Gaulle einen Philippe Pétain, der seinen Platz in der Ruhmeshalle Frankreichs wiedergefunden hatte – unbeschadet der traurigen Verirrungen und Verwirrungen des Greises: »Wenn unglücklicherweise, in anderen Zeiten, im äußersten Winter seines Lebens, inmitten extremer Ereignisse die Gebrechen des Alters den Marschall Pétain zu verdammenswerten Fehlern verführten, so wird dennoch der Ruhm, den er 25 Jahre zuvor bei Verdun erworben hat ... weder vom Vaterland bestritten noch verkannt werden.« [15]

Der Zug durch die Wüste

Die zwölf Jahre des »inneren Exils«

Frankreich, notierte sinngemäß ein einsam gewordener Memoirenschreiber in Colombey-les-deux-Églises Mitte der fünfziger Jahre, habe am 20. Januar 1946 abermals Frankreich verlassen. »Während das Personal des Regimes voll Euphorie sich seinen wiedergefundenen Gewohnheiten hingab, zog sich die Masse der Franzosen in Trauer zurück. Mit de Gaulle verflog jener Hauch von den Höhen, jene Hoffnung auf Erfolg, jener Ehrgeiz, welche die Seele der Nation trugen. Jeder, was immer auch seine Tendenz war, hatte im Innersten das Gefühl, daß der General etwas Wesentliches, etwas Dauerndes, etwas Notwendiges mit sich nahm, das er durch die Geschichte verkörperte und welches das Parteienregiment nicht darstellen konnte.« [1]

Wirklich jeder? Oder sprach er wieder in den Dimensionen jener höheren Wahrheit, die eher eine metaphysische als eine historische Realität ausdrückt? Denn, daß die Massen sich herzlich wenig um das erhabene Stück Staatsdrama des 20. Januar 1946 kümmerten, blieb dem General nicht verborgen. Erwartet hatte er anderes: Als sich gar nichts rühren wollte, argwöhnte er üble Machenschaften der »Politiker« und sandte Späher nach vermuteten »Barrikaden« aus, die den Massen möglicherweise den Weg zu ihm verlegten. Überrascht von der Ruhe war übrigens nicht nur der General. Auch den Politikern war unbehaglich zumute, und dieser oder jener glaubte, der gaullistische Staatsstreich liege in der Luft. Doch es gab weder Barrikaden noch aufgewühlte Massen, auch keinen an den Staatsstreich denkenden General. Er räumte still seinen Amtssitz, ermahnte die Getreuen zu Pflicht und Loyalität gegenüber dem Staat, verweigerte jede materielle Gratifikation und zog sich als Privatmann auf seinen Landsitz tief in die Provinz zurück, verächtlich verzichtend auf die Pension eines Obersten, die man ihm anbot, da er 1940 nur zum General auf Zeit ernannt worden war.

Aber welch ein Privatmann! Das Lothringer Kreuz lastete weiterhin schwer über dem Land, auch ohne daß der Bannerherr an der Spitze des Staates stand oder ein öffentliches Amt innehatte. Die »Boisserie«, das eher bescheidene Landhaus weit ab von den Kapitalen und Magistralen des Landes, wurde zur Residenz einer moralischen Neben- und Gegenautorität, nicht selten zum Zentrum des politischen Geschehens der Vierten Republik. Für zahllose Franzosen wurde Colombey-les-deux-Églises, das karge lothringische Dörfchen, zum Ort der eigentlichen Legitimität und, wenigstens in der ersten Hälfte der inneren Emigration von der Macht, zum Sitz des nationalen Orakels, wo ein beträchtlicher Teil der politischen Prominenz sozusagen zum Rapport erschien und seine Sentenz empfing. Regierungschefs und Parteiführer, hohe Amtsträger und Generalität, der apostolische Nuntius und der Sowjetbotschafter machten ihre Aufwartung und wurden mehr oder weniger huldvoll empfangen. Von nicht wenigen der führenden Männer des Regimes hieß es, es sei die Erfüllung ihrer Träume gewesen, in Colombey-les-deux-Églises vorgelassen zu werden. »Hier ist Frankreich«, unterbrach der General einmal barsch einen Mitarbeiter, der von der Regierung in Paris zu sprechen gewagt hatte.[2]

De Gaulle gab Pressekonferenzen, gespickt mit dramatischen Akzenten, er verfaßte Erklärungen im Stil hoheitlicher Proklamationen, er wurde zum charismatischen Führer einer Massenbewegung, und er hielt Reden. Aber »Reden halten« trifft nicht eigentlich das Wesen de Gaullescher Kommunikation mit den Massen. Es waren Kulthandlungen in hochritualisierter Form: nationale Appelle, catonische Mahnungen, dramatische Kassandrarufe – immer mit der Heilsgeschichte des 18. Juni am Anfang, seiner und Frankreichs Passion im Elend der Gegenwart als Hauptstück und der Vision gaullistischer Grandeur als Finale, immer umrahmt von den Symbolen und Emblemen nationaler Gloire.

Er kommentierte, kritisierte, denunzierte unablässig, laut und scharfzüngig den nach seiner Überzeugung verheerenden Niedergang Frankreichs, sowie und überhaupt den apokalyptischen Lauf der Welt. Die Abrechnung mit dem »System der Abdankung«, dem »Regime des Bankrottes«, den »Aktionären der Dekadenz« wurde auf einem polemischen Niveau geführt, das der Öffentlichkeit einen ganz neuen Charles de Gaulle vorführte. Nicht der den Niederungen des politischen Gezänks entrückte Vater des Vaterlandes oder der weise *elder statesman* wandte sich da mahnend und belehrend an das Volk, sondern der kämpferische Tribun schleuderte seine Blitze, übergoß seine Gegner mit Hohn und Verachtung und zeichnete in grellen Bildern ein in den Abgrund taumelndes Frankreich, das er, Charles de Gaulle, in letzter Stunde noch einmal zu retten und zu neuen Höhen zu führen bereit sei. »Wir sind ein Land, das sich am Rande des finanziellen, ökonomischen, sozialen Abgrundes hinschleppt. Unsere Budgets sind reine Erfindungen, unser Geld ist ruiniert ... schändlicher Verfall aller moralischen Werte, gegenseitige Verachtung, eine Atmosphäre von Skandal, Skeptizismus, Ekel ... Wir sind ein bedrohtes Land ... Mitten unter uns die Partei der Separatisten (Kommunisten), die alle Bereiche nationaler Aktivitäten unterwandert, die Verwirrung stiftet, die Unzufriedenen anstachelt, die Naiven täuscht, der Eitlen schmeichelt – sie entfaltet vielfache Aktivitäten im Dienste der östlichen Diktatur« (5. Oktober 1947).[3] Oder: »Die Situation, in der wir uns befinden, ist die Etappe auf einem langen Abstieg ... Jetzt am Ende der Spirale spüren wir den Hauch des Abgrundes« (4. Januar 1948). Oder: »Die Anarchie, der Bankerott, die Versklavung: das ist es, wohin die gegenwärtigen Kombinationen uns führen« (12. September 1948). Oder: »Wir sind bedroht! Die Freiheit, die Zivilisation, die Welt sind bedroht! Frankreich ist bedroht!« (22. Mai 1949).[4] Dem gelte es sofort und kompromißlos ein Ende zu setzen. Und zwar allein kraft der schon einmal bewiesenen Berufung für das nationale Heil. Geschehe dies, so wäre das Heilmittel angemessen dem Übel, nämlich universal: »Ja, die Zeit ist hart, die Welt gefährlich. Ja, das Vaterland ist schwer verwundet. Aber es ist unsere Berufung, es zu seinem Heil zu führen. Gestern durch den Sieg, heute durch die Erneuerung ..., die zur Erneuerung der ganzen Welt beitragen wird. Alte Welt, immer neu, die von Jahrhundert zu Jahrhundert ihre tiefe Prägung durch Frankreich erhielt und die heimlich darauf wartet, daß es ihr erneut den Weg zeige« (25. Juni 1950).[5]

Katastrophenrhetorik, Kapuzinerpredigt, Alarmrufe in einem! De Gaulle als Agitator und Polemiker in der politischen Arena, die er doch so sehr verachtete, aber auch hier angetan mit dem Mantel der Geschichte und umgeben von der Aura des Erretters und Erlösers. Ungewohnte Züge mischen sich in das Persönlichkeitsbild. Die Umgebung erlebte nicht nur lodernden Zorn, sondern auch beißenden Sarkasmus, ja Zynismus. »Welch eine Regierung! Es gibt da einen Juden, der sich Innenminister nennt und eine Position bezieht. Einen Klerikalen, der sich Außenminister nennt und eine andere Position bezieht. Einen Freimaurer, der sich Staatssekretär nennt, der bezieht eine dritte. Und was den Premier angeht, so bezieht er keine Position.«[6] Robert Schuman, der Europäer, wird als Boche beschimpft und – schrecklich zu sagen – seine gewisse Idee von Frankreich erfährt Bereicherungen unerwarteter Art: »La France vacharde«.

Merkwürdig dazu kontrastierte gleichzeitig die Neigung zu Melancholie und Pessimismus. In den mehr als zwölf langen Jahren von Januar 1946 bis Mai 1958, den Jahren des »Zuges durch die Wüste«, wie eine fromme Gemeinde dieses Leben im Wartestand auf den erneuten Ruf der Geschichte ehrfürchtig taufte, gab es Zeiten der tiefen Resignation, ja der Depression. Das Ende Frankreichs, des Westens, der Zivilisation erschien ihm immer unausweichlicher angesichts expandierender Sowjetmacht und sich auflösender politischer und privater Moral in den westlichen Gesellschaften. Es gab Zeiten, da er sein eigenes Werk als vergeblich, sich selbst als gescheitert betrachtete: »Frankreich stirbt, und es gibt kein Mittel dagegen«, hörte ihn Georges Pompidou im November 1949 sagen. Und auch: »Ich bin wie der Pfarrer von Flers und Caillavelt: Ich habe getan was ich vermochte, aber ich habe nichts vermocht.«[7] Bitterkeit, Verzweiflung, ohnmächtiger Zorn über die Inkompetenz, das Versagen, die Mittelmäßigkeit der »Politichiens« – »Poli-petits-chiens«, eine aparte Prägung des Generals zur Demonstration seiner Verachtung – wechselten mit Ausbrüchen gegen die Franzosen insgesamt. »In Wahrheit habe ich Frankreich gerettet, aber Frankreich folgte mir nicht. Ich komme nicht mehr an die Macht ... Mögen sie doch krepieren ... Frankreich ist erledigt ... ihre einzige Chance war de Gaulle. Sie hatten aber alle nur den Gedanken, ihn auszuschalten. Mir ist das egal, mein Leben ist abgeschlossen.«[8] So im Juli 1950.

Während seine öffentliche Rhetorik strotzte von hochgemuter nationaler Phraseologie – »Der nationale Instinkt erwacht. Die tiefe Vitalität unseres Volkes ... Man spürt wie aus den Tiefen unseres Volkes der Wille zum Heil und zur nationalen Erhebung aufsteigt« –, vernahm seine Umgebung ganz andere Metaphern: »Man kann mit einem eingeschlafenen Volk nichts machen ... La France vacharde«, das Frankreich der Rindviecher, wird zeitweilig sein Vorzugsbild für den Innengebrauch. »Die Franzosen«, donnerte er einen Besucher an, »nichts als Krämer, Frisöre und Bauern.« Oder: »Die Franzosen stürzen sich mit Lust in die Anarchie«, vernimmt ein anderer.[9]

Je länger das innere Exil währte, desto weniger sah er für sich noch einen Weg zurück zur Macht. Einem Abgeordneten, der ihm gläubig versicherte: »Sie sind der Mann der Vorsehung«, antwortete er fast schon entrückt: »Der Mann der Vorsehung, lieber Freund, meinen Sie? Das ist ja sehr schön, aber doch sehr ermüdend ... Ich habe mich von allem gelöst.«[10] Im gleichen elegischen Ton am 12. November 1953 sogar öffentlich vor einer Pressekonferenz: »Vielleicht habe ich die letzte Seite im Buche unserer Gloire geschrieben.« Noch wenige Wochen vor dem 13. Mai 1958 redete er einem Getreuen die Hoffnung auf einen Appell des Landes an ihn angesichts der algerischen Wirren aus: »Nichts als Illusionen! ... zu meinen Lebzeiten werde ich nicht mehr an die Macht kommen.«[11]

Immerhin, im langen »Zug durch die Wüste« gewann der Gaullismus endlich seine politische und ideologische Gestalt. Im Kampf gegen das System und in der Auseinandersetzung mit der Tagespolitik formierten sich die bis dahin eher allgemeinen und vagen Ideen von Erneuerung, historischer Bestimmung, nationaler Grandeur zur Doktrin und zum Programm. Die verfassungs-, sozial- und außenpolitischen Prinzipien, die den Charakter der Fünften Republik bestimmen sollten, erhielten jetzt ihre definitive Gestalt.

Kreuzzug gegen das »System« oder: Glanz und Elend des »Rassemblement du Peuple Français«

Den Auftakt zu seinen Feldzügen gegen das »System« bildete eine Rede vom 16. Juni 1946, also ein knappes halbes Jahr nach seiner Demission, gehalten zu Bayeux in der Bretagne – *die* Rede von Bayeux, in den Annalen des Gaullismus ein ebenso bedeutender Markstein wie die Proklamation von Brazzaville oder später die Rede auf dem Forum von Algier. De Gaulle griff mit dieser Rede in die damals alles beherrschende Diskussion um die neue Staatsverfassung ein. Ein erster Entwurf war gerade (5. Mai 1946) vom französischen Volk via Referendum abgelehnt, eine zweite Verfassunggebende Versammlung am 6. Juni 1946 gewählt worden.

Der erste Entwurf, getragen von Kommunisten und Sozialisten, sah eine Organisation der Republik vor, die in so ziemlich allen Stücken das genaue Gegenteil dessen darstellte, was der General für Frankreichs Aufstieg und Größe als unabdingbar ansah. Er hätte de facto die Herrschaft des Parlaments institutionalisiert, der gegenüber die Regierung kaum mehr dargestellt hätte als das Vollzugsorgan seines Willens. Er hätte praktisch das Ein-Kammer-System eingeführt, also die ungehemmte Verfügung über die Gesetzgebung durch die eine Nationalversammlung. Er hätte einen Staatspräsidenten kreiert, der, von der Nationalversammlung gewählt, keinerlei politisches Gewicht besessen hätte – das alte Elend also in den Augen de Gaulles: die Parlamentsherrschaft, sprich die Parteienherrschaft mit einer ihrem Belieben unterworfenen ohnmächtigen Exekutive; das alte Elend des dem Partikularinteresse unterworfenen Staates; das alte Elend der den politischen und ideologischen Tagesstimmungen einer Parlamentsanarchie ausgelieferten Regierung, der Eintagskabinette, der Autoritätslosigkeit, der nationalen Ohnmacht.

Dagegen setzte der General in Bayeux sein Konzept vom starken, gleichwohl demokratischen, nach seiner Überzeugung allein demokratischen Staat – das erste Exposé zu dem, was er zwölf Jahre später in der Verfassung der Fünften Republik verwirklichen sollte. An die Stelle der alles paralysierenden Gewaltenkonfusion (die allmächtige Legislative kommandiert die ohnmächtige Exekutive) müßte die klare Gewaltentrennung treten, also die Unabhängigkeit der Exekutive von der Legislative; an die Stelle der allmächtigen einen Nationalversammlung müßte ein Zwei-Kammer-System treten, unterschiedlich zusammengesetzt, um ein Korrektiv der Besonnenheit zu bieten; vor allem, über allem aber habe ein Staatschef zu walten, der diesen Namen verdiente: über den Parteien, unabhängig von den Parteien, nur dem Volk verantwortlich. Er habe die Regierung zu bestellen und als Schiedsrichter im politischen Widerstreit allein nach Maßgabe des nationalen Wohls zu entscheiden. Er müsse im Zweifelsfalle an das Volk appellieren kön-

In Bayeux begann de Gaulle am 16. Juni 1946 seinen Kreuzzug gegen das »System«. Dort konkretisierte er erstmals seine Vorstellungen von einem künftigen Staatschef: über den Parteien stehend, nur dem Volk verantwortlich.

nen, also das Referendum zu Hilfe rufen dürfen. Nur so könne in den Fährnissen der Zeit einerseits dem alten Übel gallischer Zwietracht vernünftig gesteuert und andererseits dem »fundamentalen Charakter« der Nation, nämlich ihrem eingeborenen Geist der Parteiung, des Widerspruchs, der Kritik und des Individualismus demokratisch Genüge getan werden. »Unsere ganze Geschichte ist der Wechsel von großen Leiden eines zersplitterten Volkes und fruchtbarer Größe einer freien Nation unter der Führung eines starken Staates«, so endete der historische Diskurs von Bayeux.[12]

In einer Erklärung vom 27. August 1946 und einer weiteren Rede am 29. September 1946 in Epinal vertiefte und erweiterte de Gaulle seine Vorstellungen von der notwendigen und zeitgemäßen Verfassung der Republik und verband sie mit einer scharfen Kritik des zur Abstimmung stehenden zweiten Entwurfs, der nach de Gaulleschen Maßstäben vom ersten kaum abwich. Nicht einmal das Wort Regierung komme darin vor, höhnte er, deshalb »Franchement non!«.

Der starke Staat, verkörpert in der über den Parteien stehenden Person des Staatschefs, die Partikularinteressen, gebändigt im System echter Gewaltentrennung, das durch ein Zwei-Kammer-System gezügelte Parlament – die Grundprinzipien des gaullistischen Staates, das politische Herzstück des Gaullismus schlechthin. »Cäsarismus«, kommentierte die kommunistische *Humanité*, »Plebiszitäres Präsidialregiment«, der sozialistische *Populaire*.[13]

Dieses erste massive Eingreifen des Generals in die aktuelle Politik war insofern ein Mißerfolg, als der zweite Verfassungsentwurf mit einer knappen Mehrheit vom französischen Volk angenommen wurde (am 13. Oktober 1946 mit 9,297 gegen 8,165 Millionen Stimmen bei 8,519 Millionen Enthaltungen) – von einer Minderheit also, wird de Gaulle sich empören. Sehr schnell zeigte sich, daß die vom General prognostizierten Mängel – Instabilität, Regierungsohnmacht, parlamentarische Dauerkrisen – tatsächlich den Charakter der neuen Republik bestimmten. Schon nach einem halben Jahr ihrer Existenz hatte die neue Republik zu ihrem unrühmlichen Stil gefunden: Es gab bereits die vierte Regierung, das parteipolitische Taktieren, Finassieren, Kombinieren gehörte wieder zur parlamentarischen Normalität. Die gleichen Krisen, Skandale, Intrigen würzten das politische Ambiente wie einst zu Zeiten der Dritten Republik.

Der Augenblick für einen neuen Appell, so schien es dem General, war gekommen. Im Winter 1946/47 sondierte er unter den alten Getreuen aus glorreichen Tagen, die begeistert bereit waren, das, was der General ihnen antrug, als »Fortsetzung des für einen Augenblick unterbrochenen Werkes« wiederaufzunehmen, nämlich die Initiierung einer breiten Volksbewegung zur erneuten Rettung des Vaterlandes, dieses Mal aus der Schwäche innerer Dekadenz. Am 7. April 1947 kündigte de Gaulle die Sammlung des Französischen Volkes (Rassemblement du Peuple Français, RPF) in einer Rede in Straßburg an. »Es ist an der Zeit, daß Französinnen und Franzosen, die sich als solche fühlen, also die große Masse unseres Volkes sich zusammenschließt und sich die Sammlung des französischen Volkes formiert, die, über alle Unterschiede der Meinungen hinweg, das gemeinsame Heil und die tiefgreifende Reform des Staates zum Erfolg bringen wird.« [14]

Zusammenschluß über alle Unterschiede hinweg, Sammlung des französischen Volkes – das RPF sollte auf keinen Fall eine Partei sein, es sollte ganz im Gegenteil ebenso wie einst die Résistance der Ort nationaler Konvergenz werden. Der neue Appell war deshalb ausdrücklich an alle Parteien und auch an die kommunistischen Wähler gerichtet. Allerdings: da man entschlossen war, das Werk des Heils im Rahmen der Legalität zu organisieren, gab es nur den Weg über die Wahlen. Das RPF stellte also Listen und Kandidaten auf, warb Mitglieder, führte Wahlkämpfe, etablierte eine Organisation, nahm Stellung zu politischen Tagesfragen – und ging schon bald taktische Bündnisse mit den politischen Parteien ein. Kurz: die Neuauflage der Résistance wurde unter der Hand zur politischen Partei – trotz nimmermüder und heroischer Abgrenzungs- und Widerstandsversuche von seiten des Generals. Wieder erlebte er das für ihn stets gleiche Drama: Er, der von der Geschichte zum Heile Frankreichs Berufene, scheiterte erneut an den Franzosen. Oder besser, es scheiterte erneut der großartig-romantische Anspruch an die Franzosen, jener gewissen Idee zu entsprechen, die er von Frankreich in sich trug.

Als geistig-moralischen Kern des RPF, als das, was es radikal abheben sollte von den Parteien, nannte er immer wieder die Beteiligung des Volkes an seinem Schicksal (association du peuple à son destin) – und das meinte nicht nur ordinäre Mitbestimmung im politischen Alltagssinn, sondern innige Teilhabe an den historischen Schicksalen und metahistorischen Qualitäten der Nation, Identifikation mit ihr, Opfer und Hingabe für sie. Wie einst in London und Algier sprach er von der Revolution, die es dabei zu vollbringen gelte, und wieder wie damals versah er den Appell mit hochmögend-populistischem Beiwerk. Aber der Sinn der Botschaft war ebenso wie einst die Erhebung zur Grandeur – eine Botschaft für Ausnahmezeiten, wie er wohl wußte. In heroischen Zeiten, in Zeiten extremer Gefahr bewegt der »Hauch von den Höhen« die Massen, in Zeiten relativer Normalität verebbt der Elan in den Niederungen von Interessen minder pathetischer Art! So geschah es zum zweiten Male dem General. »Am Anfang«, sagte er in einer Rede, als es schon dämmerte über dem RPF (Juli 1952), »war es so, daß das Rassemblement mitten in einer großen Angst entstand. Man erinnere sich an 1947. Die Kommunisten, sehr stark, waren mit an der Regierung. Die Amerikaner waren weit ... Überall Streiks. Draußen das Sowjetsystem, von dem niemand wußte, ob es den Krieg beginnen würde ... Aber die große Angst hat sich entfernt.«[15]

Die Anfänge freilich waren berauschend, die Sammlung überzog stürmisch das Land. Es schien sich noch einmal spontan jene Nationale Union zu bilden, die in den Tagen der Befreiung für einen kurzen Augenblick bestanden hatte. Aus allen Parteien – mit Ausnahme der kommunistischen, wie sich versteht – strömten die Mitglieder und Wähler zum RPF. Bei den ersten anstehenden Wahlen, den Kommunalwahlen im Oktober 1947, wurde das Rassemblement mit Abstand zur stärksten politischen Formation (38 Prozent der abgegebenen Stimmen, 10,7 Millionen Wähler). Die Rathäuser der großen Städte wurden im Sturm genommen: Paris, Marseille, Bordeaux, Straßburg, Lille, Nancy, Rennes erhielten gaullistische Bürgermeister beziehungsweise Vorsitzende des Stadtparlaments (Paris), in den Roten Gürtel von Paris wurden tiefe Breschen geschlagen. Noch im Oktober 1951, als der Elan des ersten Aufbruchs schon erheblich abgeflaut war, errang das RPF 130 Mandate in der Nationalversammlung und stellte damit noch vor den Kommunisten die stärkste Fraktion. Aber dies reichte für die Machtübernahme nicht aus, und die Aussicht auf weitere vier Jahre des fruchtlosen Opponierens zermürbte den auf Dynamik, Erneuerung, sichtbaren Erfolg programmierten Geist des RPF.

Das System hatte dem ersten Frontalangriff widerstanden, mühsam genug, aber in bemerkenswerter Solidarität gegen den Gaullismus, und das enttäuschte Kreuzzugsheer begann an den Rändern zu bröckeln und allmählich sich zu zerstreuen. Das Rassemblement war nach seiner Anlage eine Bewegung, eine Sturmtruppe, und nicht eine auf Klassenbindung, ideologische Traditionen und historisch gewachsenen Korpsgeist gegründete Partei mit langem Atem. Jacques Soustelle, der Generalsekretär, hat sein Dilemma in ein treffendes Bild gefaßt: »Das RPF, einem für den Bewegungskrieg geschaffenen Freiwilligenheer vergleichbar, das nun gezwungen war, einen Belagerungskrieg vor hartnäckig verschlossenen Toren zu führen, nutzte sich mit der Zeit durch Enttäuschungen ab.«[16] Es war keine Partei, wollte keine Partei sein, war aber gezwungen, zur Partei zu werden, zum Bestandteil des verhaßten Systems.

Aber bevor noch die politische Aktionseinheit zerbrach und der Massenexodus einsetzte, wurde die Sammlung des französischen Volkes vom großen Sammler selbst aufgegeben. De Gaulle, der Antipolitiker, der Antiparteienmann, dessen Hauptziel ja die Beseitigung des Systems war, sah mit Verdruß seine Kreation sich in das System integrieren. Er hatte sich schon geweigert, selbst zur Nationalversammlung zu kandidieren – mit der Bemerkung: »Können Sie sich vorstellen, daß ich meinen Hut in meinen kleinen Spind in der Garderobe des Palais Bourbon einschließe?«, wie ein befremdeter Jacques Soustelle zu hören bekam.[17] Mit Widerwillen sah er, wie die gewohnten Usancen, die persönlichen Rivalitäten, der Karrierismus sich im Train seiner Heilsveranstaltung breitmachten und wie der Höhenflug seiner Mission im banalen Detail zu versanden drohte. »Diese Parlamentarier! Alles Taugenichtse! Sie haben nur ihre Karriere im Kopf. Diejenigen, die auf meinen Namen gewählt wurden, vergessen de Gaulle. Sie verraten mich«, wütete er vor Getreuen.[18]

Im Frühjahr 1952 begann der Anfang vom Ende der zur Partei erstarrten Antipartei. Im März stimmten 27 RPF-Deputierte gegen den Willen des Generals für die Regierung Pinay, worauf es zu einem ersten Auszug des rechten Flügels kam, der fortan unter dem Etikett »Action Républicaine et Sociale« firmierte. Der General verächtlich: »Diejenigen, die nicht kämpfen wollten, sind gegangen, um Suppe zu fassen.« Nach einem weiteren mühsamen Jahr – mit schweren Rückschlägen bei den Kommunalwahlen, Alleingängen der zweiten Linie (der Generalsekretär Soustelle hatte auf eigene Faust mit dem Staatspräsidenten Auriol über einen Regierungsauftrag verhandelt), Abwanderungen alter Gefährten (General Catroux) – machte de Gaulle kurzerhand Schluß und verkündete, daß von nun an das RPF sich nicht mehr am System beteiligen werde. Nicht mehr an Wahlen, nicht mehr im Parlament, da »daraus doch nur Verdruß für das Land und die Sammlung selbst resultieren ... Es wird nicht mehr teilnehmen an den Kombinationen, den Geschäftigkeiten, Vertrauensvoten, Investituren, die das Spiel, das Gift, das Entzücken des Systems sind. Die Mitglieder, die ein Mandat innehaben ... sollen persönlich gewiß der Bewegung verbunden bleiben, aber bis auf neuen Befehl machen sie alles, was im Rahmen des Systems geschieht, unter eigener Verantwortung und ohne das Rassemblement zu verpflichten.« [19]

Das war faktisch das Ende des RPF, wenngleich im Parlament und bei den Wahlen der Gaullismus unter wechselnden Bezeichnungen bis zum Ende der Vierten Republik weiterexistierte. Im vierten Band seiner Memoiren hat de Gaulle dem RPF gerade eine halbe Seite gewidmet.

Der »Weg zum Heil« oder: Die gaullistische Alternative

Neben der Hauptsache, dem Krieg gegen das System als solchem, wurden in den Kampfjahren des RPF die großen politisch-ideologischen Leitideen des Gaullismus formuliert: für die Innenpolitik die Weiterentwicklung des sozial- und wirtschaftspolitischen Reformkonzeptes der »Association«, vornehmlich mit antikommunistischer Zielrichtung; außen- und bündnispolitisch die konsequente Ablehnung jeder Form von Supranationalismus; das »Europa der Vaterländer ... bis zum Ural« unter französischem Patronat, bei vorläufiger Abwesenheit der Völker jenseits der Elbe; die Transformation des Kolonialreiches in zeitgemäße Formen der Kooperation, Modellentwürfe für eine nachkoloniale Föderation. Es waren die großen nationalen und weltpolitischen Probleme, zu denen der Gaullismus seine Alternativen entwikkelte, Alternativen, die in ihren großen Zügen zu den Leitbildern der gaullistischen Republik geworden sind.

Die Zeit des Aufstiegs des RPF war zugleich die Zeit des gefährlichen Anschwellens kommunistischer Macht gewesen. In den Jahren 1947 bis 1950 etablierte die Sowjetunion ihre Herrschaft über Ost- und Mitteleuropa und bedrohte mit ihrem gewaltigen Militärpotential, dem noch kein effektives westliches Bündnis entgegenstand, den nichtkommunistischen Restkontinent. Die Berliner Blockade, der kommunistische Sieg in China, der Beginn des von den Kommunisten wesentlich mitgetragenen Befreiungskrieges in Indochina, der Korea-Krieg – alles schien hinzuweisen auf den unausweichlichen großen Konflikt. Zugleich erreichte die Kommunistenmacht im eigenen Lande bedrohliche Dimensionen. Aus den Wahlen zur ersten verfassungsmäßigen Nationalversammlung am 10. November 1946 war die KPF mit fast 5,5 Millionen Wählern und 28,6 Prozent der abgegebenen Stimmen als eindeutiger Sieger hervorgegangen. Sie hatte (nach eigenen Angaben) fast eine Million Mitglieder und verfügte mit der von ihr gelenkten größten Gewerkschaftsorganisation, der CGT, über eine mächtige sozialpolitische Waffe. 1947 erschütterten zahlreiche, von den Kommunisten inspirierte Streiks das Land, im November 1947 wurde in Marseille der Generalstreik ausgerufen. Es schien nur noch eine Frage der Zeit, bis der Partei das Land zufallen würde. Auch dagegen richtete sich der zweite Appell zur Sammlung des französischen Volkes.

De Gaulle, der zeit seines Lebens im Kommunismus nie etwas anderes sah als die raffinierte Mobilisierung rebellischer oder verzweifelter Geister im Dienst des großrussisch-slawischen Imperialismus, wollte das Übel an der Wurzel packen und der Partei ihre Massenbasis entziehen, zum einen durch Aufklärung über die wahren Absichten der »Separatisten« – einer wahren Agit-Prop-Offensive –, zum anderen durch seine Vision der Überwindung der Klassenspaltung in einer »Association« von Arbeit und Kapital zu beiderseitigem materiellen und zum ideell-politischen Vorteil der Nation. Keine Rede, Erklärung, Pressekonferenz aus dieser Zeit, in der der General den Kommunisten nicht den Prozeß gemacht hätte. Sie zersetzten geistig und materiell das Land, um die russische Eroberung vorzubereiten; sie strebten mit tausend Ränken und Listen zur Diktatur; sie verwirrten die Geister der Naiven und vernebelten die Gehirne der Intellektuellen mit dem Gift ihrer Ideologie – kurz, sie stellten im Verbund mit ihren Moskauer Herren die schlimmste Gefahr für Leib und Seele der Nation, für die Existenz Frankreichs schlechthin dar. »Auf unserem Boden, mitten unter uns, haben Menschen einem fremden Herrschaftswillen, gelenkt von den Herren einer großen slawischen Macht, den Treueeid geleistet. Sie haben zum Ziel, bei uns die Diktatur zu errichten, so wie es ihresgleichen andernorts mit Unterstützung dieser Macht gelungen ist. Für sie, die laut die soziale Gerechtigkeit im Munde führen, die Emanzipation der Massen predigen, handelt es sich in Wahrheit darum, unser schönes Land in totalitäre Knechtschaft zu bringen, wo kein Franzose mehr über seinen Körper und seine Seele verfügte und Frankreich selbst zum Vasallen eines kolossalen Hegemon würde.«[20]

So hörten es die Franzosen in zahlreichen Variationen aus dem Mund des Generals zwischen 1947 und 1952. Er nannte die Kommunisten öffentlich und prinzipiell nur die »Separatisten«, er drohte, daß, wenn sie an der Regierung beteiligt würden, deren Legitimität nicht mehr bestünde – was wohl soviel heißen sollte, daß, wie einst im Juni 1940, die Legitimität auf die wahren nationalen Kräfte des Widerstandes übergehen würde (Pressekonferenz vom 1. Oktober 1948); er kündigte an, daß er ihnen im Falle seiner Machtübernahme die Gewerkschaften entreißen und ihre Militanten aus dem öffentlichen Dienst entfernen wolle (Pressekonferenz vom 22. Juni 1951) – und so weiter. Offensiver, aggressiver Antikommunismus im Stile der Zeit des Kalten Krieges. Sie haben es ihm ihrerseits redlich vergolten: »Vertreter der Klasseninteressen der reaktionären Bourgeoisie«; gestützt von »den schlimmsten Kolonialisten und Chauvinisten« und dergleichen Versatzstücke mehr aus dem klassischen Repertoire.[21]

Das große Heilmittel, die Operation an der Wurzel des Übels, sollte das gaullistische Gesellschaftskonzept der »Association« werden. Man kennt das Leitmotiv bereits aus den Tagen der Résistance: Überwindung des Klassenkampfes durch staatliche Institutionalisierung der Sozialpartnerschaft, wie in ersten Ansätzen Ende 1944/Anfang 1945 realisiert. Der weiterführende Gedanke der Association bestand darin, aus Arbeiterschaft, Management, Unternehmerschaft gleichberechtigte Gesellschafter mit angemessener Gewinnbeteiligung und angemessener Mitbestimmung zu machen. »Was heißt ›Association‹? Zuerst dies, daß in einem Unternehmen alle, die daran beteiligt sind, die Chefs, die Angestellten, die Arbeiter gleichberechtigt ... die Bedingungen ihrer Arbeit und der Entlohnung festsetzen. Und sie legen dies in der Weise fest, daß vom Unternehmer oder Direktor bis zum Arbeiter, je nach der Hierarchie, die Entlohnung sich nach dem Gesamtertrag des Betriebes richtet ... So würde eine andere Psychologie als die der Ausbeutung des einen durch den anderen, als die des Klassenkampfes aufkommen.«[22]

Die Association als die Quadratur des verhängnisvollen sozialpolitischen Zirkels, als der dritte Weg zwischen Kommunismus und Kapitalismus! Hierdurch erst würde die Arbeiterschaft ihre historische Rolle in der modernen Gesellschaft erfüllen und sich in die Nation integrieren können. »Schluß mit dem absurden System, wo man für einen Mindestlohn ein Minimum an Leistung erbringt und das Produktionsergebnis minimal ist. Schluß mit dem Gegensatz der verschiedenen Gruppen von Produzenten, der Frankreichs Aktivitäten paralysiert. Die ökonomische Erneuerung Frankreichs ebenso wie die Emanzipation der Arbeiterschaft liegt in der Association, die wir finden müssen.«[23]

Wie schon einmal in den Tagen der sozialenthusiasmierten Résistance fielen scharfe Verurteilungen des kapitalistischen Regimes und ergingen pathetische Appelle an das gute Volk. »Arbeiter! Vor allem mit euch will ich das neue Frankreich bauen. Wenn wir noch einmal, gemeinsam, die Partie gewonnen haben werden ... wird man plötzlich eine geeinte und fröhliche Nation erkennen, wo ihr einen würdigen Platz haben werdet. Man wird dann aus den Schleiern, die es noch verbergen, das strahlende Antlitz Frankreichs hervortreten sehen« (1. Mai 1950).[24] Die Rechte im Land vernahm es mit Unbehagen, die Kommunisten konterten mit den klassischen Schmähungen: »Er empfiehlt ein Bündnis zwischen Arbeit und Kapital ... damit vertritt er ... die Politik des Großkapitals, dessen Ziel es ist, die Arbeiterklasse mit allen Mitteln niederzuhalten und die gesamte Bevölkerung auszubeuten.« Die umworbene Arbeiterschaft blieb in der Masse unbeeindruckt. Darin wird sich auch später wenig ändern, als die Association, zur Participation erweitert, in die Tat umgesetzt werden sollte.

Von de Gaulle heftig attackiert, zeigte sich die französische Regierung 1954 bereit, die Bundesrepublik in die Europäische Verteidigungsgemeinschaft aufzunehmen, allerdings nur unter gewissen Bedingungen.
»... ganz einfach, Messieurs! Es soll ein bequemer, leichter und strapazierfähiger Schuh sein!«
(Karikatur von Herbert Kolfhaus)

Wesentlich erfolgreicher als die Eroberung der Arbeiterklasse für den Gaullismus wurden seine außen- und bündnispolitischen Konzepte. Mit Mißtrauen zuerst und dann mit wachsender Erbitterung hatte der General die diversen Initiativen, Projekte, Realisationen zur ökonomischen, militärischen und politischen Einigung Europas und zur atlantischen Allianz verfolgt. Im März 1948 war der Brüsseler Vertrag geschlossen worden, im November 1949 der Europarat gegründet und im April 1951 mit der Montanunion der Grund für die Europäische Wirtschaftsgemeinschaft gelegt worden; seit September 1950 gab es die Debatte um die einerseits bestmögliche und andererseits erträglichste Form der westdeutschen Wiederbewaffnung. Aufgrund der Pariser Verträge vom Oktober 1954 endlich trat die Bundesrepublik der Westeuropäischen Union bei und wurde im Mai 1955 NATO-Vollmitglied.

Katastrophale Entwicklungen allesamt in den Augen de Gaulles! Nicht, daß er die Notwendigkeit des militärischen Bündnisses und der europäischen Einigung verkannt oder abgelehnt hätte. Ganz im Gegenteil: er war einer der ersten, der beides laut und eindringlich gefordert hatte – freilich zu seinen eigenen und also, wie gewohnt, für die Partner sehr peniblen Bedingungen. Spätestens seit der Spaltung der Nachkriegswelt in auseinanderdriftende Lager vertrat er die Ansicht, Europa müsse geeint aus der Asche wiedererstehen, schon um der Friedenserhaltung willen und um zwischen den beiden Giganten nicht zerrieben zu werden. Er hatte dabei ein Europa im historisch-kulturellen und auch geographischen Kontext im Sinn, das Europa zwischen »Spitzbergen und Sizilien, zwischen Gibraltar und dem Ural« – daher die später so bizarr anmutende Formel. Ein Europa der Nationen gewiß, kein Völkereintopf, aber doch eine Föderation, deren politische Institutionen aus allgemeinen gesamteuropäischen Wahlen hervorzugehen hätten und in welche wesentliche nationale Souveränitätsrechte – zum Beispiel die Außenpolitik, die Verteidigungspolitik, Ökonomie und Kultur – einzubringen wären. Also ein überaus fortschrittliches, ja kühnes Modell, wie auch nach Jahrzehnten noch nicht einmal als konkrete Zukunftsvorstellung präsent.

Aber ein Charles de Gaulle benutzt viele Mittel und kennt doch nur einen Zweck: die Interessen Frankreichs, das Heil und die Größe der französischen Nation. Jawohl, ein geeintes Europa, aber auf der Höhe der historischen Errungenschaften, das heißt, unter Anerkennung der für Frankreich wichtigen Ergebnisse des Zweiten Weltkrieges. Ergebnis Nummer eins: das definitive Ende des »Reiches«. In die europäische Föderation wären die deutschen Einzelstaaten aufzunehmen, wäre das Ruhrgebiet in eine gemeinsame Treuhänderschaft zu überführen, müßte als Fundament des ganzen Unternehmens die enge Verzahnung der deutschen Einzelstaaten mit Frankreich vollzogen werden. Dann wäre auch der durchaus wünschbare deutsche Verteidigungsbeitrag unproblematisch.

Ergebnis Nummer zwei: das französische Patronat im geeinten Europa. Nur Frankreich ist als bedeutende Kontinentalmacht siegreich aus dem Krieg hervorgegangen; nur Frankreich verfügt über eine nationale Militärmacht von Rang; nur Frankreich ist anerkannte Großmacht mit weltweiter Ausdehnung und globalen Interessen und sitzt als ständiges Mitglied im Weltsicherheitsrat. Also müßte sich das föderierte Europa ganz selbstverständlich um Frankreich als sein natürliches Zentrum gruppieren. Viele Probleme wären damit ein für allemal gelöst: die »Schicksalsfrage der Menschheit«, Deutschland, hätte endlich ihre friedliche und natürliche Antwort gefunden; das unter der Hegemonie der Sowjetunion und der USA balkanisierte Europa könnte wieder zum weltpolitischen Subjekt seiner Geschicke aufsteigen; die vereinigten Ressourcen (Ruhrkohle!) würden die alte ökonomische Hemmung des Kontinents beseitigen. Und vor allem: Frankreich hätte den ihm zukommenden Platz in Europa und auf dem Erdkreis gefunden. »Frankreich würde den Weg der Macht und der Strahlkraft wieder aufnehmen, der ihm seit fünfzehn Jahrhunderten eigentümlich war« (Juli 1947).[25] Am 7. März 1948: »Diese Gemeinschaft, die zweihundertfünfzig Millionen Menschen und beträchtliche Ressourcen umfassen würde, bedeutende intellektuelle, spirituelle, moralische und soziale Werte dazu, in Übersee ergänzt durch angeschlossene oder assoziierte Territorien, würde die Chance der Alten Welt wiederherstellen. Aber ... es ist Frankreich, dem dabei die Aufgabe und die Würde zukommen muß, das Zentrum und der Schlüssel zu sein.«[26]

Der General malte sein Bild vom geeinten Europa à la française in den verlockendsten Farben, gerade auch gegenüber dem Nachbarn »outre

Rhin«. Schon im Juli 1947, als die Welt noch ziemlich düster aussah für die Deutschen, versicherte er den »Söhnen Europas«, daß sie in neuer Gestalt teilhaben sollten am großen europäischen Zukunftswerk. Noch im März 1950, nach den in seinen Augen tragischen Fehlern der Alliierten in Sachen Deutschland und nach der Gründung der Bundesrepublik Deutschland, meditierte er öffentlich über »die Perspektiven dessen, was gemeinsam deutscher und französischer Wert vollbringen könnten« mit beziehungsreichen Beispielen aus dem tiefen Fundus der Geschichte: »Ich finde in der Geschichte keines Volkes, keines Bündnisses, keines Sieges etwas Vergleichbares dem Sieg auf den katalaunischen Feldern, wo Franken, Gallier, Germanen und sogar Römer vereint Attila schlugen.«[27] Auch Karl der Große, die gotischen Kathedralen, ein auf deutsch höchst sinnreich zitierter Schiller spielten ihre Rolle in den Lock- und Schmeichelreden für das französische Patronat. Nur: was dann tatsächlich geschah in Westeuropa unter dem Druck der Alliierten und in schändlicher Komplizenschaft des »Systems«, das trieb ihm die milden Töne fürs erste gründlich aus.

Den Atlantikpakt vom März 1949, also die Erweiterung des Brüsseler Vertrags um die USA und Kanada, hatte er im Prinzip noch begrüßt: »eine sehr erfreuliche und sehr wichtige Absichtsdemonstration«. Als dann aber die Regierung Pleven zur Lösung des heiklen Problems der deutschen Wiederbewaffnung die Europäische Verteidigungsgemeinschaft (EVG) in die Diskussion brachte, blitzte und donnerte es wieder einmal von den gaullistischen Höhen hinüber über den Rhein. Schon die Genese der Bonner Republik hatte er mit Horrorvisionen begleitet (»Was man im Begriff ist zu errichten, ist das IV. Reich!«; »Alles läßt die Prognose zu, daß eine neue Diktatur ... wieder die germanischen Geschicke in die Hand nehmen wird«).[28] Die EVG aber erschien ihm als Gipfel der Verblendung, wenn nicht von Schlimmerem. Barg dieses »vaterlandslose Monstrum« nicht die Gewißheit, dem Reich die militärische Vormacht in Europa wiederzubeschaffen? »Der deutsche Dynamismus ... würde sehr schnell den Umweg über eine ›europäische‹ Armee dazu benutzen, das militärische Instrument deutscher Macht wiederherzustellen ... Denn das Ergebnis wäre, unter einem harmlosen Etikett ... die Armee des deutschen Reiches ... Niemals!« [29] In einer Erklärung vom 6. Juni 1952 faßte er seine Verdammung der heillosen deutschen Entwicklungen zusammen: »Die abgeschlossenen Verträge geben dem deutschen Reich die volle Souveränität und die Gleichberechtigung zurück ... Nichts verpflichtet das deutsche Reich, seine gegenwärtigen Grenzen zu akzeptieren. Nichts verpflichtet es, das Saar-Statut, das es nicht anerkannt hat, hinzunehmen. Nichts hindert es daran, morgen wieder seine Ambitionen von gestern aufzunehmen. Im Gegenteil! Da es nicht in Europa eingebunden ist, gibt es allen Anlaß zu befürchten, daß es sein Dynamismus wieder einmal zum Abenteuer verführen wird.«[30] Das alte, das lebenslange Trauma vom deutschen Dynamismus! Es war und blieb das Hauptmotiv seiner diversen Deutschlandpolitiken.

Aber das EVG-Projekt bot noch zusätzlichen Anlaß zu grimmigem Verriß. Die Integration aller nationalen Streitkräfte in einer supranationalen Armee, geführt dazu noch von einem US-Oberbefehlshaber, erschien ihm als nationaler Suizid und militärpolitischer Aberwitz zugleich. Die Verteidigung, die Sicherheit Frankreichs, ausgeliefert an fremdes Gutdünken, die ethische Substanz jeder Armee, der Patriotismus, eliminiert. Die wilden Beschimpfungen, die er gegen dieses infame Kunstprodukt schleuderte, geben einen Begriff von seiner unsäglichen Erbitterung: Was die EVG politisch für Frankreich bedeute, sei das amerikanische Protektorat, was sie militärisch darstelle, sei eine »mélange apatride«, eine »Armée Babel«. In summa: ein Unternehmen, »das Frankreich bis in die Tiefen seiner selbst zerreißt, das es seiner Souveränität und seiner Armee beraubt ..., das seine Soldaten einem Organismus ausliefert, auf den es keinerlei Einfluß hat und dessen Interessen ... nicht die seinen sein könnten.« Kurz, ein »künstliches Monstrum, ein Roboter, ein Frankenstein«.[31]

Der Streit um die EVG hat Frankreich in den Jahren 1950 bis 1954 ungeheuer erregt, man hat geradezu von einer neuen Affäre Dreyfus gesprochen. Europäer und Antieuropäer lieferten sich im Parlament und in der Öffentlichkeit homerische Schlachten. Die äußerste Rechte fand sich mit der äußersten Linken in der gemeinsamen Ablehnung zusammen. Während die erstere den Untergang der Nation beschwor, malte die letztere das Gespenst der deutsch-amerikanischen Hegemonie an die Wand. Nicht zuletzt des Generals und seiner Truppe scharfe Attacken bewirkten den Meinungsumschwung im Lande, und im August 1954 wurde das Projekt im Parlament still begraben. Adenauer schrieb in seinen Erinnerungen, dies sei sein schrecklichster Tag gewesen, eine wahre Tragödie. Die enttäuschten Amerikaner knirschten mit den Zähnen und sprachen von »Maßnahmen«.

Für de Gaulle aber waren die Würfel gefallen. Da sein Europa nicht zustande gekommen war, das »Reich« wiedererstand, die USA den Hegemon spielten, war Supranationalität in jeder Form fortan gleichbedeutend mit Aufgabe, Abdankung, Verrat – die NATO, die EG, die UNO und vor allem die Amerikaner sollten es noch drastisch zu spüren bekommen.

Übergänge zur Dekolonisation

Die zwölf Jahre zwischen de Gaulle und de Gaulle waren auch die Jahre des bitteren und schmerzlichen Anfangs vom Ende des Kolonialreichs. Der Versuch einer Transformation des alten Empire in die moderne Gestalt einer Union Française scheiterte politisch ebenso wie militärisch die Befriedung der auseinanderstrebenden Reichsteile. Schon im Spätjahr 1946 brach der Befreiungskrieg in Indochina aus, der nach fast acht blutigen Jahren für Frankreich im Desaster von Dien Bien Phu und im Juli 1954 mit der Aufgabe endete. Am 1. November 1954 begann der algerische Aufstand, der zum letzten grausamen Kolonialkrieg Frankreichs, zur Staatskrise, zum Ende der Vierten Republik, zur Machtübernahme de Gaulles und um Haaresbreite zum Bürgerkrieg führte. Dazwischen die Entlassung Tunesiens und Marokkos aus den kolonialen Bindungen, die permanenten Verurteilungen vor den Vereinten Nationen, die end- und fruchtlosen Debatten über Sinn und Gestalt der Union Française, der Bedeutung der Algérie Française, die gefährliche Polarisierung der Nation in Verräter und Imperialisten.

De Gaulle erlebte und erlitt die Etappen der Dekomposition in ohnmächtigem Zorn. 1956, nach Dien Bien Phu, nach dem kläglichen Rückzug aus der Suez-Affäre und angesichts des Unvermögens, die algerische Rebellion militärisch zu bezwingen: »Ihr, das Regime, werdet Algerien verlieren. Das ist nur eine Frage von Monaten oder Jahren. Und wenn man euch gewähren läßt, so werdet ihr auch das Elsaß und Lothringen verlieren.«[32] Aber hatte er denn eine Alternative, war er die Alternative? Welches waren überhaupt seine Vorstellungen vom überseeischen Frankreich und dessen Zukunft? Wie vor allem hielt er es mit der Kreuz- und Schicksalsfrage Algerien? Fragen, auf die es viele Antworten gab, auch zweideutige Antworten, Antworten besonders, die im dramatischen Mai 1958 von vielen mißverstanden wurden – und das nicht nur, weil eine interessierte Interpretation ihre Version dem General unterschob.

Er hatte während des Krieges buchstäblich mit allen Mitteln um die ungeschmälerte Restauration des Kolonialreichs gerungen – ein guter Teil der Zerwürfnisse mit den Alliierten war, wie erinnerlich, à conto dieses Ringens gegangen. Die Wiederinbesitznahme aller Reichsteile, die Wiedererrichtung unverkürzter französischer Souveränität über das Empire war nach der Hauptsache, der Befreiung der Metropole vom Aggressor, Programmpunkt Nummer zwei des Freien, des Kämpfenden, des befreiten Frankreich unter de Gaulle gewesen. Sowohl gegenüber der Außenwelt wie für die politische Debatte im Lande klangen die Proklamationen resolut und kompromißlos, und es war in ihnen nichts zu spüren vom Schwund des guten kolonialen Gewissens. »Das momentane Desaster Frankreichs rechtfertigt in keiner Weise die Beeinträchtigung der territorialen Integrität des Empire oder der Rechte Frankreichs irgendwo in der Welt durch auswärtige Mächte«, ließ er Freund und Feind in einer Erklärung vom Februar 1942 nach der Besetzung Indochinas durch die Japaner wissen.[33]

Was die Rechtfertigung französischer Präsenz in Übersee anging, so erschien sie de Gaulle durch die Kriegserfahrungen eher gestärkt als geschwächt. Waren es nicht die überseeischen Territorien gewesen, die zu Frankreich standen, als dieses sich selbst schon aufgegeben hatte? Wurde der Kriegsbeitrag des Freien Frankreich nicht ganz wesentlich von Kontingenten des Kolonialreichs getragen? War der Massenenthusiasmus in Brazzaville, in Algier nicht ein überzeugendes Votum für Frankreich gewesen? De Gaulle in der Londoner Albert Hall am 18. Juni 1942, zum zweiten Jahrestag des Appells: »Es hat sich gezeigt, daß die Völker des Kolonialreiches Frankreich in großartiger Weise die Treue gehalten haben. Welch schönere Würdigung könnte seinem zivilisatorischen Genius erwiesen werden.«[34]

Dabei wird er bleiben, und er wird seine Apologetik von Frankreichs glorreicher zivilisatorischer Mission – ungerührt vom antikolonialen Zeitgeist – noch lange mit den heroischen Bildern aus dem Repertoire einer Epoche schmücken, die nicht »Imperialismus«, sondern »Last des Weißen Mannes« sagte, wenn Herrschaft und Ausbeutung in den

Kolonien gemeint war. Im Mai 1947 vor einer Versammlung in Bordeaux: »Durch uns fanden Völker aller Rassen, die einst in ihrer Mehrheit in jene tausendjährige Dumpfheit versunken waren, in der es nicht einmal geschriebene Geschichte gab, zur Freiheit, zum Fortschritt, zur Gerechtigkeit. Dank uns wurden Hunger, Schrecken, Krankheit, Unwissenheit zurückgedrängt. Dank uns wurden neue Eliten herangebildet. Was wäre aus jenen Gebieten geworden ohne Frankreich! Um dies zu würdigen, muß man sehen, was hundert Jahre der Befriedung aus unserem Algerien haben werden lassen. Man muß die herrlichen Kulturen durchmessen, die sich über Millionen und Abermillionen Hektar erstrecken, die zuvor Wüste waren. Man muß die Häfen, die Straßen, die Staudämme, die Schulen, die Hospitäler sehen, die wir gebaut haben. Man muß sich an Marokko erinnern ..., das vor vierzig Jahren noch von Unordnung und Anarchie zerrissen war. Man muß an Indochina denken ..., das unter Gewalt und Mißbrauch dahinvegetierte, bevor wir ihm die Tore des modernen Fortschritts öffneten ... Man muß endlich das Schicksal unseres Schwarzafrika vergleichen, wo unsere Zivilisation die Wälder, die Savannen, die Wüsten durchdringt, mit seinem früheren Geschick des verzweifelten Elends ... Frankreich schuldig? In Wahrheit ... war das großherzige, das fürsorgende, das freiheitliche Frankreich im Begriff, mehr als 60 Millionen Menschen mit großen Schritten zum Licht zu führen.«[35]

Verkündet im Mai 1947, in der stürmischen Aufbruchphase des Rassemblement, vor einer enthusiasmierten Anhängerschaft, konnte das nur verstanden werden als Bekenntnis zur Fortführung des überseeischen Werkes. Und es wurde auch so verstanden! Gaullismus zwischen 1940 und 1958 war die Überzeugung von Frankreichs permanenter Berufung, von seinem unbezweifelbaren zivilisatorischen Recht in Übersee. Der Gaullismus zwischen 1946 und 1958 lebte in der Gewißheit, daß mit dem Machtantritt seines Führers diese Berufung, dieses Recht wieder kraftvoll in Politik umgesetzt würde. Das galt insbesondere für Algerien. Aus den Reden, Erklärungen, Pressekonferenzen des Generals konnte nur geschlossen werden, er sei der standhafte Verteidiger des französischen Algerien: »Algerien ist ein integraler Bestandteil Frankreichs ... Frankreich wird Algerien niemals aufgeben« (18. August 1947); oder: »Denen, die sich in Träumen ich-weiß-nicht-welcher Sezession verlieren, sage ich, ihr täuscht euch und ihr täuscht die anderen« (12. Oktober 1947 in Algier).[36] Noch nach dem Ausbruch des Aufstands sprach er nur von »unserem Algerien«. Den kompromißlosen Verfechtern der Algérie Française in seinem Lager (namentlich Jacques Soustelle) stimmte er ausdrücklich zu oder ließ es doch stillschweigend geschehen, daß ausgewiesene Männer seiner Couleur sich als Ultras gebärdeten. Noch in den beiden ersten Jahren seiner neuen Präsidentschaft benutzte er öffentlich ein Vokabular, das der Anhängerschaft die unverbrüchliche Treue zu den alten Prinzipien zu gewährleisten schien. »Souveränität Frankreichs! Das bedeutet zuerst, daß wir in keiner Weise die Tatsache ... in Frage stellen lassen dürfen, daß Algerien uns gehört«, so hatte das Dogma 1947 gelautet, und nichts gab der Nation 1958 zu verstehen, daß es inzwischen abgeschafft worden wäre.[37]

Gaullismus in Sachen überseeisches Frankreich hieß freilich nicht, daß die Beziehungen zwischen Mutterland und Territorien die gleichen bleiben sollten wie zu Zeiten alter Kolonialherrschaft. Gaullismus war auch die Überzeugung, daß die Domination allmählich durch Kooperation ersetzt werden müsse, daß die politische Führung der Metropole durch die administrative Autonomie der Territorien zu ergänzen sei. So statuierte es die offizielle gaullistische Doktrin seit 1944. De Gaulle war sich sehr wohl bewußt geworden, daß das Kolonialsystem alter Prägung nach den Revolutionen des Zweiten Weltkriegs nicht mehr zu restaurieren war. Er hatte schon während des Krieges die Bekanntschaft mit dem neuen, militanten Nationalismus in den Kolonien gemacht, in den nahöstlichen Mandatsgebieten insbesondere, der die volle Unabhängigkeit forderte, und nichts als diese. Im Januar 1944, zu einem Zeitpunkt also, da das Mutterland noch fest in der Hand des Feindes war, berief er eine Konferenz nach Brazzaville im französischen Kongo ein, zum Studium der Modalitäten einer zukünftigen Französischen Gemeinschaft (Communauté Française). Sein Grundgedanke dabei war, die Völker des alten Empire »allmählich auf ein Niveau zu heben, das es ihnen erlaubt, bei ihren eigenen Angelegenheiten mitzuwirken«[38].

Wie weit das gehen sollte, wurde nicht so recht deutlich. Sollte das Ergebnis die innere Autonomie im Rahmen einer von der Metropole politisch geführten Föderation sein oder nur Mitwirkung in der örtlichen Administration, oder aber war das schon konzipiert als Etappe auf dem Weg in die volle Unabhängigkeit? Die de Gaulleschen Interpretationen zu Brazzaville divergieren da erheblich. Neun Monate später, im Oktober 1944, war aus der bescheidenen Perspektive dereinstiger Mitwirkung an eigenen Angelegenheiten das Versprechen der Selbstbestimmung geworden: »Nach Brazzaville ...besteht die französische Politik darin, jedes dieser Völker zu einer Entwicklung zu führen, die es ihm erlaubt, sich selbst zu verwalten und später sich selbst zu regieren.«[39] Aber zweieinhalb Jahre später klang es dann doch wieder erheblich gedämpfter: »Sie wissen, daß die Grundlagen der französischen Union in Brazzaville gelegt wurden ... Jedes (Mitglied) muß eine Struktur finden, die es ihm erlaubt, eine Einheit darzustellen, seine Rolle zu spielen, allmählich gemäß seiner Entwicklung zu Autonomie zu gelangen, soweit sie vereinbar ist mit der französischen Union und den mit Frankreich geschlossenen Verträgen ... Für Frankreich ist es eine vitale Frage ... Verantwortungen zu tragen, die von niemand anderem getragen werden können.«[40] Verantwortungen, die im weiteren sich dann konkretisierten als die Souveränität in der Außen-, Verteidigungs-, der Wirtschaftspolitik. Was Algerien anging, so plädierte er für ein Statut, »das es französisch erhält und unter französischer Souveränität, andererseits in Algerien selbst ein Repräsentationssystem installiert, das es ihm erlaubt, die eigenen Angelegenheiten mitzugestalten«. Soweit vereinbar mit den Interessen Frankreichs die eigenen Angelegenheiten mitgestalten – von Selbstbestimmung war nicht mehr die Rede!

Was ihm in diesen Jahren wohl vorschwebte, war die Kanalisierung des Unabhängigkeitsdranges in kooperative Formen, die es Frankreich erlauben würden, politisch und ökonomisch auch weiterhin über das riesige Hinterland »Outre-Mer« zu verfügen. Im vierten Band der Memoiren hat er es später so formuliert: »Die Völker des überseeischen Frankreich zur Selbstbestimmung führen und gleichzeitig zwischen ihnen und uns eine direkte Zusammenarbeit zu gewährleisten, das waren meine einfachen und freimütigen Absichten.«[41] Ganz so liberal-emanzipatorisch waren sie wohl doch nicht gewesen, die Absichten, jedenfalls nicht bis zum Schockerlebnis des algerischen Krieges. Für die Anhängerschaft jedenfalls nahmen sich des Generals Absichten erheblich anders aus!

Ungebrochenheit im missionarisch-zivilisatorischen Selbstverständnis, fester Wille zur Einheit der Union unter Führung der Metropole,

Flexibilität in Fragen innerer Autonomie, Algérie Française – so stellte sich der Gaullismus nach außen dar und wußte sich dabei im Einklang mit dem General. In zahlreichen Entwürfen und Programmen hat das RPF in den Jahren 1947 bis 1952 die gaullistische Doktrin so auf den Begriff gebracht, und so haben sie die gaullistischen Nachfolgegruppen in der öffentlichen Diskussion bis 1958 vertreten – unwidersprochen vom General. Am 6. Dezember 1957 schrieb der Erzgaullist Michel Debré im *Echo d'Algier* einen Artikel unter der Überschrift »Die Wege des Verrates«, in dem es unter anderem hieß: »Die Algerier müssen wissen, daß es in Paris noch Männer gibt, die Algeriens Schicksal nicht von dem Frankreichs trennen, die sich weder durch die Ankündigung eines Aufstandes noch durch Drohungen aus Washington oder London schrecken lassen und keinen Kompromiß über ein gemeinsames Schicksal unseres Vaterlandes schließen werden.«[42] Noch im Februar 1958 veröffentlichten die »Sozialrepublikaner« eine Entschließung, in der »die Bewahrung einer unauflöslichen Gemeinschaft zwischen dem Mutterland und den überseeischen Gebieten«, sowie der »Schutz des französischen Algerien« als gaullistisches Credo verkündet wurde.[43]

Im übrigen war das in jenen Jahren durchaus kein Monopol des RPF. Auch die Linke schwor feierliche Eide auf die Nation vom »Rhein bis an den Kongo« und auf das französische Algerien. Mendès-France in einer Parlamentsdebatte zum algerischen Aufstand: »Algerien, das ist Frankreich ... Die algerischen Départements sind Teile der Republik«[44]. Oder François Mitterrand: »Algerien, das ist Frankreich ... und von Flandern bis zum Kongo gibt es nur ein Gesetz, eine Nation«[45].

In Wahrheit aber hatte der General innerlich längst eine radikale Wendung vollzogen. Unter dem Eindruck der algerischen Ereignisse – der Unfähigkeit der Politiker wie der Militärs, das Land zu befrieden; dem auf jede Repression immer stärker aufflammenden Widerstandsgeist der Rebellen; des die Metropole selbst in bitter verfeindete Lager spaltenden Krieges; der immensen Verluste an Menschen und Gütern; des wachsenden internationalen Druckes – reifte in ihm die Einsicht in die Unvermeidlichkeit der konsequenten Dekolonisation. Seit Ende 1956 wurden die Vertrauten in Colombey Zeuge tiefer Irritation und Resignation. Seinem Biographen Raymond Tournoux prophezeite de Gaulle im November 1956: »Eines Tages wird Herr Hammarskjöld (der Generalsekretär der Vereinten Nationen) nach Algier kommen, und alles wird vorbei sein. Oh, das wird sich in Formen vollziehen und Zeit beanspruchen, es wird UNO-Anträge, Resolutionen, Kommissionen geben ... Aber Algerien wird verloren sein.«[46]

Zur gleichen Zeit meditierte er voll Skepsis und Melancholie über Sinn und Unsinn der wohlmeinenden diversen Projekte und Modelle einer politischen Lösung. Gleiches Wahlrecht? »Wenn man die Algerier wählen läßt, wählen sie alle für die Unabhängigkeit. Ich kenne keinen einzigen Algerier von Rang, der glaubt, Algeriens Zukunft sei Frankreich.«[47] Integration? »Aber diese Menschen gehören nicht zu unserem Volk«; absurd, durch die Zuerkennung des allgemeinen Wahlrechts aus Madegassen Franzosen machen zu wollen, durch die Einführung des Départementsystems, dem Tschad den Status der Bretagne zu verleihen. Absurd und nicht einmal wünschbar. »Es ist unmöglich, im Palais Bourbon 120 algerische Deputierte zu empfangen.« Denn auf diese Weise würde Frankreich zur Kolonie seiner Kolonien. Nicht minder absurd die militärischen Anstrengungen. Die Errichtung einer Befestigungslinie gegen die tunesische Grenze zur Verhinderung des Einsikkerns von Kämpfern der FLN (»Front de la Libération Nationale«, die Algerische Befreiungsfront) kommentierte er bitter: »Ein Maginot-Linie-Ersatz – tragisches Zeichen der Ohnmacht«[48].

Dazwischen freilich immer wieder Zweideutiges, Sibyllinisches. »Sicherlich, Algerien hat eine Zukunft. Hat es auch eine Berufung (vocation)? Zur Unabhängigkeit? Wer weiß. Später. Man wird sehen ... Algerien ist weder eine Nation noch ein Staat. Verhandeln? Mit wem? Mit niemand, mit allen?« Was er in dieser Zeit positiv seinen Zuhörern und Gesprächspartnern vermittelte, war lediglich die Überzeugung, daß unter seiner Ägide alles ganz anders gekommen wäre und daß es – vielleicht – unter ihm noch einmal anders kommen könne. Der Staatspräsident René Coty ließ sich über de Gaulles Ansichten informieren und faßte sie so zusammen: »De Gaulle glaubt, daß die Eintagsregierungen Algerien unvermeidlich verlieren werden. Die einzige Möglichkeit, den Verlust zu vermeiden, ist seine Rückkehr an die Macht.«[49] Einem alten Bewunderer, Philippe Barrès, dem Sohn von Maurice Barrès, versicherte er: »Es gibt kein nordafrikanisches Problem. Das ganze Problem ist das der Macht in Paris. Wenn in Paris eine starke Staatsgewalt bestünde, würden sich die Dinge von selbst regeln … Am Tage, wo es de Gaulle gibt, gibt es keine FLN mehr.«[50]

Am Ende wußte er und hatte es für sich entschieden: es gab nur den Weg der Entlassung in die bedingungslose Unabhängigkeit, in Etappen, so behutsam wie möglich, aber unvermeidbar. Er wußte auch, welche Gefahren die abrupte Amputation für Frankreich mit sich bringen müßte. Algerien war eben keine klassische Kolonie mit winziger weißer Herrenschicht, sondern war Siedlungsland mit französischer Bevölkerung in Millionenhöhe und generationenlanger Verwurzelung. Worauf es ankam, war also, das Unvermeidliche zu kanalisieren, fließende Übergänge zu schaffen, die schmerzliche Operation so erträglich wie möglich zu gestalten. Das machte eine Strategie der kalkulierten Mißverständnisse unvermeidlich. »Ich habe euch verstanden«, antwortete der General einer nach Hunderttausenden zählenden Menge auf dem Forum zu Algier, die von ihm das Bekenntnis »Algérie Française« hören wollte. Ihn aber konnten sie noch nicht verstehen!

Die Zeit der Zurückgezogenheit auf der Boisserie nach dem Kollaps des Rassemblement wurde in besonderer Weise fruchtbar. De Gaulle verfaßte zwischen 1952 und 1958 drei Bände Kriegsmemoiren und edierte seine Reden und Dokumente. Das Schreiben, so vertraute er den Freunden an, sei ihm nicht leichtgefallen. Einem Enthusiasten, der ihm versicherte, er sei ein großer klassischer Schriftsteller, antwortete er: »Es ist eine Tortur! Glauben Sie mir, es ist eine schreckliche Arbeit.« Schrecklich wohl weniger wegen des ja nicht ungewohnten Metiers als wegen der selbstauferlegten peniblen Ausführung. Einer seiner engsten Mitarbeiter jener Jahre, Jacques Soustelle, beschrieb die Arbeitsweise des Generals so: »Wer gesehen hat, wie er zwanzigmal den Wortlaut irgendeines unbedeutenden Kommuniqués verbessert hat, den Text redigiert, ihn wieder neu schreibt, der weiß, daß er einen Schriftsteller, einen Meister der Sprache mit feinem Gespür für Nuancen vor sich hat.«[51]

Die »Boisserie«, das Landhaus de Gaulles im lothringischen Colombey-les-deux-Eglises; darunter Charles de Gaulle mit seiner Frau Yvonne.

Es mag dahinstehen, was der Schriftstellerkollege Mauriac über ihn vermutete, nämlich »wenn er auf irgend etwas in der Welt stolz sein zu dürfen glaubte, so darauf, auch seinerseits ein französischer Schriftsteller zu sein«[52]. Verbürgt ist, daß ihm die literarische Qualität seines Opus nicht gleichgültig war: »Ich schmeichle mir, daß meine Prosa doch einigen literarischen Wert besitzt«, gestand er den Freunden, und er nannte in diesem Zusammenhang Vauvenargue, Saint-Simon. Allerdings: über die politische Wirkung seiner Prosa machte er sich keine Illusionen. Gewiß, meinte er, wird es Aufregungen, Proteste, massenhafte Richtigstellungen geben, aber bewegen werden die Memoiren nichts – ein Beweis dafür, daß er sie eben doch in politischer Absicht geschrieben hat. Die Memoiren sind natürlich eine Geschichtsquelle ersten Ranges, obwohl oder auch gerade weil der Historiker den Politiker de Gaulle ungeniert in der dritten Person agieren ließ – so wie Xenophon oder Cäsar, merkte André Malraux einmal an. Die Memoiren sind aber auch ein Meisterwerk der Memoirenliteratur – neben Churchills »Geschichte des Zweiten Weltkrieges« sicherlich das bedeutendste literarische Œuvre aus der Feder eines Politikers in der zweiten Jahrhunderthälfte.

Erfüllt hat sie ihn freilich nicht, die historisch-biographische Arbeit, und die Aussicht auf literarischen Ruhm hat ihn wenig getröstet über sein »inneres Exil«. Der General war gelangweilt in der zweiten Etappe des »Zugs durch die Wüste«, besser: er fühlte sich zutiefst frustriert. Er, der Mann der Tat, der Berufene der Geschichte, war gezwungen, Geschichte zu schreiben anstatt Geschichte zu machen. Er, der nach wie vor im Bewußtsein lebte, Frankreichs Mandatar für die Größe zu sein, war von einem miserablen System verurteilt zum passiven Zeugen seines Niedergangs. So führte ihm der Zorn die Feder und mehr noch die Melancholie. Pessimismus, Resignation, Betrachtungen über die Vergeblichkeit menschlichen Strebens, Ahnungen von Abschied und Tod flossen immer häufiger ein in die Erzählung seines Lebenswerkes. Den zweiten Band der Kriegserinnerungen beschloß er im Moll der Elegie: »Mein Los ist die Einsamkeit«; den dritten in schwermütigen Akkorden des Abschieds: »Ein alter Mann, von Prüfungen heimgesucht, fern den Umtrieben, spürend, wie die ewige Kälte naht«. Die Einsamkeit, heißt es da, einstmals »meine Versuchung. Jetzt ist sie meine Gefährtin.« – »Das Alter ist ein Schiffbruch«, hörte ihn die Umgebung häufig sagen. Nietzsche, dem jungen Hauptmann einst verhängnisvoller Inspirator der »germanischen Dämonen«, wurde ihm jetzt zum Mottospender. »Alles ist leer, alles ist gleich, alles war«, raunte es aus dem Zarathustra – gerahmt auf seinem Schreibtisch.

Die Porträts der großen Mit- und Gegenspieler gerieten ihm zu tragischen Gleichnissen. Tragik der Größe, Tragik des Alters. Churchill, abgewählt von seinem Volk am Tag des Sieges, »paßte nicht mehr in die Zeit des Mittelmaßes. Als ich erfuhr, daß England den Kapitän entließ, den es gerufen hatte, als der Sturm losbrach, sah ich voraus, daß auch ich das Ruder Frankreichs verlassen würde.«

Guide de la France, Chef de l'Etat

Gulliver wird befreit

Nicht weniger als 13 Komplotte habe es gegeben am 13. Mai 1958, schrieben zwei Journalisten in einer berühmten Reportage über den dramatischen Anfang vom Ende der Vierten Republik, um den Weg zu öffnen für die »Befreiung Gullivers« im Lande Lilliput, wie sie ihr Werk im Untertitel nannten.[1] Die Zahl 13 mag à conto einprägsamer Alliteration gehen, was sie suggerieren will – die Vielzahl der Hoffnungen, Absichten, Pläne zur Beseitigung des Systems – trifft die Realität im Frühjahr 1958 dennoch ziemlich genau.

Der Anlaß war die immer hoffnungsloser werdende Situation in Algerien. Spätestens seit 1956 war es offenbar, daß die Regierungen in Paris das Problem nicht würden lösen können. Der immer größere militärische Aufwand – am Ende standen 400 000 französische Soldaten in den 13 algerischen Départements, der weitaus größte Teil der französischen Armee überhaupt – erzeugte immer stärkeren Widerstand in der muslimischen Bevölkerung; die immer unsicherer und schwankender werdende Algerienpolitik in Paris trieb den französischen Bevölkerungsteil Algeriens immer mehr in die Radikalität. Die »Pieds Noirs«, die Schwarzfüße, wie man die Algerienfranzosen nannte, begannen seit 1956 aktiv gegen Paris mobil zu machen. Unter dem Eindruck der diversen, von den schnell wechselnden Regierungen eingebrachten Reformprojekten, Rahmengesetzen, Statuten befürchteten sie den Verlust der Privilegien des Status quo, der de facto noch immer ein kolonialer war, und – je länger, desto mehr – den Verlust der Heimat.

Als wieder einmal ein Projekt zur politischen Gleichberechtigung aller algerischen Bürger von einer neuen, sozialistischen Regierung eingebracht wurde, und diese Regierung obendrein einen Mann zum Generalgouverneur in Algier ernannte, der im Ruf verdächtiger Liberalität stand (General Catroux), gab es einen ersten Vorgeschmack von dem, was sich unter den Siedlern zusammenbraute. Der Ministerpräsident Guy Mollet wurde drei Tage nach seinem Amtsantritt bei einem Besuch in Algier (2. Februar 1956) von einer aufgebrachten Menge mit faulen Tomaten und wilden Schmähreden empfangen und mußte sich schleunigst zurückziehen. Catroux wurde durch einen genehmeren Mann ersetzt. Die Pieds Noirs hatten in offener Feldschlacht der Regierung in Paris ihren Willen aufgezwungen, in Algier wurde das Ereignis als Triumph gefeiert. Das Reformprojekt wurde, ebenso wie seine Vorläufer, in endlosen Prozeduren im Parlament verschleppt, und als eine neue Regierung (Maurice Bourgès-Maunory) es in modifizierter Form wieder einbrachte, schließlich abgelehnt. Die Regierung trat daraufhin zurück. Algerien war zur politischen Schicksalsfrage der Metropole geworden. Ein neues Rahmengesetz, dessen erster Artikel mit der kategorischen Feststellung begann: »Algerien ist integraler Bestandteil der Französischen Republik«, wurde schließlich von der Nationalversammlung angenommen, aber als es verkündet wurde, schrieb man den 5. Februar 1958, und an seine Anwendung war nicht mehr zu denken.

Vor Ort in Algerien bestärkten die hilflosen Pariser Manöver die Überzeugung, daß die Rettung des Französischen Algerien nur noch durch die direkte Aktion gegen die Metropole zu gewährleisten sei, und man glaubte auch, über das Mittel dazu zu verfügen: die Armee, die inzwischen in der Tat zur algerischen Armee geworden war. Diese Armee, verstrickt in einen aus politischen Gründen militärisch nicht zu gewinnenden Krieg, hatte sich in den mittleren und höheren Rängen dramatisch politisiert und insofern bereits verselbständigt, als sie das algerische Befriedungswerk längst nicht mehr nur als klassische militärische Aufgabe betrieb, sondern aus eigener Initiative im Sinne revolutionärer Kriegführung à la Mao Tse-tung in einer Vielfalt von politischen, sozialen, psychologischen Aktivitäten mit der und um die Bevölkerung rang. Sie hatte sich dabei weitgehend mit dem Französischen Algerien identifiziert und begriff sich als dessen Garant. Die Irrungen und Wirrungen des fernen, ahnungslosen und der unverantwortlichen Tagespolemik verfallenen Systems erfüllte das Offizierskorps mit Verachtung und gab ihm die Gewißheit von seiner eigenen Statthalterschaft der wahren nationalen Interessen.

Nachdem im April 1958 die Regierung Félix Gaillard über einen schlimmen Zwischenfall im algerischen Krieg und dessen internationale, besonders bündnispolitische Weiterungen gestürzt worden war – die Luftwaffe hatte ein tunesisches Grenzdorf bombardiert und dabei 69 Zivilisten getötet (Sakiet Sidi Jussef), fatalerweise unter den Augen einer zufällig anwesenden internationalen Kommission des Roten Kreuzes, was schärfste Kritik, aus den USA vor allem, zur Folge hatte – und gleichzeitig eine schwere Terrorwelle der FLN in den bis dahin relativ sicheren Städten Algeriens losbrach, da schritten die Aktivisten der Algérie Française zur Tat.

Am 13. Mai 1958 stürmte eine aufgeputschte Menge – es sollen mehr als 100000 gewesen sein – die Residenz des Generalgouverneurs in Algier, und ein spontan gebildeter »Wohlfahrtsausschuß« – an seiner Spitze der Haudegen General Massu – installierte sich als revolutionärer Inhaber der öffentlichen Gewalt, unter beifälliger Assistenz der Armee. Massu in einer Art von Ultimatum an den französischen Staatspräsidenten Coty: »Wir teilen Ihnen mit, daß sich in Algier ein Wohlfahrtsausschuß gebildet hat, der unter meiner Führung steht. Wir fordern die Bildung einer Regierung des öffentlichen Wohls in Paris, die allein fähig ist, Algerien als einen Teil Frankreichs zu erhalten.« In den folgenden Tagen breitete sich die Rebellion über ganz Algerien aus, am 24. Mai sprang sie auf die Insel Korsika über. Auch hier Bildung von »Wohlfahrtsausschüssen«, turbulente Aufläufe, »Die-Armee-an-die-Macht«-Forderungen, militärische und paramilitärische Kraftdemonstrationen, Verhöhnung und Schmähung der Regierung in Paris. In der Armee wucherten die abenteuerlichsten Putschpläne – von der regelrechten militärischen Invasion der Metropole bis zur Droh- und Machtdemonstration vermittels der »Paras« (Fallschirmjäger) über Paris. Der Garnisonen in Frankreich war man sich dabei sicher, die einzig nennenswerten Streitkräfte, die in der Bundesrepublik stationierten Truppen, sollten im Bedarfsfall von Osten her gegen Paris marschieren. Man glaubte zwar, daß die bloße Parade der eingeflogenen Fallschirmjäger über die Champs-Elysées dem »Tanz der Schatten« im Palais Bourbon ein Ende bereiten und die Bevölkerung sich spontan mit ihren Soldaten verbrüdern würde, aber der Bürgerkrieg war doch nicht völlig auszuschließen: Es gab die mächtige kommunistische Partei, die straff organisierten Gewerkschaften, es gab die »linken« Medien.

Das politische Ziel der Operation: Beseitigung des Systems der Aufgabe und des Verrates am französischen Algerien, Machtübernahme durch ein Regime des nationalen Heils. Da die Armee selbst keinesfalls ein Militärregiment zu errichten wünschte – die besonders für die Armee tragische Geschichte Vichys war unvergessen –, gab es von vornherein zum verhaßten System nur die Alternative de Gaulle. Das aber war nicht unproblematisch. Zum ersten war der General weder der Favorit der herrschenden Kreise in Algier noch der Armee in ihrer Gesamtheit. Zum zweiten war es ganz ungewiß, ja eigentlich unwahrscheinlich, daß er sich durch einen Militärputsch an die Spitze des Staates tragen lassen würde. Da es indessen keine andere Lösung gab, zudem ein gaullistisches Kommando in Algier (unter Soustelle) den Appell an den General heftig betrieb und die Massen immer dringlicher nach dem Retter riefen, entschied man sich für das Unternehmen »Résurrection«. Mit Auferstehung gemeint war sowohl die des Generals aus seinem politischen Grab in der Provinz wie die Frankreichs aus dem Schattenreich des todgeweihten Systems. Die Warnungen, daß die de Gaulleschen Vorstellungen in Sachen Algerien wohl kaum mehr etwas gemein hätten mit denjenigen der Pieds Noirs, vermochten die Aktivisten nicht zu schrecken. Ein Oberst: »Falls nötig, werden wir ihm ein Zaumzeug verpassen.«

Kurz vor der Revolte in Algier hatte der Generalstabschef Ely eine Botschaft an de Gaulle überbringen lassen, in der er ihn beschwor, die Armee und das Land zu retten: »Die Armee ist abgeschnitten von der Nation. Sie ist von der Subversion bedroht. Sollte sich eine Regierung der Aufgabe (Algeriens) bilden, so könnte sie sich von der Metropole trennen. Ihre hohe Autorität muß eingreifen, um das Land, die nationale Einheit und diejenige der französischen Streitkräfte zu retten.«[2] Einen Tag nach dem Putsch ließ General Massu einen direkten Appell an de Gaulle über Radio Algier verbreiten: »Der Wohlfahrtsausschuß bittet General de Gaulle inständig, im Hinblick auf die Bildung einer Regierung des öffentlichen Wohls sein Schweigen zu brechen – einer Regierung, die allein Algerien vom Verzicht retten und ein diplomatisches Dien Bien Phu verhüten kann.« Und noch einen Tag später, am 15. Mai, beendete General Salan, der Oberbefehlshaber in Algerien, eine Verbundenheitsadresse an die Putschisten mit einem beifallumtosten »Vive de Gaulle!«.

»Ich habe euch verstanden ...«
Ministerpräsident de Gaulle im Juni 1958 in Algier.

Noch am gleichen Tag reagierte der General mit einer Erklärung aus Colombey: »Der Niedergang des Staates hat unweigerlich die Abwendung der assoziierten Völker, die Verwirrung der Armee, den Verlust der Unabhängigkeit zur Folge. Seit zwölf Jahren befindet sich Frankreich ... auf diesem verhängnisvollen Weg. Einst hat sich das Land mir aus seinen Tiefen anvertraut, um es zu seinem Heil zu führen. Heute, angesichts der neuen Prüfungen, soll es wissen, daß ich mich bereithalte, die Macht (les pouvoirs de la République) zu übernehmen.«[3]

Aber damit war der Knoten noch nicht gelöst. Die unter dem Eindruck der algerischen Ereignisse zustande gekommene Regierung Pflimlin versuchte mit energischen Maßnahmen, der Rebellion Herr zu werden – Unterbrechung aller Verbindungen zu Algerien, Absetzungen und Festnahmen notorischer Aktivisten –, und sie zeigte sich wenig geneigt, in das allgemeine »Vive de Gaulle« einzustimmen. Ganz im Gegenteil. Die SFIO, die alte sozialdemokratische Partei, sah den gaullistischen Staatsstreich vor der Tür und rief zum republikanischen Widerstand auf: »Die Republik ist in Gefahr. Der zivile und militärische Aufstand in Algerien und die Erklärung des Generals beweisen, daß der Angriff auf das republikanische Regime eröffnet ist.«

Aber auch der General drängte keineswegs zur Macht. Zur Verzweiflung seiner neuen algerischen Klientel und zur Bestürzung der vor Ort agierenden gaullistischen Aktivisten hüllte sich der General vorerst in Schweigen. Er verweigerte jeden Kontakt mit den Rebellen und leugnete entschieden jede Kenntnis und jeden Zusammenhang mit den algerischen Turbulenzen – ein Punkt besonderer Erbitterung derer, die sich später von ihm verraten fühlten. Vier Tage später, am 19. Mai, eröffnete er einer Pressekonferenz zwar, daß es normal sei, wenn in Algerien »Vive de Gaulle« gerufen werde, »wie es instinktmäßig die Franzosen tun, wenn sie in Angst gestürzt oder von der Hoffnung beflügelt werden«[4], und daß man unter außergewöhnlichen Umständen schwerlich den »gewöhnlichen Riten und Prozeduren« folgen könne; aber nach einer weiteren langen und lastenden Woche ließ er in einem Kommuniqué wissen, daß er alle Akte der Insubordination, also das, was in Algerien geschehen war, mißbillige und daß er von der Armee strikten Gehorsam verlange. Erste Ernüchterung in Algier, nicht geringe Erleichterung in Paris. Der Mann der Ordnung und Disziplin dachte nicht daran, als Rebellenchef inthronisiert zu werden. Er wollte entschieden nicht »im Helikopter der Paras« zurück an die Macht, wie es einer seiner Emissäre formulierte, und so nahm er lieber die Gefahr des noch immer drohenden Bürgerkriegs in Kauf, als daß er sofort und ohne Umschweife die Zügel der Macht ergriffen hätte – zur großen Verwirrung derjenigen, die sich seiner sicher zu sein glaubten. Er hielt unerbittlich auf republikanische Legalität, und es bedurfte einer Reihe von Vermittlungen und Interventionen – Guy Mollet, der Sozialistenführer, spielte dabei eine wichtige Rolle –, ehe er sich bereitfand, ein zweites Mal dem »Ruf der Geschichte« zu folgen. Durch das Eingreifen des Staatspräsidenten Coty endlich wurde Charles de Gaulle am 1. Juni 1958 von der Nationalversammlung mit 329 gegen 224 Stimmen zum letzten Ministerpräsidenten der Vierten Republik bestellt.

Gaullo regnante

Die Investiturrede vor der Nationalversammlung gab sogleich einen Begriff davon, wessen man sich in der neuen Ära zu gewärtigen hatte. Zuerst gab es eine knappe Skizze der dramatischen Situation – »der Verfall des Staates ist in ein galoppierendes Stadium getreten. Die französische Einheit ist unmittelbar bedroht. Algerien befindet sich in einem Sturm der Prüfungen und Emotionen. Korsika erliegt der fiebrigen Ansteckung. In der Metropole verstärken Gegenbewegungen von Stunde zu Stunde ihre Aktionen. Die Armee ist ... entsetzt über die Tatenlosigkeit der öffentlichen Gewalt. Unsere internationale Position ist ruiniert« –, dann forderte er von den Deputierten für sechs Monate »uneingeschränkte Vollmachten, um in der Lage zu sein, schnell, wirksam und verantwortlich zu handeln, wie es die Umstände erfordern«[5], verlangte er die Zustimmung zur Ausarbeitung einer neuen Verfassung nach Maßgabe der bekannten gaullistischen Rezepturen – also der scharfen Beschneidung der Parlamentsrechte vor allem – und zur eigenen Vertagung bis in den Oktober. Worauf der General das Hohe Haus verließ, »die Versammlung über die Formalien debattieren lassend«.[6]

Abgesehen vom schrillen Alarmruf der Kommunisten (»Ein schwerer Schlag ist gegen die Arbeiterklasse geführt worden ... De Gaulle selbst ist die Seele der ganzen Verschwörung ... Er möchte auch in Frankreich die Rebellion organisieren und die Souveränität des Volkes negieren ... Persönliche Diktatur, die dem Faschismus den Weg bahnt«[7]) und den eher gedämpften Protesten eines Teils der Sozialisten und Liberalen, schluckte das Parlament die verordnete bittere Medizin und stimmte mit solider Mehrheit dem neuen Regiment zu.

Einmal an der Macht, legte de Gaulle ein atemberaubendes Tempo der »Erneuerung« vor. Bis zum Jahresende 1958 hatte das Land eine neue Verfassung, war ein neues Parlament nach neuem Wahlrecht gewählt worden, hatte sich, mit einer einzigen Ausnahme, das Überseeische Frankreich für eine revolutionär neue Form der Beziehungen zur Metropole entschieden, war durch eine Währungsreform der Neue Franc ausgegeben worden, hatte der General eine neue Europa- und Bündnispolitik eingeleitet. Am 21. Dezember 1958 wurde de Gaulle gemäß der neuen Verfassung zum Staatspräsidenten gewählt. In den knapp sieben Monaten zuvor hatte er fünfmal Algerien besucht, eine Rundreise durch die Territorien Schwarzafrikas unternommen und zahlreiche Visiten in der Provinz absolviert. Sichtbar befand sich das Land in einem Aufschwung, die Wirtschaft hatte Tritt gefaßt und die Republik international erheblich an Reputation gewonnen.

»Ich habe euch verstanden«

Indessen, das Hauptproblem, das algerische Drama, lastete schwerer denn je auf der Politik. Wie und auf welche Weise würde der Staatspräsident seine und des Landes Schicksalsfrage lösen? Er löste sie radikal und behutsam zugleich. Radikal in der Sache, behutsam in der Strategie. Die radikale Lösung, die bedingungslose Entlassung Algeriens in die Unabhängigkeit, für ihn längst entschieden, wurde dem Land allmählich und in vorsichtiger Dosierung nahegebracht. Am 4. Juni, drei Tage nach seiner Investitur, hatte er auf dem Forum von Algier jenen mißverständlichen und tatsächlich auch mißverstandenen Satz gesprochen, der ihn als Mann der Algérie Française ein für allemal festzulegen schien: »Ich habe euch verstanden«, rief er der Menge zu, die stürmisch nach dem Bekenntnis zu ihrem Algerien verlangte. In Mostagenem, zwei Tage später, entschlüpfte ihm gar das fatale »Vive l'Algérie Française«, absichtlich oder nicht. Im übrigen war die Siegesgewißheit der Aktivisten so angeschwollen, daß man glaubte, auch mit einem widerspenstigen de Gaulle fertig zu werden. Ein schockierter Oberst Alain de Boissieu, Schwiegersohn des Generals, im Bemühen, dessen Worte richtig zu interpretieren, bekam von einem Kameraden zu hören: »Mein Guter, entweder macht der große Charles die Politik, die wir für richtig halten, oder er wird das Vertrauen der Armee verlieren und in sein Dorf zurückkehren müssen.«[8]

Man täuschte sich jedoch. Nur wer ganz scharf hinhörte und Erfahrung besaß mit des Generals wohlbedachter Rhetorik, konnte Nuancen ausmachen, Zwischentöne vernehmen, die ganz anderes signalisierten. Am 13. Juni, in einer Ansprache an die Nation, klang es scheinbar noch immer unmißverständlich: »Algerien befrieden, und zwar so, daß es für immer mit Leib und Seele französisch bleibt«[9]. Im Oktober, schon vieldeutiger, sprach er von seinem Glauben an die »mutige Persönlichkeit Algeriens und ihre engen Verbindungen mit der französischen Metropole«. Im Januar 1959 war bereits die Rede davon, daß in der Völkergemeinschaft der neuen Communauté »dem befriedeten und verwandelten Algerien, das seine Persönlichkeit entwickelt hat und eng mit Frankreich verbunden ist, ein Vorzugsplatz bestimmt ist«[10]. Im März 1959 malte er ein heroisches Fresko, auf dem »Algerien und Frankreich gemeinsam in die Zukunft schreiten, eine Zukunft, die allen gehören wird und wo keine Tür verschlossen ist«[11]. Kaum merkbare Verschiebungen in Richtung Ablösung von der Identitätsformel. Behutsame Gewöhnung an Vokabeln und Begriffe wie »Eigenart«, »Eigenpersönlichkeit«, Appelle an die algerische Selbstfindungspflicht – semantische Übergänge zum Selbstfindungsrecht und also zum Selbstbestimmungsrecht.

Das französische Mutterland, der schwärenden Wunde Algerien in seiner überwältigenden Mehrheit schon lange leid, nahm die dilatorische Abschiedsrhetorik mit Erleichterung zur Kenntnis, die Algerienfranzosen mit wachsender Alarmierung. Dies um so mehr, als die vom General eingeleiteten und durchgeführten Maßnahmen vor Ort in der Zwischenzeit ihren Grundüberzeugungen auf bestürzende Weise zuwiderliefen. Er hatte im Referendum für die neue Verfassung allen Einwohnern Algeriens das gleiche Stimmrecht verliehen, ebenso für die

Wahlen zur neuen Nationalversammlung, und er hatte – ungeheuerlicher Vorgang – den »Mördern und Banditen« der FLN öffentlich einen »Frieden der Tapferen«[12] angeboten. Endgültig schlug für die Pieds Noirs die Stunde der Wahrheit am 16. September 1959, als er in einer großen Fernsehansprache die Selbstbestimmung (Autodétermination) Algeriens zum Ziel seiner Politik erklärte. Mit einigen Vorausbedingungen zwar und mit einem offenen Ende dafür, was daraus werden könne, aber eindeutig in der Sache: die Bevölkerung Algeriens sollte demokratisch über ihre Zukunft selbst und allein entscheiden. Bewußte Täuschung? Kalter Machiavellismus? Verrat? »Noch niemals hat ein Staatschef innerhalb von zwei Jahren radikaler seine Meinung geändert, hat ein Staatsmann..., der unter dramatischen Umständen die Macht übernahm, um eine bestimmte Aufgabe zu erfüllen, dann genau das Gegenteil getan«, schrieb ein tief verbitterter Jacques Soustelle, einer der zahlreichen, vom begeisterten Gaullisten zum Todfeind des Generals konvertierten Aktivisten der Algérie Française.

De Gaulle hat in den »Mémoires d'Espoir« sein Verhalten ruhig als unvermeidliche taktische Notwendigkeit im höheren Interesse der Nation gerechtfertigt: »Hätte ich meine Absichten offen dargelegt, so hätte sich ohne Zweifel aus dem Ozean alarmierter Unwissenheit, der Bestürzung, der Koalition der Übelwollenden ... eine Woge des Zorns und des Schreckens erhoben, die das Schiff hätte kentern lassen. Ohne den Kurs zu ändern, mußte ich also manövrieren bis zu dem Augenblick, wo die Vernunft den Nebel durchdrungen haben würde.«[13] Im Lichte der Geschichte seither gewiß Rechtfertigung genug für die staatsmännisch vielleicht bedeutsamste Tat des Generals! Für die Düpierten begreiflicherweise nichts als schändlicher Betrug, schwarzer Verrat, Unterwerfung unter das Diktat böser Mächte – der kommunistischen Weltrevolution, des internationalen Judentums, des US-Imperialismus, je nach der herrschenden Obsession des erschütterten Gemüts. »De Gaulle vor das Kriegsgericht«. »De Gaulle = Judentum«, konnte man nach dem 16. September 1959 an den Wänden lesen.[14]

Schon drei Tage nach der Selbstbestimmungsproklamation konstituierte sich in Paris eine »Sammlung für ein französisches Algerien«, an deren Spitze Georges Bidault trat, der alte Mitstreiter aus den Tagen der Résistance. In Algerien formierte sich unter der Führung der Ultras eine »Französische Nationalfront«, auf deren Versammlungen offene Morddrohungen gegen den General ausgestoßen wurden. Am 18. Januar 1960 gab General Massu, Stadtkommandant von Algier, der »Held der Kasbah« und weiland Haupt des Wohlfahrtsausschusses während der wildbewegten Maitage 1958, der *Süddeutschen Zeitung* sein berühmtes Interview, das einer Aufkündigung der Loyalität gegenüber dem Staatspräsidenten gleichkam: »Wir verstehen seine Politik nicht mehr. Die Armee hat nicht erwarten können, daß General de Gaulle eine solche Politik treiben würde. Die größte Enttäuschung war für uns, daß General de Gaulle ein Mann der Linken geworden ist.«[15]

Sechs Tage danach erlebte Algier die erste offene Rebellion gegen de Gaulle: eine Woche lang besetzten Aktivisten der Pieds Noirs das Universitätsviertel, errichteten Barrikaden und erklärten den Campus zur Festung des Französischen Algerien. Und die Armee zögerte einzuschreiten. Es kam zu Befehlsverweigerungen und zu Verbrüderungsszenen mit den Rebellen. Erst ein dramatischer Appell de Gaulles über Funk und Fernsehen an die Nation und an die Armee (»Wenn ich die Uniform angezogen habe, um über das Fernsehen zu sprechen, so deshalb, um darzutun, daß ich als General de Gaulle und als Staatschef spreche«[16]) stellte mühsam die äußere Ordnung wieder her. Das Abenteuer kostete zwanzig Menschen das Leben. Franzosen hatten wieder auf Franzosen geschossen – und es hinterließ einen tiefen Riß im gaullistischen Lager. Im Kabinett hatte es heftige Auseinandersetzungen gegeben – Jacques Soustelle, Staatsminister, Compagnon der Résistance der allerersten Stunde, heftiger Militant für die Algérie Française, hatte seine Kollegen beschworen, nicht mit Gewalt auf die Barrikaden zu reagieren (»Mein Gewissen verbietet es mir, diesem Hilferuf an das Vaterland mit der Repression zu antworten«). Am 6. Februar 1960 wurde er entlassen. Die kommandierenden Generale hatten die stärksten Einwände erhoben, auf den katastrophalen Eindruck bei der algerischen Bevölkerung verwiesen, auf die Verzweiflung der Pieds Noirs, das drohende Auseinanderbrechen der Armee. De Gaulle blieb hart: »Der Staat weicht nicht, die Politik wird nicht geändert. Um keinen Preis Verhandlungen mit den Rebellen.«

Unbeirrt verfolgte er weiter den eingeschlagenen Weg: sukzessive Verabfolgung der bitteren Medizin, allmähliche Enthüllung der ganzen unausweichlichen, schmerzlichen Wahrheit. Auf die Proklamation des

Der Staatspräsident.

Selbstbestimmungsrechts, die immerhin noch die Möglichkeit der Entscheidung der algerischen Bevölkerung für ein französisches Algerien einschließen mochte, folgte am 14. Juni 1960, wieder in einer der großen, mittlerweile zum zeremoniösen Staatsritual stilisierten Fernsehansprachen an das Volk, die Formel vom »algerischen Algerien«. Was immer dies sonst bedeuten mochte, klar war fürderhin, daß die Perspektive des Generals ein »französisches Algerien« ausschloß. Noch im gleichen Monat ließ er erste Verhandlungen mit Emissären der in der Zwischenzeit zur Provisorischen Regierung konstituierten politischen Führung des algerischen Aufstandes (GPRA) in Melun führen.

Ein weiteres Stück Annäherung an die grausame Realität enthüllte er der französischen Öffentlichkeit am 4. November 1960 auf einer Pressekonferenz mit der politischen Definition des »algerischen Algerien« (»Das bedeutet ein emanzipiertes Algerien, ein Algerien, in dem die Algerier selbst über ihr Geschick bestimmen, ein Algerien, wo die Verantwortung in den Händen der Algerier liegt, ein Algerien, das seine eigene Regierung, seine Institutionen, seine Gesetze haben wird ...«) und deren möglichen radikalen Konsequenzen für Frankreich: »Wenn dies den feindseligen Bruch bedeuten sollte, dann werden wir uns gewiß nicht mit Gewalt an der Seite von Leuten halten, die uns ablehnen, noch werden wir unsere Anstrengungen und Milliarden in ein hoffnungsloses Unternehmen verschwenden.«[17] Also, wenn nötig, der Auszug mit allen Konsequenzen!

Schwere Unruhen in den algerischen Städten waren die Antwort. Sein alter Waffengefährte, der einzige lebende Maréchal de France, Alphonse Juin, trennte sich in einer dramatischen Erklärung öffentlich von der Politik des Staatspräsidenten: »Trotz 50jähriger Freundschaft, die ihn mit dem General de Gaulle verbunden hat, protestiert Marschall Juin in seiner Eigenschaft als höchster Würdenträger der Armee und Algeriens gegen den Gedanken, unsere algerischen Brüder zu verlassen ... Daran zu denken, daß Algerien aus der Republik ausscheiden könnte, heißt Frankreich, Europa und die freie Welt zu gefährden.« General Salan, in den kritischen Maitagen 1958 Oberbefehlshaber in Algerien, retirierte nach Madrid und führte von dort eine scharfe Polemik gegen die »Politik der Aufgabe«.

Im Januar 1961 ließ de Gaulle das algerische Selbstbestimmungsrecht per Referendum sanktionieren und erzielte dafür trotz heftigster Ge-

genagitation von der äußersten Rechten und der äußersten Linken beeindruckende 75 Prozent Zustimmung der Franzosen. Im April 1961 bekannte er vor Journalisten, daß er nie an ein anderes Ende der algerischen Tragödie geglaubt habe und wußte ihm sogar noch positive Seiten abzugewinnen. Warum habe Frankreich kolonisiert? Weil es durch innere und äußere Umstände im 19. Jahrhundert in der eigenen Entwicklung blockiert gewesen sei. Heute aber habe sich die Lage vollkommen gewandelt: »Die Dekolonisation liegt in unserem Interesse, sie ist deshalb unsere Politik. Warum sollten wir uns an kostspielige, blutige, ausweglose Herrschaftsverhältnisse klammern, wo unser Land doch von Grund auf zu erneuern ist?«[18] »Alles war damit gesagt«, schrieb er in seinen Memoiren, und »ich hatte mich zu gewärtigen, daß die Ultras zum Angriff gegen meine Person übergehen würden«.

So war es. Für die zum äußersten gereizten und verbitterten Algerienfranzosen, die Armee eingeschlossen, war dies das letzte Beweisstück in der langen Kette de Gaulleschen Verrates an ihren Lebensinteressen und der Bestimmung der Nation. In der Frühe des 22. April 1961 konstituierte sich in Algier ein »Oberkommando« unter Führung von vier zwar schon auf Pension gesetzten, aber hochrenommierten Generalen – Challe, Salan, Zeller, Jouhaud –, setzte den Zivilgouverneur, den amtierenden Oberbefehlshaber und einen zufällig zu Besuch weilenden Minister fest, proklamierte den Belagerungszustand, kündigte die Bestrafung aller »der an der Aufgabe Algeriens beteiligten Individuen durch ein Militärtribunal« an und versicherte der Bevölkerung in patriotischen Aufrufen die Erhaltung beziehungsweise Wiederherstellung des Französischen Algerien. Das war der »Putsch der Generale«, Errichtung einer de facto-Gegenregierung, offene Meuterei der Armee gegen die politische Führung der Metropole.

General Challe, ehemaliger Oberkommandierender in Algerien und vormals NATO-Oberbefehlshaber für Mitteleuropa, in einer ersten Erklärung: »Eine Regierung des Verzichtes schickt sich an, die algerischen Départements der Rebellion auszuliefern. Wollt ihr, daß Mers-el-Kebir und Algier morgen sowjetische Stützpunkte sind?« General Zeller, ehemaliger Generalstabschef der Landstreitkräfte: »Zweideutige Versprechungen und kaum vorstellbare Verratshandlungen haben in diesem französischen Land eine blutige Unruhe aufrechterhalten. Die Widersprüche müssen behoben, die Verrätereien beendet werden.

Zwei Jahre einer unglücklichen Politik haben bewiesen, daß der Friede nicht erlangt werden kann, wenn die Ergebnisse des militärischen Sieges und der Erfolg der Befriedung ständig durch Verhandlungen mit den schlimmsten Elementen der Rebellion und durch kommunistische Umsturztätigkeit in Frage gestellt werden.« Und immer wieder als Refrain, was die vielen Hunderttausende, deren Schicksal das französische Algerien war, nicht satt wurden zu hören: »Das französische Algerien ist nicht tot. Es gibt kein unabhängiges Algerien, es wird kein unabhängiges Algerien geben, es wird niemals ein unabhängiges Algerien geben.«[19]

Die Lage erschien prekär. Den Verschwörern war es in den ersten Stunden gelungen, beträchtliche Teile der algerischen Armee hinter sich zu bringen. In den großen Städten des Landes übernahmen Milizen der »Geheimarmee« die öffentliche Gewalt, öffneten die Gefängnisse und vertrieben die loyalen Beamten. Die Pieds Noirs fielen in einen Taumel der Begeisterung. In Paris erwartete man – wieder einmal – das Erscheinen der Paras über der Stadt. De Gaulle selbst hielt einen Gewaltstreich gegen die Metropole durchaus für möglich und sogar für erfolgversprechend. »Wenn sie landen wollen, werden sie landen«, bemerkte er in einer Krisensitzung des Kabinetts. »Sie werden sehen, es werden nicht viele sein, die ihnen Widerstand leisten«, fügte er hinzu. Tatsächlich war das Ausmaß der Verschwörung nicht abzusehen – und blieb in manchen ihrer Verzweigungen auch später dunkel und unaufgeklärt. Waren die in der Bundesrepublik stationierten Verbände der Armee eingeweiht? Gab es tatsächlich im Kabinett selbst einen mit den Insurgenten im Einvernehmen stehenden Minister, war gar der US-Geheimdienst mit von der Partie, wie es immerhin kein Geringerer als Léon Noël, zur Tatzeit Präsident des Verfassungsrates und aktiv Beteiligter an der Repression, in seinen Memoiren andeutete?[20]

Der Schock bei der Regierung jedenfalls war groß, die Reichweite von Loyalität oder Illoyalität bei den bewaffneten Organen völlig ungewiß. Ein hörbar verstörter Premierminister, Debré, rief über das Radio die Pariser auf, die Flugplätze zu besetzen – notfalls mit dem Fahrrad –, um die erwartete Landung der Rebellen zu verhindern. Ein aufgeregter Präsident der Nationalversammlung, Chaban-Delmas, erläuterte in einem vielsagenden Versprecher dem Staatspräsidenten den Ernst der Lage: »Mein General, Sie stehen in Gottes Hand, ich wollte sagen, in der Hand von Challe.« De Gaulle selbst soll Maßnahmen für sein plötzliches Ableben getroffen haben.

Ein neuer Akt seiner persönlichen Tragödie im historischen Drama der Nation: Wieder stand er, wie einst gegen Pétain, wie nach Mers-el-Kebir, wie vor Dakar, wie am 13. Mai 1958 vor der Notwendigkeit, schmerzliche Entscheidungen gegen einen Teil der Nation zu treffen. Und er zögerte keinen Augenblick. Alle Verbindungen zu Algerien wurden unverzüglich unterbrochen, im Mutterland selbst der Ausnahmezustand verhängt und die notorischen Aktivisten der Algérie Française verhaftet. In einer Direktive an die Armee wurde, falls unumgänglich, der Waffeneinsatz gegen die Rebellen befohlen. Und am Abend des 23. April trat der General, wie immer in den Schicksalsstunden des Vaterlandes, in großer Uniform via Fernsehen vor die Nation, um urbi et orbi, wie er selbst es nannte, seinen Zorn, seine Verachtung, sein gnadenloses Urteil über die Häupter der Rebellion zu verkünden.

Verschwörung, Pronunciamiento, Usurpation, dummes und verabscheuungswürdiges Abenteuer – so seine Qualifikation des Geschehens. »Vier pensionierte Generale« im Bund mit einer Gruppe von »ehrgeizigen und fanatischen Offizieren«, die »Frankreich und die Welt nur in der Verzerrung ihres Wahns wahrzunehmen in der Lage sind« – so sein Urteil über die Rebellen. »Der Staat verhöhnt, die Nation herausgefordert, unsere Macht erschüttert, unser internationales Ansehen gemindert, unsere Aufgabe in Afrika in Frage gestellt« – ciceronische Invokationen gegen die Catilinarier! »Im Namen Frankreichs befehle ich, daß alle Mittel, ich sage: alle Mittel angewandt werden, um jenen Männern dort den Weg zu verlegen. Ich verbiete jedem Franzosen und besonders jedem Soldaten, ihre Befehle auszuführen« – unbeugsamer catonischer Rigorismus![21]

Sie versagten auch dieses Mal nicht, die so unvergleichlichen Attribute des Grand Chef, die Macht seiner Rede, die bezwingende Gewalt seiner Person. Drei Tage nach dem Auftritt vor den Fernsehkameras war der Spuk verflogen, war die Armee in die Disziplin zurückgetreten, die Häupter der Rebellion in Haft oder auf der Flucht, die Staatsautorität wiederhergestellt.

Daß der Putsch politisch scheitern würde, war ihm ohnehin keinen Augenblick zweifelhaft. Seine Anführer bürgten ihm dafür. Er kannte sie zu genau, die Kameraden mit den besternten Képis und den schlichten Weltbildern, er war schon zu oft aneinandergeraten mit der in die Politik verirrten Generalität. Ihre vom Waffenhandwerk geprägte Mentalität, die Eindimensionalität ihres auf undifferenzierte Entscheidung angelegten Denkens, ihr prinzipieller Apolitismus waren für ihn im übrigen ja nicht nur leidvolle Lebens-, Berufs- und politische Erfahrungen, sondern Jahrzehnte zuvor bereits Gegenstand seiner kritischen Reflexion. Der Soldat sieht die Realitäten »klar, aber aus kurzer Distanz«, er findet sie »einfach und glaubt sie durch Entschlossenheit zu bezwingen«, hatte er 1932 in seinem Traktat über die Berufsarmee geschrieben. Fast dreißig Jahre später hatte er praktische Bestätigungen seiner theoretischen Erkenntnis genug erlebt, um seine einstige These als Prognose vertreten zu können. »Das sind Männer mit kurzem Verstand«, beschied er gelassen einen Mitarbeiter auf die Nachricht der Rebellion. »Sie werden sich bald Problemen gegenübersehen, die sie überfordern. Sie werden erkennen, daß man einen Fall wie Algerien nicht mit Schlagwörtern lösen kann.« Und als die Rebellion zusammengebrochen war: »Um eine Revolution zu machen, bedarf es entschlossener, willensstarker Männer, die wissen, wohin sie gehen. Diese da, ich kenne sie, sie haben nicht das Format.«[22]

Noch einen anderen Lehrsatz seiner einstigen historisch-theoretischen Überlegungen fand er wieder einmal bestätigt. Er hatte das abschließende Kapitel seines Buches über die Berufsarmee dem unvermeidlichen Spannungsverhältnis von Soldat und Politik gewidmet und den Soldaten eindringlich vor der Grenzüberschreitung gewarnt – abschreckendes Beispiel waren ihm dabei die politischen Fehlurteile des deutschen Generalstabs im Ersten Weltkrieg gewesen. Der Zusammenbruch des Generalputsches in Algier bewies ihm erneut die alte allgemeine Erkenntnis: »Sehen Sie«, beschloß er den Casus im Gespräch mit einem hohen staatlichen Würdenträger, »die Militärs haben sich in der Politik immer geirrt. Sie haben sich in der Affäre Dreyfus geirrt, und sie haben sich 1940 mit dem Marschall geirrt.« Der Mann, der einst in »Die Schneide des Schwertes« dem militärischen Geist das Hohelied gesungen hatte, der an dramatischen Weg- und Wendemarken sich der Nation noch immer im militärischen Gestus präsentierte – der General de Gaulle machte sich keine Illusionen über seine Pairs!

Am Ende erwies sich der Generalsputsch doch als hilfreich für die Politik de Gaulles. Das Mutterland hatte sich so gut wie geschlossen hinter den Staatspräsidenten gestellt, das Ausland erleichtert applaudiert und vor allem: er hatte die entscheidende machtpolitische Klärung gebracht. Trotz größter Pein und schwerster Gewissensqualen würde die Armee gehorchen, so hatte sich gezeigt. Das war das Ende der Algérie Française. Der Drohung mit Bürgerkrieg und Sezession fehlte von nun an das militärische Gewicht. Das Algerienproblem, schrieb der General in den Memoiren, war »prinzipiell gelöst«.

Der Vollzug in der politischen Realität zog sich indessen noch hin über mehr als zwei turbulente, grausame und schmerzliche Jahre. Die im Mai 1961 wieder aufgenommenen Verhandlungen mit der Provisorischen algerischen Regierung endeten im März 1962 mit den Verträgen von Evian, einem Bündel von Abmachungen über die konkreten Folgen der algerischen Unabhängigkeit, was die zukünftigen besonderen Beziehungen zwischen den beiden Staaten in ökonomischer, kultureller und militärischer Hinsicht anging, vor allem, was die Garantien für die in Algerien verbleibenden Franzosen betraf. Wieder ließ der General die Abkommen durch ein Referendum vom Volk bestätigen und erzielte am 8. April 1962 mit 90,8 Prozent Zustimmung ein überwältigendes Votum für seine Politik. Am 1. Juli entschied sich die algerische Bevölkerung ihrerseits mit 99 Prozent der abgegebenen Stimmen für die Unabhängigkeit auf der Grundlage der Evian-Verträge, und am 3. Juli 1962 erkannte Frankreich feierlich den unabhängigen algerischen Staat an.

Die düsteren Kontrapunkte zur politischen Lösung setzte die OAS, die Geheimarmee, das Terrororgan des desperaten Fanatismus der Algérie Française, seit dem Putsch unter dem Befehl der flüchtigen Generale Salan und Jouhaud. Sie ermordete in einem Jahr mehr als 12 000 Algerier und verübte in der Metropole mehr als 1000 Attentate. In der letzten Phase ihres rabiaten Wütens führte sie sogar den erklärten Guerilla-Kampf gegen die Streitkräfte. Es war dies die Zeit, als die öffentlichen Gebäude sich in Festungen verwandelten und die Pariser Flics in Kriegsmontur den Verkehr regelten. Auf das Konto der OAS kam der Tod von einigen hundert Polizisten, Beamten und Offizieren; sie ermordete den Bürgermeister von Evian, nur weil er der Repräsentant jener Stadt war, deren Name die Verträge trugen; sie inszenierte Femeprozesse, in denen die »Verräter« zum Tode verurteilt wurden, und sie organisierte Mordanschläge auf den verhaßten Erzfeind de Gaulle.

Schon im September 1961 war der General bei Pont-sur-Seine nur deshalb dem sicheren Tod entronnen, weil die auf seiner Route deponierte Plastikbombe nicht zündete. Im August 1962 wurde der Wagen des Staatspräsidenten bei Petit-Clamart, einem Vorort von Paris, im Zuge einer generalstabsmäßig vorbereiteten Aktion im Kreuzfeuer dreier Maschinengewehre buchstäblich durchsiebt, ohne daß, wahrhaftig ein Wunder, jemand getroffen wurde. Noch vier weiteren Anschlägen, dem letzten im Mai 1965, entging der General nur mit knapper Not.

Gefaßt wurden die Täter von Pont-sur-Seine und von Petit-Clamart, letztere unter dem Kommando des Oberstleutnants der Luftwaffe, Jean-Marie Bastien-Thiry. Dieser hat nach anfänglichem Leugnen ein umfassendes Geständnis abgelegt und zugleich in einer Art politischer und moralischer Exkulpation die Tat zu rechtfertigen versucht. Es ist ein Dokument der tragischen Verwirrung, in die des Generals Dekolonisationspolitik einen Teil der Nation – und keineswegs nur die Algerienfranzosen oder die direkt Interessierten – gestürzt hatte. Jean-Marie Bastien-Thiry gehörte weder zu den Pieds Noirs noch zur Algerien-Armee. Er war kein politischer Ultra und noch weniger ein kaltblütiger Killer. Er verkörperte eher die Normalität seiner sozialen Herkunft und seiner Profession, das heißt, er war ein Patriot der konservativen Prägung, religiös gebunden und mit stark antikommunistischer Fixierung. Durchaus brillant, wie ihm die Gerichtsgutachten attestierten, und alles andere als ein bornierter Fanatiker, stand er ruhig und mit ungebrochener Überzeugung zu seiner Tat. Er wollte sie verstanden wissen als in der Tradition des christlich erlaubten Tyrannenmordes à la 20. Juli 1944, als einen letzten und unvermeidlichen Akt gegen die »Macht der Lüge, der Zerstörung des nationalen Erbes, der Zerstörung der Nationalen Einheit«. Es habe sich nicht um die Tat einer Mörder-Gang gehandelt, sondern um eine militärische Aktion im ausschließlichen Interesse des Vaterlandes, auch im Interesse der westlichen Welt gegen die kommunistische Ausbreitung. (»Das Ergebnis der Politik in Nordafrika war die Errichtung eines Regimes von totalitär-antiwestlichem Charakter, das sich der kommunistischen Durchdringung öffnete.«[23]) Ausdrücklich berief sich der praktizierende Katholik auf die geistliche Rückversicherung seiner Tat und die hohe ethische Motivation seiner Mitverschwörer; alles Soldaten, Veteranen aus Korea, Indochina,

Algerien – und Budapest. Bastien-Thiry wurde zum Tode verurteilt und erschossen.

De Gaulle hat die Begnadigung abgelehnt. Und er fühlte sich persönlich brüskiert durch die milden Urteile gegen die Generalsverschwörer (General Salan 10 Jahre Festungshaft). Staatsräson? Starre Unerbittlichkeit? Persönliche Rachsucht? »Ich begreife sehr wohl das Drama dieser Männer. Sie handelten aus Patriotismus und nicht aus Eigennutz«, hörte man ihn im Kabinett sagen. »Aber dem Staat muß gehorcht werden.« Der letzte der vier, Salan, wurde schließlich 1968 begnadigt.

Der große Plan oder: Grandeur im Zeitalter des Hegemonialismus

Innen- und außenpolitisch befreit von der algerischen Fessel, trat der General mit Getöse ein in die große, die internationale Politik, schon immer das Feld seiner staatsmännischen Vorlieben und allein angemessenes Theater für die großen Selbstinszenierungen als »Frankreich persönlich«. »Voll und ganz von dem Willen beseelt, Frankreich den Platz und die Rolle in der Welt zurückzugewinnen, die ihm seiner Meinung nach zukommen«, wie Couve de Murville seinen Traktat über die gaullistische Außenpolitik einleitete. Alles andere habe dem General nur dazu gedient, »die zur Erreichung dieses höchsten Zieles nötigen Mittel in die Hand zu bekommen«[24]. Und wie er dieses höchste Ziel zu befördern wußte! Radikaler Umbau der Europapolitik, Revolutionierung der Allianz- und Sicherheitspolitik, eine höchst aparte Ost- und Entspannungspolitik – und überhaupt das hochmütige Gebaren einer souveränen Großmacht mit eigenständigen Interessen rund um den Globus. *Gaullo regnante* versetzte die Allianzpartner in Angst und Schrekken und die Welt in Erstaunen.

Da er, wie gewohnt, sehr wohl zu unterscheiden wußte zwischen dem ideellen Anspruch auf Größe und deren realpolitischer Basis, richtete er seine volle Energie auf das sich anbietende Potential, auf die Zurichtung jener Plattform französischen Großmacht-Agierens, die ihm schon immer als glücklichstes Ergebnis des Zweiten Weltkriegs erschienen war: das kontinentale Europa abzüglich »le Reich«. Europa gruppiert um sein »natürliches« Zentrum Frankreich; Europa als künftige Großmacht zwischen den beiden Giganten – wenigstens in politisch-ökonomischer und kulturell-moralischer Hinsicht; »Europa bis zum Ural« als Attraktionszentrum für die Nationen des Ostens; das »europäische Europa« auf Distanz zu angelsächsischem Hegemonialismus – kurz: Europa als politisch-ökonomisch-ideologische Basis für zeitgemäße französische Grandeur. Der alte Kontinent mit dem westintegrierten, von seinen »preußischen Dämonen« befreiten Rumpfdeutschland als ökonomisches Potential und als strategisches Glacis; Großbritannien verwiesen auf seine insular-atlantische Commonwealth-Existenz – das wäre Ersatz und mehr als Ersatz für das verlorene Imperium. »Jetzt müssen wir uns Europa zuwenden«, hörte ihn das Kabinett immer wieder das Leitmotiv formulieren, »die Ära organisierter Kontinente löst die koloniale Ära ab.«[25]

Dieses Europa war eine alte Lieblingsidee des Generals gewesen. Was allerdings seit 1948 Gestalt gewonnen hatte auf politischem, militärischem und ökonomischem Gebiet war seinen Intentionen so zuwidergelaufen, daß der Gaullismus seither zum Synonym für alle chauvinistischen Widerstände gegen Europa geworden war. Die Atlantische Allianz: US-Protektorat; die EVG: ein künstliches Monstrum, ein Frankenstein; der Europarat: ein mandatsloses, volksfernes, künstliches und kompetenzloses Gebilde – alles zusammen »Fusion zur Konfusion«, ein vaterlandsloses »Volapük – oder Esperanto« – Konstrukt unter dem Diktat anonymer Technokraten. Das war die Tonlage de Gaullescher Verrisse vor der Rückkehr an die Macht. Sein Resümee im Rückblick der Memoiren: »Im Namen der Einheit Europas wurden die Vorteile des Sieges verspielt, unter dem Vorwand atlantischer Allianz wurde Frankreich unter die angelsächsische Hegemonie gestellt.«[26]

Dies sollte sich nun gründlich ändern. Zuerst leitete der General die Revision dessen ein, was ihm am unerträglichsten dünkte, die Vasallität gegenüber den Amerikanern, seit Roosevelts Tagen seine Obsession, mittlerweile ausgewachsen zum veritablen Trauma. Revision der militärischen Allianz, konkret: Beendigung der Unterstellung unter fremden militärischen Oberbefehl, Schluß mit der Auslieferung des Schicksals der Nation an die alleinige – nukleare – Entscheidungskompetenz der Vormacht. Sie wurde zum Hebel einer Politik, die die Grundstrukturen der Nach-Weltkriegs-Ära tief und nachhaltig veränderte.

Gerade drei Monate an der Macht, forderte de Gaulle in einem geheimen Memorandum an den amerikanischen Präsidenten Eisenhower und den britischen Premier Macmillan den Umbau der NATO-Organisation dergestalt, daß erstens die Allianzgarantie der Partner sich fortan nicht nur auf den Nordatlantik, sondern auch auf die Gesamtheit französischer Gebiete in Übersee zu erstrecken habe und daß zweitens Frankreich an allen Entscheidungen der Allianz, die atomaren eingeschlossen, zu beteiligen sei. Wohl wissend, daß diese Forderungen von den USA unmöglich zu akzeptieren waren, kalkulierte er diesen Schritt als diplomatische Vorbereitung für den Rückzug aus der militärischen Allianz. »Ich suchte ein Mittel, um die NATO zu verlassen, also verlangte ich den Mond. Ich war gewiß, daß man ihn mir nicht geben würde ... Die Angelsachsen wollten über ihre Macht nach eigenem Gutdünken verfügen. Was sie wollen, ist uns beherrschen.«[27]

Womit er rechnete, trat prompt ein. Eisenhower lehnte höflich, aber entschieden ab. Der schickliche Vorwand war gegeben, die Sezession konnte beginnen. Am 7. März 1959 entzog de Gaulle die französische Mittelmeerflotte der NATO-Integration. Begründung: Frankreichs unteilbare Verpflichtungen in Übersee. Wenige Wochen später, 25. Mai 1959, untersagte er den Amerikanern die Stationierung und Lagerung von Atomwaffen und Atomwaffenträgersystemen auf französischem Territorium, da, wie er in einem Schreiben an den US-Präsidenten erläuterte, »im Fall des Beginns eines Krieges, sei es durch Sie oder gegen Sie, Frankreich der sofortigen und totalen Vernichtung ausgesetzt wäre. Es ist (Frankreich) deshalb unmöglich, (die Entscheidung) über Leben und Tod einem anderen Staat zu überlassen, und sei es auch dem befreundetsten.«[28]

Die Amerikaner im Verein mit der Restallianz taten ihr möglichstes, den General von seinen Entschlüssen abzubringen; Eisenhower reiste zu diesem Zweck persönlich nach Paris – vergebens! Aber dies war erst der Anfang. Am 3. November 1959 explizierte de Gaulle in einer Rede vor Studenten der »École Militaire« die neue Philosophie in Sachen Verteidigung, Sicherheit und Allianz in einer Weise, daß den Allianzpartnern Hören und Sehen verging: »Die Verteidigung Frankreichs muß französisch sein«, so lautete der Kernsatz. Sei dies nicht der Fall, so habe der Staat seine Existenzberechtigung verloren. Das sei schon immer so gewesen, wie nachweisbar seit den Merowingern. Zwar sei un-

Als Sonnenkönig im »Spiegel« vom 27. März 1967.

ter den Bedingungen der unmittelbaren Nachkriegszeit die atlantische Allianz unter US-Hegemonie unverzichtbar gewesen, aber: »Das System, das man mit Integration bezeichnete ..., hat sich überlebt ... Die Folgerung daraus ist, daß wir uns in den nächsten Jahren mit einer Streitmacht versehen müssen, die in der Lage ist, für unsere Interessen zu handeln, einer ›Force de Frappe‹, die sich zu jeder Zeit, an jedem Ort zu entfalten in der Lage ist. Es ist selbstverständlich, daß die Grundlage dieser Streitmacht die atomare Bewaffnung ist.«[29]

Eine weltpolitische Sensation ersten Ranges! Der Anfang vom Ende des Westblocks, so erschien es den bestürzten Allianzpartnern. Eröffnung einer Ära der atomaren Anarchie, entsetzten sich die Strategen zwischen Washington und Moskau. Gefährlicher Größenwahnsinn, befanden die Kritiker. Nichts, was den General beeindruckt hätte. Ungerührt von den beschwörenden Appellen der westlichen Welt und taub gegen die heftige Kritik auch aus den eigenen Reihen, setzte er in den folgenden Jahren die konsequente Re-Nationalisierung französischer Außen-, Sicherheits- und Verteidigungspolitik ins Werk: Force de Frappe, Auszug aus der militärischen Allianz, Rundum-Verteidigung (Tous Azimuts). Im übrigen mit Argumenten, die noch nach Jahrzehnten Schule machen sollten.

Wer heute nicht über Atomwaffen verfüge, sei nicht der Herr seines Schicksals, so lautete das Axiom. Die veränderten weltpolitischen Bedingungen – Ende des US-Monopols auf interkontinentale atomare Trägersysteme – ließen es fraglich erscheinen, ob der US-Atomschirm über Westeuropa noch seine Funktion, die glaubwürdige Abschreckung, erfüllen könne. »Es ist nur natürlich, daß Amerika das eigene Überleben als Hauptziel in einem möglichen Konflikt betrachten würde«, dozierte er am 29. Juli 1963 vor einer internationalen Pressekonferenz.[30] Die veränderte NATO-Verteidigungsdoktrin – abgestufte Reaktion statt massiver Vergeltung – verlagere das atomare Risiko auf Europa und eröffne damit die Perspektive eines begrenzten Atomkrieges. Dem US-Präsidenten Johnson machte der General eine Bilanz auf, wie sie exakt zwei Jahrzehnte später von den westlichen Friedensbewegungen dessen Nachfolger Ronald Reagan präsentiert wurde. Zwischen Russen und Amerikanern gelte das Prinzip der Abschreckung tatsächlich, da beide einander sich unweigerlich im Falle des großen Krieges auslöschen würden. Aber gelte dies auch für Europa? Oder gebe es da nicht die Möglichkeit des begrenzten atomaren Krieges unter Aussparung der beiden Sanktuarien? »Was könnte sie hindern, das, was zwischen ihnen liegt, zu vernichten, das heißt, im wesentlichen das europäische Schlachtfeld. Ist das nicht im übrigen der Fall, auf den die NATO sich vorbereitet?« rechtfertigte er in den Memoiren den Auszug aus dem Bündnis.[31] Last but not least: die Raison d'être der Allianz, die unmittelbare, direkte Bedrohung durch die Sowjetunion und den Warschauer Pakt, bestehe mittlerweile nicht mehr, jedenfalls nicht mehr so wie vordem, und also habe sich deren Zweck erledigt. »Es liegt auf der Hand, daß aus Gründen der inneren und äußeren Entwicklung der Länder im Osten die westliche Welt heute nicht mehr so bedroht ist wie zu der Zeit, da das amerikanische Protektorat in Europa unter der Bezeichnung NATO errichtet wurde.«[32] In summa: »Frankreich ist der Ansicht, daß die seit 1949 in Europa, in Asien und anderwärts vollzogenen oder in Gang befindlichen Änderungen ebenso wie die Entwicklung seiner eigenen Situation und seiner Streitkräfte für es selbst nicht mehr die Maßnahmen militärischer Natur rechtfertigen ..., die zwischen der französischen und amerikanischen Regierung getroffen wurden. Aus diesem Grunde beabsichtigt Frankreich, auf seinem Gebiet die volle Ausübung seiner Souveränität ... zurückzugewinnen, seine Teilnahme an den integrierten Kommandos zu beenden und der NATO keine Streitkräfte mehr zur Verfügung zu stellen ...« So der General im Kündigungsschreiben an Präsident Johnson vom 7. März 1966.[33]

Der Allianz blieb nichts anderes übrig, als sich zähneknirschend zu fügen und auf bessere Zeiten zu warten. »Wir können es uns nur schwer vorstellen, daß Frankreich ... sich auf lange Zeit den gemeinsamen Angelegenheiten und Verantwortlichkeiten entziehen wird. An dem Tage, an dem Frankreich sich entscheidet, seine führende Rolle wieder zu übernehmen, wird es als Freund und Verbündeter seinen alten Platz wieder vorfinden.« So kleidete Präsident Johnson seinen Zorn über de Gaulle und seine Hoffnung auf die Zeit nach de Gaulle in diplomatische Formen.[34] Am 1. April 1967 war der Auszug abgeschlossen, hatten die französischen Offiziere die integrierten Stäbe verlassen, waren die Hauptquartiere der NATO nach Belgien und den Niederlanden verlegt und die umfangreichen US-Installationen in Frankreich (70000 Mann und 700000 Tonnen Material) liquidiert.

Begünstigt wurde des Generals Rückkehr zum Prinzip der uneingeschränkten nationalen Souveränität durch die weltpolitischen Entwicklungen. Was sich zwischen 1959 und 1966 an fundamentalen Veränderungen rund um den Globus zutrug, war durchaus geeignet, seine Thesen vom Hegemonialismus der Supermächte, von dessen Gefahren und überfälligem Ende, vollauf zu bestätigen. In der Kuba-Krise vom Herbst 1962 zeigte sich, daß die USA in einer Situation außerordentlicher Bedrohung den atomaren Krieg zu riskieren bereit waren, ohne die Alliierten auch nur zu konsultieren – in der Sache ganz im Sinne de Gaulles, wie er öffentlich bekräftigte, aber eben doch auch seine These vom nationalen Primat erweisend. Seit 1961 zerbrach das chinesisch-sowjetische Bündnis und zerriß ein für allemal die Fiktion von der neuen Qualität zwischenstaatlicher Beziehungen im Sozialismus. Ein Ereignis, das gleich drei gaullistische Glaubenssätze exerzierte: die alte Gewißheit vom Leichtgewicht der Ideologien im Leben der Völker, die historische Erfahrung mit der Relativität der Allianzen und vor allem das de Gaullesche Erzdogma von der Nation als dem Grundbefund kollektiver Identität und von den nationalen Interessen als den obersten Maximen der Politik.

Nicht weniger exemplarisch für seine These von der Verderblichkeit des Hegemonialismus ließ sich gleichzeitig seine westliche Version an, der Ablauf der vietnamesischen Tragödie. Die immer tiefere, immer hoffnungslosere Verstrickung der westlichen Vormacht in den barbarisch geführten asiatischen Krieg demonstrierte mehr als alles andere, welche schwere – zumindest moralische – Last die Allianzpartner mitzutragen hatten, wie hart am Rande des großen Krieges die Allianz durch ihre Vormacht geführt wurde, in einem Konflikt, den sie nicht gewollt hatte und auf den sie keinen Einfluß hatte. »Amerika engagiert sich in anderen Teilen der Welt, vorgestern in Korea, gestern auf Kuba, heute in Vietnam. Europa ist über die NATO automatisch hineingezogen, ob es will oder nicht ... Der große Zusammenstoß kann jederzeit daraus entstehen«, hatte einer der Hauptgründe des Generals für die Kündigung der Allianz gelautet.[35] Vietnam habe bewiesen, so stellte er in seiner Neujahrsansprache am 31. Dezember 1967 fest, »wie richtig der von uns eingeschlagene Weg ist«!

De Gaulles Antihegemonialismus sah sich also rundum bestätigt, und es wurde ihm – sieht man ab von den schwer verbitterten Bündnispartnern – reichlich applaudiert. In der sogenannten Dritten Welt, soeben noch in bitterem Disput mit Frankreich über Algerien und die Restposten seines Imperiums, wurde Charles de Gaulle begeistert gefeiert. Im Ostblock erntete er gleich doppelten Ruhm: von den Russen wegen seines Auszuges aus dem »aggressiven NATO-Pakt«, von einigen der Blockgenossen (Rumänien und Ungarn namentlich) wegen seiner prinzipiellen Blockkritik. Mao Tse-tung persönlich erkannte in des Generals Politik tiefe Gemeinsamkeiten mit den volkschinesischen Aspirationen, nämlich »wie man dem amerikanischen Imperialismus entgegentritt«[36]. Der ägyptische Staatspräsident Nasser sprach von ihm in »tiefer Bewunderung und Verehrung«. Nehru, der Schah, Sukarno, der Negus – die ganze Creme des damaligen »Trikontinentalismus« defilierte sozusagen in Permanenz im Elysée und rühmte des Generals historischen Weitblick und seine kühnen Initiativen.

Zwar führte de Gaulle seinen Kreuzzug gegen den Hegemonialismus prinzipiell und theoretisch nach beiden Seiten, gegen die Supermächte in West und Ost – aber je länger, desto mehr und desto massiver wurde in der Praxis daraus das gnadenlose Weltgericht gegen die Vereinigten Staaten. Der General führte diplomatische Feldzüge und öffentliche Kampagnen gegen die USA und deren Protégés, wo immer sich die Gelegenheit bot. Er ging bisweilen mit ihnen so hart ins Gericht, daß manchen bestürzten Weggenossen der Verdacht beschlich, er halte nicht nur auf gebührenden Abstand nach beiden Seiten, sondern schicke sich an, die Fronten zu wechseln. »Ich habe das Gefühl«, schrieb Raymond Aron, vormals RPF-Aktivist und allezeit großer Bewunderer des Generals, »daß der Staatspräsident durch die Logik seiner Diplomatie ins Sowjetlager gezogen wird«. Das schien so abwegig nicht. Die Chronik seiner aufsehenerregenden Worte und Taten zwischen 1964 und 1968 liest sich wie eine Mobilmachung gegen die USA.

Im Januar 1964 anerkannte er die Volksrepublik China diplomatisch als alleinige und rechtmäßige Mandatarin des chinesischen Volkes. Seinen Kultusminister André Malraux ließ er dazu im Zwiegespräch mit Mao Tse-tung erklären: »Solange die Sowjetunion und die USA die Weltherrschaft ausüben, ist es unmöglich, daß China ein wirkliches China wird und Frankreich sich zu einem echten Frankreich verwandelt.«[37] Im Juni 1966, auf großer Rußland-Reise, verkündete er im Kreml, daß Frankreich sich nicht mehr in die Blockkonfrontation einbinden zu lassen gedenke, daß er »neue Beziehungen in Richtung Entspannung, Verständigung und Zusammenarbeit« mit den europäischen Staaten des Ostens zu eröffnen beabsichtige, und daß es allein den europäischen Nationen – allen voran Frankreich und der Sowjetunion – zukomme, über europäische Angelegenheiten zu befinden.[38] Laut verurteilte er der Vereinigten Staaten imperiales Verhalten in der eigenen Hemisphäre (Intervention in der Dominikanischen Republik im April 1965), machte sie in letzter Instanz verantwortlich für den nahöstlichen Sechs-Tage-Krieg vom Juni 1967[39] und verteidigte sein ungeheuren Tumult erregendes »Vive le Quebec Libre« mit der atemberaubenden Feststellung, es sei in seiner Person Frankreichs heilige Pflicht gewesen, »dem Eindringen der Vereinigten Staaten zu widerstehen«[40]. Selbst die Invasion der Tschechoslowakei durch die Staaten des Warschauer Paktes im August 1968 brachte er noch in ursächlichen Zusammenhang mit dem unseligen US-Hegemonialismus, beziehungsweise dessen Grundlegung in Jalta 1945.[41]

Am heftigsten war seine Kritik an Amerikas asiatischem Krieg. Absurd und verabscheuungswürdig nannte er mehr als einmal öffentlich die amerikanische Kriegführung. »Ein ungerechter Krieg, da er durch die bewaffnete Intervention der USA auf dem Boden Vietnams geführt wird. Ein verabscheuungswürdiger Krieg, da eine große Nation eine kleine verwüstet.«[42] Den Höhepunkt bildete eine Rede vor Ort, in Phnom Penh, der Hauptstadt des damals noch unabhängigen Kambodscha, wo er am 1. September 1966 als Ankläger in einer Art Welttribunal auftrat und die USA der Aggression und der Gefährdung des Weltfriedens bezichtigte: »Die Illusionen hinsichtlich der Machtanwendung führten zur ständigen Verstärkung des Expeditionskorps und zu einer immer weiteren Eskalation in Asien, immer näher an China, immer provozierender gegenüber der Sowjetunion, immer mehr abgelehnt von den Völkern Europas, Afrikas, Lateinamerikas, und schließlich immer bedrohlicher für den Weltfrieden.«[43]

Die USA bebten vor Wut und Erbitterung und suchten es dem feindseligen Alliierten nach Kräften heimzuzahlen. Ohne Erfolg. »Die Empörung verwandelte sich in Rachsucht. Ein großer Teil unserer Europapolitik bestand Ende der sechziger Jahre in dem vergeblichen Versuch,

Frankreich zu isolieren und zu bestrafen«, schrieb Henry Kissinger im Rückblick auf den »Koloß de Gaulle«.[44]

Wir wissen es, des Generals Phobie gegenüber den Angelsachsen reichte weit zurück, hatte tiefreichende historische und lebensgeschichtliche Wurzeln. Der angelsächsische »Erbfeind«, die bitteren Erfahrungen während des Krieges, die schweren Enttäuschungen bei der Neuordnung der Welt, das robuste Verhalten der Amerikaner im Bündnis – alles spielte seine Rolle in der tiefen Abneigung und dem prinzipiellen Mißtrauen. Dennoch hat er sich gegen den Vorwurf des Antiamerikanismus immer gewehrt.

Die Deutschen: »ein großes Volk« und »die Boys der Amerikaner«

Parallel zur Ablösung aus der Allianz und in engstem Zusammenhang mit seinem Kampf gegen den US-Hegemonialismus betrieb der General die Verwirklichung des Europa seiner Vision – jener sublimen historisch-kulturgeographischen Entität vom Atlantik bis zum Ural, die in der Polyphonie der Nationen dem französischen Leitmotiv willig folgen würde; jener »Kapitale von Macht und Vernunft«, die geleitet von französischer Inspiration ihre alte Strahlkraft wiedererlangen könnte. Wie eindringlich hat er es beschworen und den schlafmützig-widerwilligen Europäern in glühenden Farben geschildert, das köstliche Bild ihrer zukünftigen Grandeur! Wie hat er sie zu überzeugen versucht von der Notwendigkeit, um ihrer Seele und Identität willen angelsächsisch-atlantischer Überlagerung zu widerstehen! Ohne Erfolg, wie sich schnell erweisen sollte.

Zwar gelang es ihm, Großbritannien fürs erste aus dem Gemeinsamen Markt entfernt zu halten (»insular, maritim, verbunden mit den unterschiedlichsten und entferntesten Ländern, unvereinbar mit dem System, das die Sechs ganz natürlich errichtet haben«).

Zwar ertrotzte er sich den Umbau der EWG nach französischen Sonderinteressen, aber das wichtigste Element im Grand Dessin seiner weltpolitischen Ambitionen, das eigentliche und unverzichtbare Fundament seiner gewissen Idee vom europäischen Europa, die enge und exklusive deutsch-französische Entente unter Ausschluß der Angelsachsen, vermochte er nicht zu legen – die größte Enttäuschung und die schwerste Niederlage seiner Außenpolitik.

Und dabei hatte alles so vielversprechend begonnen. De Gaulle hatte bei seiner Wiederkehr an die Macht zwar ein Deutschland vorgefunden, das seinen Kriegs- und Nachkriegsvorstellungen überhaupt nicht entsprach – eine Bundesrepublik und keinen Bund autonomer Republiken, einen einheitlichen Wirtschaftsraum mit integriertem Ruhr- und Saargebiet, einen schon fast wieder voll souveränen Staat mit achtunggebietender Bundeswehr und kraft seiner Ökonomie von beachtlichem internationalen Gewicht. Aber als Pragmatiker gewohnt, die Welt zu nehmen wie sie ist, hatte er den neuen Realitäten Rechnung getragen und versucht, sie seinen Absichten nutzbar zu machen. »Wir betrachten Deutschland mit seinen Fähigkeiten, seinen Energien, seinen Ressourcen als ein wesentliches Element des Lebens und des Fortschritts in Europa und der Welt«, erläuterte er die neue Perspektive auf einer Pressekonferenz im März 1959.[45] Wenige Jahre zuvor war ihm das gleiche Deutschland noch als böser Renevant der alten teutonischen Dämonen erschienen, die jetzt gelobten Energien als Reprisen seines alten fatalen Dynamismus. Das Vierte Reich, meinte er noch Mitte der fünfziger Jahre, feiere outre-Rhin schlimme Urständ. Hatte es mittlerweile eine wunderbare Bekehrung gegeben? Hatte ihn das neue Deutschland eines Besseren belehrt? Nicht so sehr das neue Deutschland als vielmehr der ihm vorstehende Patriarch. Das Wunder, wenn es denn eines gab, hieß Konrad Adenauer.

Nirgendwo in den Reden und Schriften des Charles de Gaulle findet sich in bezug auf die Person eines zeitgenössischen Politikers so ungeteiltes Lob, gelegentlich schon fast hymnischer Überschwang wie zum ersten Kanzler der westdeutschen Republik. »Dieser große Deutsche, dieser große Europäer, dieser große Mann«, so klang es beim Staatsbankett zu Ehren Heinrich Lübkes 1961 im Elysée.[46] Als historischen Konstrukteur des größten Wunders unserer Zeit feierte er den Staatsgast im Juli 1962 und widmete ihm eine rauschende Eloge in barocker Redekunst, würdig der Laudatio für einen der Unsterblichen der Akademie: »Ah, Herr Kanzler, was wird gewesen sein, was ist Ihr Anteil in alledem! Diese Klarsicht im Hinblick auf die zu erreichenden Ziele, diese Fähigkeit inmitten der Unruhe, dieses Geschick in der Führung eines großen Volkes, wie sie in 14 Jahren in glänzender Weise Ihre Taten als Staatsmann auszeichnen. Die Franzosen kennen und bewundern Sie. Sie sehen in Ihnen den Inspirator, den Führer, den Repräsentanten eines neuen Deutschland ... Endlich und vor allem, sie sehen in Ihnen einen großen Deutschen, einen großen Europäer, einen großen Mann, der Frankreichs Freund ist, der glaubt, daß er dadurch seinem eigenen Land dient und der aus diesem doppelten Grund zutiefst ihr Gefühl und ihre Zuneigung bewegt.«[47]

Schon drei Monate nach dem Amtsantritt hatte er Adenauer auf der Boisserie empfangen – delikateste Ehrenerweisung im subtilen Protokoll der gaullistischen Republik. Doch nicht nur im demonstrativen Zeremoniell öffentlicher Akte und Reden kam der deutsche Bundeskanzler zu so außerordentlicher Gunst, auch in den Memoiren und selbst im vertrauten Gespräch bewies er ihm hohen Respekt und sogar Zuneigung – soweit möglich für einen Charles de Gaulle. »Von allen Deutschen der fähigste und der am meisten vom Wunsche beseelte, sein Land auf dem Weg und an der Seite Frankreichs zu halten ...«, nannte er ihn in den Memoiren. Im Sinne französischer beziehungsweise de Gaullescher Interessen der Fähigste wohlbemerkt. In der Person Adenauers glaubte er wohl jene Möglichkeit deutsch-französischer Ergänzung gefunden zu haben, über die er sein Leben lang meditierte. Seltene, immer wieder verwehte, vertane Möglichkeit. »Nicht daß der eine den Wert des anderen verkennte und nicht manchesmal davon träumte, welche großen Dinge man gemeinsam machen könne«, hatte er 1934 geschrieben – und resigniert hinzugefügt: »Aber die Reaktionen sind so verschieden, daß sie die beiden Völker in beständigem Mißtrauen gegeneinander halten.«[48] Das Erlebnis Adenauer ließ ihn Hoffnung schöpfen, seinen alten geschichtsphilosophischen Pessimismus zurücktreten, die positive Version des deutsch-französischen Schicksals als die zukunftsträchtigere Möglichkeit für denkbar halten. »Dieser Rheinländer ist durchdrungen vom Gefühl, wie Gallier und Germane sich wechselseitig ergänzen, was, vom Römischen Reich an den Ufern des Rheins befruchtet, das Glück der Franken war, was Karl dem Großen zum Ruhme gereichte, die Beziehungen des französischen Königs zu den Kurfürsten rechtfertigte, was Deutschland an der Glut der Revolution sich entflammen ließ, Goethe, Heine, Madame de Staël, Victor Hugo inspirierte und was – trotz der schrecklichen Kämpfe, die die beiden Völker austrugen – nie aufhörte, tastend einen Weg zu suchen in der Finsternis.«[49]

Konrad Adenauer in der geistigen Nachfolge der Großen Revolution und Heinrich Heines – das mag dahinstehen. Aber gewiß die Inkarnation dessen, was de Gaulle sich unter dem Komplementärdeutschen vorstellte. Der dem Westen zugewandte, von westlichen Zivilisationsidealen geprägte Deutsche, dem »germanisme« abhold und abendländischer Gesittung verpflichtet – kurz der Anti-Preuße. Der Rheinländer, der alte Lieblingsdeutsche des Charles de Gaulle, weiland der Präferenzgermane des Maurice Barrès an der Spitze des neuen Deutschland – wahrlich ein holdes Wunder. Er hat es unverhohlen ausgesprochen in den Memoiren, daß nach seiner Überzeugung Adenauer keineswegs befeuert war von der Perspektive einer Wiedervereinigung mit dem »complexe prussien«, protestantisch und sozialistisch dazu.[50]

Mit diesem Idealdeutschen glaubte der General die Basis für sein europäisches Europa legen zu können. Er eröffnete eine stürmische Umarmungskampagne gegenüber dem Volk seiner frühesten Präokkupation, seiner widersprüchlichsten Empfindungen und dauerhaftesten Befürchtungen: ein Furioso von Ehrerweisen, Lobpreisungen, Sympathiebekundungen, daß es diesem und nicht nur diesem den Atem verschlug. Im Juni 1961 verhieß er einem glücklich lächelnden Heinrich Lübke, daß die Zeit gekommen sei, da Frankreich und Deutschland gemeinsam »viele und große Dinge« zu vollbringen hätten. Sogar eine völlig neue Deutung der mörderischen Erbfeindschaft vieler Jahrhunderte war ihm nicht zu hoch gegriffen, das sich vollziehende Wunder der Annäherung in die positive geschichtsphilosophische Dimension zu rücken. War der uralte Kampf der beiden Nationen um die europäische Vorherrschaft im tiefsten Grund etwas anderes als die Sehnsucht nach Einheit gewesen?[51]

Im Januar 1963 verkündete er auf einer Pressekonferenz, daß unter allem, was es an Neuem auf der Welt gebe, nichts Bedeutsameres sei, als das neue deutsch-französische Verhältnis. Hier könne man schon gar nicht mehr nur von Versöhnung sprechen, sondern von einer »Woge der Sympathie und des Verständnisses ..., was sich vollzieht, ist in Wahrheit eine gegenseitige Entdeckung, in der jeder der beiden Nachbarn sich bewußt wird, in welchem Maße der andere für ihn wertvoll,

Konrad Adenauer war für de Gaulle der von westlichen Zivilisationsidealen geprägte Deutsche, der Anti-Preuße. Mit ihm zusammen gedachte er ein »Europa bis zum Ural« unter französischer Patronage zu schaffen.

bedeutsam und anziehend ist.«[52] »Bis in die Tiefen meiner Seele erschüttert«, bekannte er sich von der Begegnung mit dem deutschen Volk während seines Besuches in der Bundesrepublik und erklärte sich überzeugt, daß fortan die deutsch-französischen Beziehungen »auf unvergleichlich populären Grundlagen« beruhten.[53]

Der Triumphzug de Gaulles im September 1962 bescherte den Bundesrepublikanern in der Tat Erhebendes. Der große Mann nannte sie, wo immer sich die Gelegenheit bot, »ein großes Volk«; er ließ unermüdlich Bonn, Düsseldorf, Bayern und immer wieder Deutschland hochleben und ließ nichts aus von Goethe bis Thyssen, was dem Genius der neuen Freunde schmeichelhaft war – zum delirischen Entzükken der Entwöhnten.

Das hielt an bis zu dem Augenblick, da der General erkennen mußte, daß der Hauptzweck des Unternehmens, die Gewinnung der Bundesrepublik für sein europäisches Europa, gescheitert war, präzise bis zum 15. Juni 1963, dem Tag der Ratifizierung des deutsch-französischen Vertrages durch den Bundestag. Die Deutschen nämlich hatten, alarmiert durch des Generals europa- und allianzpolitische Extratouren, dem Vertrag eine Präambel vorangesetzt, die ihn als Instrument einer politischen Achse Paris-Bonn völlig entwertete. Alles, was der General zur gleichen Zeit unter Donnern und Blitzen ablehnte, denunzierte, bekämpfte, wurde hier feierlich festgeschrieben, »insbesondere die enge Partnerschaft zwischen Europa und den Vereinigten Staaten von Amerika ..., die Integrierung der Streitkräfte der in diesem Bündnis zusammengeschlossenen Staaten, die Einigung Europas auf dem durch die Schaffung der Europäischen Gemeinschaft begonnenen Weg unter Einbeziehung Großbritanniens«[54].

Von nun an war es vorbei, und zwar endgültig vorbei mit dem Hymnus auf die weltbewegende deutsch-französische Entente. Öffentlich ließ de Gaulle seinem Ärger, kaum diplomatisch verbrämt, freien Lauf, ja, es flossen die alten, die uralten Metaphern aus dem Repertoire seiner Obsessionen selbst in die öffentliche Rhetorik wieder ein. Der Vertrag habe seinen eigentlichen Sinn, »das gemeinsame Verhalten«, verfehlt, vernahm die Weltöffentlichkeit im Juli 1964, und zwar, weil »Bonn nicht glaubt, daß diese Politik europäisch und unabhängig sein muß«. Wenn dies so weitergehe, könne »Zweifel im französischen Volk entstehen«[55]. Ein halbes Jahr später, im Februar 1965, wieder vor der

Presse, entrollte er sein altes traumatisches Bild von den »deutschen Ungewißheiten«, wieder einmal zutiefst beunruhigend für die Umwelt; beunruhigend nicht zuletzt unter dem Eindruck der allzu glatten, allzu erfolgreichen Wiedergeburt aus der Asche. »Um es auszusprechen, es gibt da Besorgnis hinsichtlich der ökonomischen Expansion, der militärischen Renaissance.«[56] Die drei Jahre zuvor als Wesenselement des Lebens und des Fortschritts in der Welt gefeierten Fähigkeiten und Energien des neuen Deutschland verdüsterten sich wieder in der Optik des Generals zum unheimlichen Dynamismus des alten. Im selben Jahr während eines der drei berühmten Kamingespräche mit Michel Droit: »Wir wissen nicht, absolut nicht, wohin seine Ambitionen gehen.«[57] Im Oktober 1966 endlich: »Sie (die Deutschen) haben nicht den Vertrag angewandt, sondern die einseitige Präambel, die sie ihm hinzugefügt haben.«[58]

In der Enttäuschung über den Fehlschlag seines großen Planes kehrte de Gaulle zurück zu den zeit seines Lebens gepflegten Stereotypen vom beunruhigenden Nachbarn. Und er wurde ihm wahrhaftig nicht dadurch sympathischer, daß er zum Vasallen der USA geworden war. »Die Deutschen haben Europa verraten«, hörte ihn seine Umgebung wüten, »wir werden es ihnen heimzahlen ... Sie werden zu den Boys der Amerikaner.«[59]

War die Euphorie für das neue Deutschland Adenauers mehr als nur Berechnung? Immerhin hatte er im Augenblick, als sich der stürmische deutsch-französische Honigmond anließ, dem Staatsgast Nikita Chruschtschow sein Bedauern darüber ausgedrückt, daß Stalin 1944 seine, de Gaulles, »natürliche« Lösung des deutschen Problems abgelehnt hatte: »Jede Region hätte als Staat ihre alte Autonomie zurückerlangt. Alle hätten gleichberechtigt eine Konföderation gebildet unter Ausschluß eines zentralisierten Reiches« – so gesprochen im März 1960, so geschrieben 1970 in den Memoiren! Nein, seine tieferen Einsichten vom Wesen des Nachbarn hat er wohl nie geändert und auch nicht seine Überzeugungen, wie Frankreichs Hauptproblem auf Dauer allein zu lösen sei: auf die alte Rheinbundweise nämlich, sei es in den modernen Formen des europäischen Europa, unter Ausschluß des preußischen Reiches, unter dem milden Patronat Frankreichs.

Gewiß, er hat öffentlich mit starken Worten gefochten für das Recht des deutschen Volkes auf Wiedervereinigung – unter den Bedingungen der 1945 vollzogenen Grenzkorrekturen; er hat in den dramatischen Ost-West-Konfrontationen über das deutsche Problem – Berlin-Ultimatum, Mauerbau – eine weit energischere Sprache des Widerstands geführt als die anderen Staatschefs der Allianz. Aber war dies wirklich mehr als Gestik im Ost-West-Konflikt? Chruschtschow hat berichtet, der Staatspräsident habe ihm versichert, daß er »Deutschland auf keinen Fall wiedervereinigt sehen wollte. Im Gegenteil, er erinnerte uns daran, daß er seit dem Kriege stets den Wunsch gehabt habe, Deutschland so geteilt wie möglich zu sehen: ›Zwei Deutschland sind nicht genug; wir haben stets eine größere Zahl unabhängiger Deutschlands vorgezogen.‹« Bei aller Zurückhaltung gegenüber der Quelle, unwahrscheinlich ist die Nachricht nicht.

Einer der glühendsten Verehrer de Gaulles und zugleich mißtrauischer Deutschland-Skeptiker, General François Binoche, einst französischer Stadtkommandant in Berlin, gab zu Protokoll, der Staatspräsident habe ihm als tiefstes seiner Erkenntnisse anvertraut, daß »Deutschland nur scheinbar sich ändert, in Wahrheit bleibt es unerschütterlich sich selbst treu ... Sie werden sich niemals ändern.«[60] Und wäre er 1969 an der Macht geblieben, dann hätte »es wahrscheinlich eine totale Umkehr« seiner Politik gegenüber den Deutschen gegeben.

Der Anlaß für des Generals bittere Rückwendung zu seinen alten Überzeugungen vom unwandelbaren Wesen des Nachbarn »outre-Rhin« ist dahingegangen mit seinem kühnen Projekt von Frankreichs neuer Größe an der Spitze des europäischen Europa. Nichts mehr davon bei den Nachfolgern Pompidou, Giscard, Mitterrand. Auf den Höhen der zwischenstaatlichen Beziehungen ebenso wie im Alltagsbewußtsein der beiden Völker dominieren die Freundschafts- und Versöhnungsmotive, seit der Giscard-Schmidt-Spitzenharmonie die »Bonn-Entente« in den Grundzügen der großen Politik.

Und dennoch bedurfte und bedarf es nur neuer Anlässe, um die alte, tiefe Beunruhigung neu zu beleben und – zur peinlichen Betroffenheit der neuen Freunde – die de Gaulleschen Traumata als latenten Grundbestand französischer Deutschland-Optik auch nach de Gaulle zu erweisen. Ob neue Ostpolitik oder Terrorismus-Repression, ob Friedensbewegung oder zaghafte Regungen im deutsch-deutschen Verhältnis – stets sind sie zur Stelle: das alte Mißtrauen gegenüber den »incertitudes Allemandes«, die Furcht vor der unheimlichen Dynamik des Nachbarn, die Irritation durch den »teutonischen Irrationalismus«, quer durch die weltanschaulichen Bekenntnisse und politischen Parteien. Gewiß nicht regierungsamtlich und in den Manifesten der endgültig besiegelten Freundschaft, aber doch laut und öffentlich genug, um den beklemmenden Kontrapunkt zur Versöhnungsrhetorik zu setzen.

L'Ostpolitik – mittlerweile als fester Begriff eingegangen in das französische politische Vokabular –, im weltpolitischen Zusammenhang nichts anderes als die Fortsetzung der de Gaulleschen Entspannungsouvertüren mit deutschen Mitteln, fand sogleich besorgte Kommentierung, ja alarmierte Beunruhigung: Gefährliche Alleingänge? Und wohin? Ein neues Rapallo? Möglicherweise Wechsel in das andere Lager unter gesamtdeutschen Aspekten? »Man muß es immer für möglich halten ...«[61] Der Alptraum von der Allianz »germano-russe«! »Die ungeheure sowjetische Macht mit dem deutschen Dynamismus kombiniert ...«, so hatte de Gaulle zwanzig Jahre zuvor die fürchterlichste seiner Schreckensvisionen offenbart. Selbst den besonnensten und dem neuen Deutschland in herzlicher Sympathie verbundenen Beobachtern erscheint die abrupte Wendung so ausgeschlossen nicht.[62]

Oder auch anders herum: »Un aigle renaissant des cendres de Stalingrad, quoique (provisoirement?) déguisé en specialiste du management industriel ...«[63], vermeinte die Linke in der Mitte der siebziger Jahre in der sozial-liberal regierten Bundesrepublik zu erkennen. »Die einzigartige Symbiose von alten Traditionen mit amerikanischer Technologie ...«, unaufhaltsam auf dem Weg, die »hégémonie germano-americaine« über dem alten Kontinent zu errichten, wie die hochrenommierte *Monde Diplomatique* in ihrer Dezembernummer 1976 groß aufmachte. Doch nicht nur von den Hochständen linker Imperialismuskritik erklang die Warnung vor gefährlicher westdeutscher Restauration. Kein Geringerer als Michel Debré, Erzsiegelbewahrer der gaullistischen Orthodoxie, warf zur gleichen Zeit vor der Nation die Schicksalsfrage auf, ob Deutschland »dreißig Jahre nach dem Zweiten Weltkrieg mit dreißig Millionen Toten, für die Hitler verantwortlich war ... wieder zu einer Gefahr für das Gleichgewicht Europas und den Frieden« werden würde.[64]

Gleiches unisono von rechts und links angesichts des Terrorismusfiebers im »deutschen Herbst« 1977, wenigstens was die Vermutungen über seine Tiefendimensionen anging. Ein flammendes Manifest gegen

»Der deutsche Taumel.«
Kommentar zum Pazifismus der frühen achtziger Jahre in der Bundesrepublik.

den »drohenden deutschen Imperialismus« vereinigte die Unterschriften des Linksaußen Sartre und des Rechtsaußen General Binoche in Sachen Auslieferung des RAF-Anwaltes Klaus Croissant.[65] Unter der Überschrift »Schatten über dem Rhein« meditierte André Fontaine auf der Titelseite von *Le Monde* über die Abgründe der deutschen Seele und fand höchst plausible Zusammenhänge zwischen der Heiligen Feme des Mittelalters, der Romantik, Nietzsche und Wagner »en passant par Hegel et Hitler« und der Rote Armee Fraktion.[66] Die alten Obsessionen des Generals, die hundertjährigen Stereotypen des Rätselns über den unheimlichen Nachbarn!

Als der deutsche Pazifismus in den frühen achtziger Jahren zur tumultuarischen Massenbewegung gedieh, Neutralismus-Tendenzen zu erkennen gab und unter Anti-US-Losungen marschierte, da erkannte gallische Clarté wieder einmal nur die Metamorphose des Ewig-Gleichen. »Der deutsche Taumel«, betitelte *Le Point* seine Cover-Story und illustrierte seine schlimme Vermutung mit einer Hörner-Helm-Germanin, blondbezopft und gestützt auf den teutonischen Biederhänder: »Wie etwa wäre es, wenn die jugendlichen Marschierer von Berlin, Bonn und Frankfurt an Deutschland dächten, an das eine, einzige, wirtschaftlich, kulturell, militärisch starke Deutschland? ... Dann gnade uns Gott«, lautete der Schlußsatz.[67]

André Gorz, führender Theoretiker der Neuen Linken, weiland Mitherausgeber der Sartreschen *Temps Modernes*, stellvertretender Chefredakteur des linken *Nouvel Observateur*, erläuterte seinen verblüfften *Spiegel*-Interviewern die tieferen inneren Zusammenhänge zwischen Nationalsozialismus und deutscher Friedensbewegung: »Wieder ziehen sie das Leben der Freiheit vor. Das taten sie in gewisser Weise schon 1933. Der Nationalsozialismus war doch auch eine Verherrlichung des Lebens, der vitalen Werte, die das Deutschtum damals verkörperte. Damals wie heute, wenn auch auf verschiedene Weise, fehlte die Idee der Freiheit bei der Wertung des Lebens.«[68]

Ein »Rechter«, Jean-Paul Picaper, langjähriger *Figaro*-Korrespondent in Bonn, erschreckte seine Landsleute mit einem fürchterlichen Porträt der rot-grün-changierenden Bundesrepublik (Titel: »Auf dem Weg ins Vierte Reich«), in dem die »alten Dämonen«, neugewandet, fröhliche Urständ feiern: »Man muß die ideologische Natur des deutschen Nationalbolschewismus, der sich gelegentlich als deutscher

Linksgaullismus ausgibt, nur richtig verstehen. Er wendet sich heute gegen den ›Hauptfeind‹, die USA. Wenn diese verjagt sein werden, wird er sich gegen Frankreich wenden.«[69]

Ein Kapitän der Wirtschaft, Maurice Halff, fand zum gleichen Anlaß Bilder und Motive aus den perennierenden Tiefenschichten der teutonischen Seele, wie sie fünfzig Jahre zuvor Charles de Gaulle beschworen hatte: »Deutschland hat sich, getrieben von seinem Genius, von seinem Übermaß leidenschaftlicher und unsteter Empfindungen durch seine ganze Geschichte hindurch für die edelsten Ziele entflammt, zugleich aber auch für die gewalttätigsten und verderblichsten Explosionen. Fruchtbarer Boden des menschlichen Geistes ..., hat es zu den Wissenschaften, den Künsten, der Philosophie die glänzendsten und tiefsten Beiträge geleistet. Andere Züge seines Denkens waren das Ferment sozialer Umwälzungen. Hat nicht der große Hegel ... in seiner Staatsphilosophie gelehrt, daß der Staat die Substanz und der Bürger nur die Akzidens sei, mit der Folge der Negation der individuellen Freiheit? Aus hegelianischer Quelle sollte später der kollektivistische Sozialismus von Marx und Engels die Welt überfluten. Dann kam die Zeit der Schande ... Das deutsche Volk ergab sich in seiner kollektiven Leidenschaft den monströsen Plänen Hitlers ... Heute kleidet sich die Hoffnung auf Erneuerung in das Grün des Ökologismus, aber unter dieser bukolischen Verführung gehen gefährliche Tendenzen einher ...«[70]

»Deutschland beunruhigt uns«, hatte einst Charles de Gaulle geschrieben und in den Deutschen »ein Bündel mächtiger, aber wirrer Triebe« entdeckt. Und »nie wieder ein zentralistisches Reich«, so hatte seine deutschlandpolitische Erzmaxime geheißen. »Ein Glück, daß im Kreml der Geist Richelieus regiert«, jubelte einer der Unsterblichen der Akademie auf die Nachricht vom vorläufigen Ende des deutschdeutschen Frühlings im Herbst 1984.[71]

La Chienlit

Der Anfang vom Ende: Mai '68

Der Anfang vom Ende der Ära de Gaulle kam wie der Blitz aus heiterem Himmel. Genau zehn Jahre nach seiner Etablierung wurde das Regime von einer beispiellosen, plötzlich hochschießenden Springflut des Überdrusses, der Enttäuschung, der Sehnsucht nach Veränderung bis in seine Grundfesten erschüttert – und die Kraft des Unbeugsamen für immer gebrochen: Mai 1968!

Aus einer gewiß nicht idyllischen, aber keineswegs dramatisch gärenden politisch-sozialen Landschaft erhob sich über Nacht ein Sturm, der die ganze Gesellschaft erfaßte, die Institutionen ins Wanken brachte, den Staat in Frage stellte und die Sozialordnung auf den Kopf zu stellen drohte – und noch in der Distanz von anderthalb Jahrzehnten die Beteiligten auf beiden Seiten der Barrikade sich erstaunt fragen läßt, wie es denn eigentlich möglich gewesen war. »Wie das Unsagbare sagen? Wie das Unbegreifliche begreifen«, schrieb nach fünfzehn Jahren einer der amtierenden Minister des Generals, »in diesem unglaublichen Tanz ist nichts logisch. Niemand konnte überzeugend erklären, wie ein studentischer Krawall den Staat in Gefahr brachte, wie irreale, anarchische Theorien ...vernünftige Geister verführen konnten.«[1]

Die Anlässe, minimal in den Augen einer fassungslosen gaullistischen Obrigkeit, spielten sich auf dem Campus der neuen Massenuniversitäten ab. Eine ohnehin vom Fieber der »grande contestation« ergriffene Studentengeneration begegnete neuen Reglementierungen des besonders rigiden französischen Universitätssystems mit den frisch entdeckten Mitteln der Verweigerung – Sit-ins, Teach-ins, Institutsbesetzungen und dergleichen. Der Staat schlug zurück mit harter Repression: Polizeieinsätze, Zwangsräumungen, Relegationen, Verhaftungen. Nichts allzu Ungewöhnliches also und mittlerweile zum progressiven Alltag gehörend zwischen Berkeley und Rom, zwischen Berlin und London.

Aber nun geschah das Unerhörte. Der Einsatz der Ordnungskräfte provozierte nicht nur breite Solidarisierungswellen unter den Betroffenen und den Medien, sondern eine veritable Massenerhebung. Spontane Reaktionen der Abscheu und Empörung in den Betrieben, den Büros, den Amtsstuben; organisierte Aktionen der Gewerkschaften, der politischen Opposition, Fabrikbesetzungen durch die Arbeiter, Riesendemonstrationen – selbst die Girls der »Folies« reihten sich solidarisch ein in den aufbrausenden Volkssturm. Eine gewaltige Lawine antigaullistischer, de Gaulle überdrüssiger Stimmung war in Bewegung geraten. Was nirgendwo in den Zentren des Westens im Verlauf der studentischen Rebellionen geschehen war, hier wurde es zum Ereignis: das Volk, animiert und inspiriert vom Quartier Latin, machte Front gegen das Establishment. Wieder einmal schien das »Schmettern des gallischen Hahns« glorreiche Tage des Menschengeschlechts anzukündigen. »Französische Revolution« betitelte ergriffen und lapidar der *Spiegel* seine dritte Mai-Nummer.

Daß der Funke so elementar zündete, hatte natürlich auch seine sehr konkreten sozialen Ursachen. Trotz beachtlicher Erfolge gaullistischer Wirtschaftspolitik lagen die sozial-ökonomischen Basisdaten im europäischen Vergleich doch weit unter Niveau. Niedrige Löhne, hohe Arbeitszeit, häufig genug archaische Arbeitsbedingungen und karg bemessene Sozialleistungen – alles nicht gerade Zustände manifesten Elends, aber doch Faktoren eines Klimas der Unzufriedenheit und der allgemeinen schleichenden Malaise. Die Studenten, überwältigt von dem unerwarteten Sukkurs der Massen, verfielen in einen Rausch revolutionärer Euphorie: Barrikaden im Quartier Latin, Besetzung der Sorbonne, des Odéon, Pläne zur Übernahme der Ministerien, des ORTF, zur Bildung eines revolutionären Arbeiter-Bauern-Studenten-Rates – alles schien möglich in den zwei Wochen zwischen dem 15. und 30. Mai 1968 in Paris.

Plötzlich aus dem Nichts aufgetauchte Agitatoren und Tribunen – Daniel Cohn-Bendit, Alain Geismar, Jacques Sauvageot – versetzten ihr aufgewühltes Publikum in Ekstase und berauschten es mit dem Gefühl der revolutionären Allmacht und der historischen Mission. »Die

Jugend hat den Funken geschlagen, der das enorme Feuer des Volkskampfes entfacht hat«, las man auf einem der zahllosen Flugblätter. »Ein historisches Phänomen ohne Beispiel ... Wir müssen die Verschmelzung von Jugend und Volksmasse so fortsetzen, daß sie ein nicht mehr umkehrbares Phänomen wird, eine hervorragende politische Waffe gegen die alte Welt.«[2] Auf einem anderen: »Die Besetzung der Sorbonne hat eine neue Phase der Krise der modernen Gesellschaft eingeleitet. Die Ereignisse, die sich augenblicklich in Frankreich abspielen, nehmen das Wiedererscheinen der revolutionären proletarischen Bewegung in allen Ländern vorweg.«[3] Historische, ja menschheitshistorische Bedeutung maß die entflammte Jugend ihren goldenen Mai-Tagen zu: »Die revolutionären Ereignisse dieser Tage in Frankreich sind eine der Schlachten des weltrevolutionären Kampfes der Völker gegen den Imperialismus, gegen den Kapitalismus und für den Sozialismus.«[4] Und: »Die sozialistische Revolution in Frankreich hat auf beispiellose Weise begonnen. Jetzt ist alles möglich.«

Jedenfalls schien alles möglich! Schon lehnten es die Aktivisten im Vollgefühl der siegreichen Revolution ab, mit der Regierung überhaupt noch zu verhandeln: »Die Regierung ist einer direkten Konfrontation auf der Straße nicht gewachsen, sie weicht vor der Entschlossenheit der Militanten und Demonstranten zurück, Verhandlungen sind nicht unsere Sache und interessieren uns nicht«, konnte man über Radio Luxemburg am 17. Mai die Enragés proklamieren hören.[5] »Jetzt heißt unser Ziel: Sturz des Regimes«, ließ drei Tage später Daniel Cohn-Bendit seinen Interviewer Jean-Paul Sartre wissen.[6]

Ein Rausch der grenzenlosen Möglichkeiten, eine Orgie phantasierter Neuschöpfung der Welt, die Ekstase der alten, ewig jungen anarchischen Mythen umhüllten den Pariser Mai – und auch ein wenig der Karnevalsdunst des lustvoll genossenen Klamauks. »Wir erlebten ein Fest, eine Zeit der Wunder, die befreiende Kraft der Rede ..., man ging daran, das Leben zu ändern ..., endlich leben, frei, gleich, brüderlich, glücklich ... Keine Chefs mehr, keine Befehle, keine Bullen, unter dem Pflaster der Strand, die Worte, die Freiheit«, schrieb einer im Rückblick.[7] Ein anderer: »Das Fest, das ist, wenn die Demonstrationszüge sich vermischen, wenn man die Wälder von roten Fahnen heranziehen sieht, wenn zwei ›Internationale‹ zu einer verschmelzen, wenn man die Arme zur Kette des Sieges ineinander verschränkt.«[8] »Die Phantasie an die Macht«, lautete einer der berühmtesten und bezeichnendsten Slogans. »La Fête«, nannte es das glücklich-schwärmerische Rebellentum – »La Chienlit«, nannte es eindeutig-zweideutig der General.[9]

De Gaulle war den Anfängen der Turbulenzen noch mit der gewohnten Kaltblütigkeit begegnet: der übliche Lärm des Quartier Latin, meinte er zuerst. »Ohne Bedeutung«, bemerkte er noch am 3. Mai zu einem Besucher des Elysée. Als es dann doch ernster wurde – am 6. Mai Barrikaden, am 13. Mai Generalstreik, Besetzung der Sorbonne –, da drang er auf entschiedenes Durchgreifen, wollte dem Geschehen aber noch immer nicht ein solches Gewicht beimessen, daß er darüber den geregelten Gang der Staatsgeschäfte unterbrach. Am 14. Mai reiste der Staatspräsident aus seiner dem chaotischen Aufruhr hingegebenen Hauptstadt auf Staatsbesuch nach Rumänien – eine allerdings im Rahmen seiner Außen-, Entspannungs-, Antihegemonialpolitik hoch rangierende Unternehmung.

Die sich selbst überlassene Regierung zögerte, schwankte, suchte Zeit zu gewinnen. Ein eilends aus dem Fernen Osten zurückgekehrter Premierminister Pompidou hatte am 11. Mai in einem improvisierten Fernsehauftritt die Studenten seiner »tiefen Sympathie« versichert, die vom Rektor geschlossene Sorbonne wieder geöffnet und die »Erneuerung unserer Universität« versprochen – zur schweren Irritation des Ordnungs- und Justizapparates und zur Verwirrung des Kabinetts. Er habe zu diesem Zeitpunkt keine andere Wahl gehabt, rechtfertigte sich Pompidou später. Hätte er die Konfrontation gewählt, so wäre es bei der prostudentischen Stimmung in Paris »vielleicht zum Sturz der Regierung und des Regimes gekommen«[10]. »Frankreich nimmt es nicht hin, wenn junge Leute getötet werden, und ich konnte den Gedanken daran nicht ertragen«, schrieb er in seinen Memoiren.[11] Drei Tage später, am 14. Mai vor der Nationalversammlung, war nicht mehr die Rede von

»Danny le Rouge« – Daniel Cohn-Bendit, Held und Idol der Barrikaden des Pariser Mai 1968.

LA CHIENLIT
LA CHIENLIT C'EST ENCORE LUI!
Dokumente zur französischen Mai-Revolte

Sympathie, sondern von drohender Anarchie und dunkler, von außen gesteuerter Verschwörung. Am 16. Mai – inzwischen hatten die Studenten die Sorbonne und das Odéon besetzt, und der Generalstreik hatte sich über das ganze Land ausgebreitet – rief Pompidou in einem dramatischen Appell die Franzosen und Französinnen zum »Widerstand gegen die Anarchie« auf.

Am 18. Mai kehrte de Gaulle nach Paris zurück – den Staatsbesuch nicht gerade unterbrechend, aber doch verkürzend. Die zur Begrüßung auf dem Flugplatz Orly angetretene Regierungsdelegation erlebte einen zornigen und zu energischem Handeln entschlossenen Staatschef: »Also«, hörte ihn der Erziehungsminister Alain Peyrefitte sagen, »die Streiks gewinnen an Boden, die öffentlichen Einrichtungen werden besetzt, der Zirkus (la chienlit) breitet sich aus? Wir werden das so in Ordnung bringen, wie wir die großen Affären immer in Ordnung gebracht haben, durch den direkten Vertrauensappell an das Volk.«[12]

Aber war er wirklich so entschlossen, wie er es seine Minister glauben machen wollte? Es dauerte fast eine Woche, ehe er sich persönlich an die Nation wandte. Er schwieg zum widersprüchlichen Taktieren seiner Regierung, und er zeigte schon jetzt – nach dem Zeugnis seiner Minister – Spuren von Resignation. Verstand er nicht mehr, was um ihn herum, was in seinem Frankreich geschah? Nach zehn Jahren der Stabilität und Prosperität, des Fortschritts und der glänzenden Präsenz in der Weltpolitik sollte das Volk sich gegen ihn wenden? »Er begriff nicht«, schrieb sein Ministerpräsident Georges Pompidou, »daß es eine solche Ernüchterung, einen solchen brutalen Wunsch nach Veränderung geben konnte.«[13] Unter dem Eindruck des wild-bizarren Tumultes mochte dies so sein. Jedoch: nichts ist einfach bei Charles de Gaulle. Er lernte sehr wohl und sehr schnell den Schaum von der Woge zu unterscheiden, die tieferen Ursachen zu erkennen und sich ihnen zu stellen. Und es war wohl eher so – eines der vielen Mißverständnisse zwischen ihm und seinen Landsleuten –, daß er, der Betroffene, der den Ursachen bestürzt und auch selbstkritisch Nachspürende, als er sich schließlich mit seiner Betroffenheit an die Nation wandte, von dieser nicht verstanden wurde.

Es scheint, daß er ganz zu Anfang eher an eine vom Osten inszenierte Aktion zur Sabotierung seiner Antiblockpolitik – Verhinderung der

Reise nach Rumänien – glaubte als an eine spontane Volksbewegung.[14] Später, als die Sturmflut ebenso plötzlich verrauschte, wie sie hochgeschossen war, griff er die Schlagzeile eines berühmten Leitartikels in *Le Monde* auf – »Frankreich langweilt sich« –, um das Unfaßbare unter seiner Ägide »des gewaltigen Fortschritts, des völlig wiederhergestellten Friedens, der unvergleichlichen internationalen Situation« begreiflicher zu machen.[15]

Hatte er wirklich nicht begriffen? Gewiß, die karnevaleske Kostümierung der Jugendrebellion war ihm zuwider; das anarchische Dekor dessen, was da an Unbehagen zum Ausdruck kommen wollte, widerstrebte zutiefst seiner strengen Auffassung vom Ernst, der Würde, den Notwendigkeiten der Politik und des Staates. Aber die Impulse dahinter, den Aufstand der Menschen gegen die Verdinglichungen, die Sachzwänge, die erstickende Apparatisierung der Industriegesellschaft hat er spontan verstanden und als gerechtfertigt anerkannt. Seine Umgebung in den Mai-Tagen wußte davon zu berichten: »Wir erleben die allgemeine Mechanisierung ..., in der das Individuum zerdrückt wird«, hörte ihn sein Schwiegersohn inmitten der Turbulenzen sagen.[16] »Wir befinden uns in einer Gesellschaft in vollem Umbruch, in nie gekannter Geschwindigkeit«, eröffnete er eine Krisensitzung des Kabinetts; die Ursachen: »die technische und mechanische Zivilisation«.[17] Worüber er öffentlich mit Michel Droit vor den Fernsehkameras meditierte, gerade als die Regierung wieder begann Tritt zu fassen – die Mechanisierung und Automatisierung aller Lebensbezüge, die schockartige Auflösung uralter sozialer Bindungen und ethischer Normen, die Totalität der Information, die Omnipräsenz allen Leidens dieser Welt, die reale Perspektive der nuklearen Apokalypse –, das waren und sind ja noch immer die Hauptmotive jenes Unbehagens an der Kultur, wie es 1968 aufbrandete und seither als schleichende Malaise fortschwelt. Ganze Bibliotheken sozialkritischer, wissenschaftlicher, philosophischer Analysen haben wesentlich anderes auch nicht zutage gefördert. »Die mechanische Zivilisation, die uns viel Unglück beschert, bringt auch wachsenden Wohlstand und phantastische Perspektiven. Nur, sie ist mechanisch, das heißt, daß sie den Menschen vereinnahmt, ihn in einer Art Räderwerk verschlingt, das ihn zermalmt. In der Arbeit, im täglichen Leben ... Wie findet man das menschliche Maß für diese Zivilisation, für die moderne, mechanische Gesellschaft? Das ist die große Frage des Jahrhunderts.«[18]

Nein, von Unverständnis, von Nichtbegreifen konnte keine Rede sein. Aber auf dem Höhepunkt der Krise erwartete man vom »Mann des 18. Juni« keine einfühlsamen Meditationen, sondern die gewohnte und geharnischte Staatsautorität. So geschah es, daß Charles de Gaulle beim einzigen Mal, da er in einer Rede an die Franzosen kritisch argumentierte, einen bösen Mißerfolg erlitt. In seiner ersten Stellungnahme vor der Nation, der Fernsehrede vom 24. Mai, war nicht die Rede von »La Chienlit«, auch nicht von dunklen Machenschaften oder Frankreichs Langeweile, sondern von den sozialen Ursachen der Krise. Der General machte in dieser atypischsten seiner Reden implicite das bittere Eingeständnis, daß der Oberflächenglanz seiner Republik die tiefe gesellschaftliche Malaise nur kaschiert hatte und daß substantielle Veränderungen geboten seien. »Man erkennt, daß alle Anzeichen die Notwendigkeit einer Veränderung unserer Gesellschaft signalisieren.« Er sprach von notwendigen Strukturreformen, von der Unfähigkeit der Universitäten, sich den modernen Erfordernissen anzupassen, und er bekundete Verständnis dafür, daß es gerade die Jugend war, die rebellierte.

Freilich, die angebotene Therapie wirkte blaß und allzu unbestimmt-theoretisch und auch ein wenig verstaubt. Noch einmal wollte er beim notwendigen Werk der Erneuerung zur Verfügung stehen, er wollte Frankreich erneut zu seiner Bestimmung führen – und zwar auf dem von ihm schon immer vorgezeichneten Weg der wahren sozialen Revolution, nämlich der gesellschaftlichen Partizipation, der Beteiligung und Mitbestimmung aller Bürger an den politischen und sozial-ökonomischen Entscheidungen: »Alles weist darauf hin, daß diese Veränderung in der erweiterten Partizipation eines jeden am Gang und an den Ergebnissen der Dinge, die ihn berühren, bestehen muß.« Partizipation – weiland Assoziation geheißen, das alte Passepartout und Universalheilmittel seiner sozialpolitisch-sozialphilosophischen Vision vom »Dritten Weg«! Allerdings: nur dann wolle er die Bürde noch einmal tragen, wenn Frankreich ihn dabei massiv unterstütze (via Referendum), wo nicht, werde er sich zurückziehen.[19] Ein offensichtlich schwer irritierter Chef de l'Etat, ein erkennbar schwankender Guide de la France – nie war die Präsentation so wenig de Gaulle, so unsicher in Rhetorik und Gestik, so wenig überzeugend in der Selbstdarstellung. Als der General noch sprach, begann die zweite »Nacht der Barrikaden«, mit den bei weitem schlimmsten Ausschreitungen. Eine Umfrage bestätigte ihm drei Tage später die Publikumswirksamkeit des Auftritts: 15 Prozent der Franzosen befanden die Haltung de Gaulles für gut, 55 Prozent für schlecht – das deprimierendste Ergebnis seit seinem Amtsantritt. »Nie war de Gaulle so weit in der Diagnose der Mängel unserer Gesellschaft gegangen, und nie wurde eine seiner Reden so schlecht aufgenommen«, schrieb Alain Peyrefitte im Rückblick. »Am 18. Juni 1940 und am 30. Mai 1968 gab er falsche Analysen, die richtig klangen. Am 24. Mai gab er eine richtige Analyse, die falsch klang.«[20]

Fünf Tage danach, am 29. Mai, verschwand der General für einige Stunden aus der Öffentlichkeit, aus dem Gesichtskreis der Getreuen und der Nation. Der berühmte Flug nach Baden-Baden zu General Massu! Ein wohlbedachter Coup? Eingebung momentaner Panik? Wollte er, wie einst der unglückliche Louis XVI., sich unter den Schutz seiner Truppen begeben, oder wollte er die Truppen gegen die renitente Hauptstadt führen? Wollte er emigrieren oder noch einmal von fremdem Boden aus die Banner der Résistance entfalten? Auch anderthalb Jahrzehnte danach, auch nach Vorlage der Memoiren und Statements aller direkt und indirekt Beteiligten, bleibt ein Rest von Ungewißheit. Die Tatsachen: der General, offensichtlich entnervt vom Aufruhr in Paris, kündigte dem Premierminister Pompidou telefonisch an, er wolle sich, um ruhig überlegen und wieder einmal schlafen zu können, für 24 Stunden nach Colombey zurückziehen. Die Hubschrauber des Präsidenten mit Madame Yvonne nebst umfangreichem Gepäck an Bord verließen Paris gegen Mittag und waren plötzlich der Flugsicherung entschwunden. Sie landeten gegen 14 Uhr auf militärischem Terrain der französischen Armee in Baden-Baden, und de Gaulle präsentierte sich bei dem völlig überraschten General Massu. Nach 45 Minuten der Unterredung starteten die Maschinen wieder, und am späten Nachmittag befand sich der General wie vorgesehen in der Boisserie. Tags darauf präsidierte er wieder, wie geplant, dem Kabinett und hielt am frühen Nachmittag die letzte seiner großen historischen Reden.

General de Boissieu, der Schwiegersohn, hat immer wieder versichert, es habe sich um eine geplante Aktion gehandelt, an deren Vorbereitung und Ausführung er beteiligt gewesen sei, deren technischer Ablauf allerdings einige Improvisationen erforderlich gemacht habe. Der General habe Paris aus zwei Gründen verlassen: erstens, um sich über die Stimmung in der Truppe zu informieren, zweitens, um einer für den Nachmittag in Paris angesetzten kommunistischen Massendemonstration, die sich möglicherweise gegen den Amtssitz des Präsidenten, das Elysée, hätte richten können, die Spitze zu nehmen. Geplant sei gewesen, im elsässischen Dabo oder St. Odile mit Massu zusammenzutreffen. Tatsächlich beabsichtigt sei gewesen, für diese Zeit aus der Öffentlichkeit zu verschwinden. »Ich will die Franzosen inklusive die Regierung in Zweifel und Unruhe stürzen, um die Situation wieder in den Griff zu bekommen«, habe ihm de Gaulle unter strengster Verpflichtung zur Geheimhaltung anvertraut.[21] Schlechtes Wetter über den Vogesen und eine nicht zustande gekommene Verbindung mit Massu hätten dann dazu gezwungen, das Treffen nach Baden-Baden zu verlegen.

Ganz anders der Eindruck des so plötzlich von allerhöchstem Besuch Überraschten jenseits des Rheins. Massu beschrieb in seiner Version des Geschehens einen »angeschlagenen, müden Mann«, der ihm bei seiner Ankunft eröffnet habe: »Ich habe nichts mehr in der Gewalt. Deshalb ziehe ich mich zurück, und da ich mich und meine Familie in Frankreich bedroht fühle, suche ich bei Ihnen Zuflucht, um darüber klar zu werden, was ich machen soll.«[22] Das klingt wenig nach wohlbedachter Inszenierung; auch nicht das Faktum, daß man umgehend den französischen Botschafter instruierte, er möge die Bundesregierung vom vorläufigen, möglicherweise länger währenden Aufenthalt des Generals informieren. Georges Pompidou, der de Gaulle die Badener Exkursion schwer verübelte (»Ich fand es unzulässig, daß der Staatschef nicht nur verschwand, sondern auch noch das nationale Territorium verließ, ohne den Premierminister zu informieren«), war ebenfalls der Überzeugung, es habe sich weniger um eine Kriegslist als um eine spontane Entscheidung gehandelt. »In Wirklichkeit erlebte der General eine Krise der Entmutigung. Da er glaubte, die Partie sei verloren, hatte er den Rückzug gewählt«, schrieb er in seinen Memoiren; und er zitierte einen de Gaulle, der ihm beim Wiedersehen in Paris einen Tag später bekannt habe: »Zum erstenmal in meinem Leben hatte ich einen Ausfall. Und ich bin nicht stolz auf mich.«[23] Die Vermutungen, der General habe »die Legionen Massus« mobilisieren wollen, bezeichnete er als Legende. »Ja, am 29. Mai war ich versucht, mich zurückzuziehen«, sagte der General selbst eine Woche später vor den Fernsehkameras.

Inszeniert oder nicht, der Effekt war kolossal. Die Nachricht vom Verschwinden des Generals versetzte dem Lande, besonders seinem bürgerlichen Teil, der auf Zeit ganz gerne de Gaullescher Strenge entlaufen war, um Revolutionsromantik zu genießen und jugendliches Rebellentum mitzuspielen, einen schweren Schock. So war es denn doch nicht gemeint gewesen! Zumal die weniger erhebenden Umstände der »Revolution« lästig und beschwerlich zu werden begannen – Versorgungsschwierigkeiten mit Lebensmitteln und Energie –, und überhaupt: La Chienlit verlor viel an Glanz durch die Permanenz des Chaos, durch die Vermischung mit allerlei Zwielichtigem vom Bodensatz der Gesellschaft, durch bedrohliche kommunistische Kraftdemonstrationen. Dem Fest folgte ein abrupter Aschermittwoch. Und als der General plötzlich wiedererstand und in der Intonation seiner großen Stunden dem pflichtvergessenen Volk die Leviten las, da brandete erleichterter Jubel aus der Nation, und Paris erlebte die größte Demonstration seit seiner Befreiung: »über eine Million«, jubilierte ein aus lethargischer Depressivität wiedererwachender Gaullismus, immerhin noch gewaltige 500000 meldete die Polizei.

»Er hat die Stiefel von 1940 angezogen«, rief sich beglückt-erschauernd ein rebellionsmüdes Paris zu. »Ich glaube, ich schrie ›Vive de Gaulle‹«, erinnerte sich ein mittlerweile zum scharfen Kritiker de Gaullescher Politik gewordener Raymond Aron an seine spontane Reaktion beim Anhören des Appells vom 30. Mai. Denn das war es, was der General wieder einmal an die Nation richtete: eine hoheitliche Proklamation und einen flammenden patriotischen Appell. »Als Inhaber der nationalen und republikanischen Legitimität habe ich alle Möglichkeiten ohne Ausnahme erwogen, die es mir erlauben, sie zu bewahren. Ich habe meine Entschlüsse gefaßt. Unter den gegenwärtigen Umständen werde ich mich nicht zurückziehen. Ich habe einen Auftrag des Volkes, ich werde ihn erfüllen. Ich werde den Premierminister nicht entlassen ... Ich löse heute die Nationalversammlung auf ... Ich werde dem Land ein Referendum vorlegen ... Ich werde, wenn die Situation der Gewalt andauert ..., andere Wege als den der Wahl einschlagen ... Auf jeden Fall und sofort muß sich die Bürger-Aktion (action civique) organisieren ..., die Präfekten werden zu Kommissaren der Republik ... Eh bien! Non! Die Republik wird nicht abdanken.« Dazu das Schreckensbild der drohenden Abgründe: »Frankreich ist von der Dik-

»Sie hatten Angst«, kommentierte der General den gaullistischen Massenaufmarsch vom 1. Juni 1968 auf den Champs-Elysées.

tatur bedroht ... vom totalitären Kommunismus. Natürlich wird man sie zu Beginn mit einer betrügerischen Verbrämung schminken ..., indem man den Haß und Ehrgeiz von Politikern benutzt. Danach werden diese Leute nicht mehr wiegen als ihr eigenes Gewicht, das nicht schwer sein wird« – böser Seitenhieb auf die Mitterrand / Mendès-France, die sich soeben als rettende Alternative dem Lande empfohlen hatten.[24]

Es war die letzte Stunde der Grandeur à la Charles de Gaulle. Die Nation hörte nicht nur den Appell und applaudierte ihm von Herzen, sie bereitete dem noch eben Vielgeschmähten ein letztes Mal den Triumph. Gleich nach dem erlösenden Donnerwort von den elyséeischen Höhen und der gaullistischen Heerschau auf ihren Feldern begann Frankreich, die Kulissen und Trümmer seines extravaganten Festes eilends abzuräumen und die Normalität wiederherzustellen. Die Streiks bröckelten überall im Lande ab. Am 5./6. Juni beendeten die ersten Gewerkschaften offiziell den Ausstand; am 12. Juni wurden ohne Um- und Widerstände die militanten Studentenorganisationen aufgelöst; am 14. Juni das besetzte Odéon, am 16. die Sorbonne geräumt; am 17. Juni nahmen als letzte die Arbeiter bei Renault ihre Arbeit wieder auf. Zwar gab es noch einige schrille Zwischenrufe aus der Szene und aus der entgeisterten Opposition – François Mitterrand: »Die Stimme, die wir hörten, kommt weit her aus unserer Geschichte. Es ist die Stimme des 18. Brumaire, es ist die Stimme des 2. Dezember«, Anspielung auf die Staatsstreiche der beiden Napoleone, »es ist die Stimme der Diktatur«[25]; Jean-Paul Sartre: »Man ruft zum Mord auf. Denn der Appell de Gaulles zur Bildung von Bürgerkomitees ist genau das!«[26] Aber das war nur noch Geräusch hinter der Bühne. Am 23. und 30. Juni 1968 wählte Frankreich eine neue Nationalversammlung, und es versah sich dabei mit einer Volksvertretung, wie sie gaullistischer kaum denkbar war. 358 von 485 Abgeordneten rechneten danach zur Mehrheit des Generals, 118 mehr als vordem. Die Linksföderation verlor 61, die Kommunisten 39 ihrer Mandate. Ein Debakel für den Antigaullismus!

War Frankreich im Mai wirklich vom totalitären Kommunismus bedroht? Gewiß, die KPF und ihr gewerkschaftlicher Arm, die CGT, hatten mächtig die proletarischen Muskeln spielen lassen, und selbst der besonnene Georges Pompidou befürchtete zeitweilig den plötzlichen Aufstand. Aber die wohlbekannte und vielerprobte Umsicht und

Disziplin der »Partei« ließen ein solches Abenteuer doch wenig wahrscheinlich, wo nicht ausgeschlossen erscheinen. Schon gar unter den Umständen des anarchischen Mai. Die alte dogmatische Abscheu der disziplinierten Partei-Marxisten gegenüber Voluntarismus, Aktionismus, Revolutionarismus und die tiefe Verachtung klassenstolzer proletarischer Militanten gegenüber dem bunten Aufputz studentischer Libertinage, drapiert dazu noch mit der verhaßten schwarzen Fahne, schlossen eigentlich jeden Gedanken an eine revolutionäre Allianz von vornherein aus. Schon am 3. Mai hatte Georges Marchais in der *Humanité* seinen Hohn ausgegossen über Maoisten, Trotzkisten, Anarchisten eher »folkloristischen« Charakters und ihre Agitation mit dem Bannstrahl leninistischer Orthodoxie gezeichnet: »Diese falschen Revolutionäre müssen energisch demaskiert werden, denn sie dienen objektiv den Interessen der gaullistischen Macht und der großen kapitalistischen Monopole ... ›Herrensöhnchen‹ ..., die schnell ihre ›revolutionäre Flamme‹ wieder dämpfen werden, um den Betrieb Papas zu übernehmen und die Arbeiter in der besten Tradition des Kapitalismus auszubeuten.«[27] Zwei Wochen später, schon mitten im wilden Treiben der Anarchie, forderte Partei-Chef Waldeck-Rochet so revolutionäre Dinge, wie ein »... progressives soziales Programm der Linken ...«, dessen Verwirklichung so grundstürzende Perspektiven eröffnen sollte wie »... die Bürger an Entscheidungen, die das wirtschaftliche, politische und kulturelle Leben des Landes betreffen, mitwirken zu lassen ...«[28]; »Revolutionäre sein, das heißt heute ... abenteuerliche Pläne kategorisch zurückweisen ...«, lautete die offizielle Parteilinie auf dem Höhepunkt der Krise.[29]

Am 27. Mai hatte die KPF in Gestalt der CGT mit der Regierung und den Unternehmerverbänden die sogenannten »Vereinbarungen von Grenelle« getroffen (Rue de Grenelle, Sitz des Sozialministeriums, wo die Verhandlungen stattfanden), in denen es um maßvolle soziale Verbesserungen ging (Anhebung der Mindestlöhne, Arbeitszeitverkürzungen, Familiengeld usw.). Reformen im sozialen, Veränderungen im politischen System – so lauteten die strategischen Ziele der Kommunisten im anarchischen Mai, keine Rede von Revolution, Umsturz, Machtergreifung. »Nein, die zehn Millionen streikender Arbeiter wollten nicht die Macht, sondern bessere Lebensbedingungen«, rechtfertigte CGT-Chef Séguy die proletarische Zurückhaltung.[30] Das Äußerste, wozu die KPF sich in den kritischen Tagen politisch hinreißen ließ, war die Forderung, in einem nach-gaullistischen Regime angemessen vertreten zu sein.

Ebensowenig wie im Spätjahr 1944 gab es im Mai 1968 die reale Gefahr eines kommunistischen Umsturzversuches – zur rechtfertigenden Genugtuung des theoretisierenden Anarchismus. Was seit Bakunin zahllose Male historisch bewiesen, habe sich auch im Mai 1968 trostlos bestätigt: »Zusammenfassend läßt sich sagen, daß KPF und CGT während der Monate Mai und Juni das Spiel der etablierten Macht gespielt haben, das heißt des Staates und der Bourgeoisie«, schrieb Daniel Cohn-Bendit in einer historisch-theoretischen Aufarbeitung des Pariser Mai.[31] Aber war die Analyse des Generals am 30. Mai auch falsch, so klang sie doch richtig. »Sie hatten Angst, deshalb haben sie mich gerufen«, kommentierte er illusionslos seinen letzten Erfolg.

Das letzte Mißverständnis

Ein Triumph des Gaullismus – doch keine wirkliche Genugtuung für die tiefen Blessuren des Generals. Er hatte sich das Referendum gewünscht und nicht die Wahlen. Das Referendum, nach seiner Vorstellung von echter Demokratie der wirkliche, der einzige Vertrauensbeweis des Volkes für seinen Chef. Ganz besonders nach dem, was geschehen war. Wahlen, das ging die Parteien an, die Politiker, und wenngleich er den Erdrutschsieg seinem Appell an die Nation zuschrieb, so war es eben doch kein Ersatz für den Appell der Nation an ihn. Auch hatte er das Referendum angekündigt, und Charles de Gaulle macht keine stillen Rückzüge. Schließlich hatte er tiefgreifende Strukturreformen versprochen und als das Allheilmittel für die Krankheit des Jahrhunderts die Partizipation versprochen. Last but not least: Die Franzosen sollten die Gelegenheit zur Rehabilitation erhalten. »Ich habe dieses Referendum beschlossen, um mich zu versichern, daß die Franzosen, die sich im Mai 1968 schlecht betragen haben, noch einmal mit de Gaulle eine letzte Anstrengung unternehmen wollen, den Staat zu reformieren«, erläuterte er dem Schwiegersohn Alain de Boissieu den vollen pädagogischen Sinn des Unternehmens im Februar 1969.[32]

Kurz, wider alle Warnungen und alle pessimistischen Prognosen begab sich der Achtundsiebzigjährige in seinen letzten Feldzug, um noch einmal »Frankreich zu seiner Bestimmung zu führen«. Partizipation: die Beteiligung, die Mitbestimmung der Menschen an den Bedingungen ihrer sozialen Existenz – nur das sei es, was der mechanisierten Zivilisation die menschliche Dimension zurückgewinnen könne, hatte er seit dem Mai immer wieder verkündet. Durchaus eine Revolution, wie er versicherte, die er gegen alle strukturellen und Interessenwiderstände durchzusetzen gewillt sei. Nichts weniger als die Realisation jenes Dritten Weges zwischen Kapitalismus und Kommunismus, wie er ihm seit Londoner Résistance-Tagen schon immer als Modell nationaler Versöhnung im Sinn lag; nichts Geringeres als die Aufhebung der Entfremdung des Menschen in der modernen Gesellschaft. »Es handelt sich darum, überall dort, wo Menschen miteinander leben und arbeiten, ihre Beziehungen zueinander zu humanisieren, sie würdiger und wirksamer zu machen. Es handelt sich darum, daß keiner zum passiven Instrument wird, sondern aktiv an seinem Geschick partizipiert, das muß die Große Französische Reform unseres Jahrhunderts werden.«[33]

Konkret sollte dies heißen – für die Welt der Arbeit: Gewinnbeteiligung, Informations- und Mitspracherecht der Beschäftigten in den Betrieben; für die Universitäten: innere Autonomie im Zusammenwirken von Lehrenden und Lernenden, sowie ihre Orientierung nach gesamtgesellschaftlichen Bedürfnissen; für die politische Gemeinschaft insgesamt: Demokratisierung der politischen und administrativen Strukturen durch die Dezentralisierung der Beratungs- und Entscheidungsinstanzen im Sinn einer Regionalisierung und Kommunalisierung, also demokratisches Aufbrechen des alten französischen Erzübels des extremen Zentralismus.

In der Tat überaus bedeutsame, ja in vieler Hinsicht durchaus revolutionäre Entwürfe – nur waren sie in ihrer teils vagen Allgemeinheit, teils komplexen Besonderheit dem Land, zumindest zu diesem Zeitpunkt, nicht plausibel zu machen. Die Masse des Volkes blieb gleichgültig. Diejenigen, an deren Besitzstände die Reformen zu rühren drohten, machten mobil – auch und nicht zuletzt im gaullistischen Lager selbst. Die Opposition trieb mit dem vagen und wenig zündenden Begriff der Partizipation bösen Hohn, und auch die engsten Mitarbeiter machten kein Hehl aus ihrer skeptischen Distanz – sogar dem General selbst gegenüber. Auf die Frage des Generals, ob er die Partizipation zusammen mit ihm machen wolle, meinte Georges Pompidou kühl: »Mein General, ich könnte erst dann antworten, wenn ich wüßte, was Partizipation ist. Wenn ich Capitant glauben soll, dann ist es entweder die Sowjetisierung oder die Parlamentsherrschaft in den Betrieben.«[34] Eine »unklare und gefährliche Sache« jedenfalls, »diese berühmte Partizipation«, befand der Premier und Amtsnachfolger de Gaulles in seinen Memoiren.[35]

Vollends zur Verwirrung geriet die Große Französische Reform durch die Kompliziertheit ihrer Systematik und die legalistische Form, in der sie dem Volk zur Entscheidung präsentiert wurde. Der erste Schritt nämlich auf dem Weg der säkularen Erneuerung und Humanisierung der französischen Gesellschaft sollte über die Regionalisierung und damit verbunden über eine Umgestaltung des Senats, der zweiten parlamentarischen Kammer, führen. An sich schon sinnvoll und schlüssig – der Senat sollte, kurz gesagt, zum basisnahen Interessenorgan der neu zu schaffenden regionalen Autonomie umkonstruiert werden –, doch viel zu kompliziert, viel zu abstrakt für den Normalbürger, als daß er hierin die historische Bedeutung zu erkennen vermocht hätte, die der General ihr beimaß. Der voluminöse Text – ein juristisches Monstrum, wie selbst die Treuesten der Treuen nicht umhin konnten, verzweifelt festzustellen –, an sich schon abschreckend genug, verdeckte eher die grundsätzliche Entscheidung, um die es ging. Zwar meinte der General, die Franzosen wüßten schon, daß es um das System gehe, da er mit ihrer Entscheidung sein politisches Schicksal verbunden habe, aber je näher das Referendum rückte, desto resignierter und distanzierter wurden seine Kommentare. »Selbst wenn ich verliere, werde ich der Gewinner sein«, hörte ihn François Mauriac sagen, »denn vor der Geschichte, und sie ist die einzige Instanz, die mich interessiert, wird die Zukunft sagen, daß ich über einem Projekt gestürzt bin, das für das Land wesentlich war.«[36] »Ihre Entscheidung wird Frankreichs Schicksal bestimmen!« rief er in seiner allerletzten Rede den Franzosen beschwörend zu. Vergebens! Am 27. April 1969 beschied Frankreich den letzten Appell seines Staatspräsidenten mit einem Nein; 52,41 Prozent der abstimmenden Franzosen verwarfen de Gaulles Start in die Große Französische Reform. Tags darauf, mittags um 12 Uhr, legte er sein Amt nieder.

Es hat viele Spekulationen darüber gegeben, ob es sich nicht doch um den provozierten Abschied gehandelt habe. Kein Geringerer als André Malraux, der beim General mit Abstand am höchsten in Gunst stehende Vertraute und Mitarbeiter, glaubte an einen subtilen Racheakt: »Er erfand die Regionalisierung und die Senatsreform, weil er die Undankbarkeit der Franzosen provozieren wollte.«[37] Wie auch immer, die öffentliche Reaktion war kühl, fast unbeteiligt. Die Getreuen konzentrierten sich auf den Gaullismus nach de Gaulle, die Opposition auf dessen Bekämpfung, das Volk blieb unbewegt. Charles de Gaulle war in die Geschichte eingegangen.

»Am 30. Mai hat man Vive de Gaulle geschrien, weil man Angst hatte, man verlangte nichts anderes von mir, als daß ich die Ruhe wiederherstellte ... Mir dagegen schien es, daß die Ereignisse den Anlaß boten, Reformen auf allen Gebieten in Angriff zu nehmen. Aber das war überhaupt nicht das, was man wollte. Dies war das letzte Mißverständnis zwischen den Franzosen und mir.«[38]

Still war der General in die Boisserie zurückgekehrt – tief verletzt, wie seine Frau Freunden anvertraute. Vom 10. Mai bis zum 19. Juni 1969 unternahm das Ehepaar eine Reise nach Irland. In der Abgeschiedenheit der karg-melancholischen Landschaft vollzog er die Trennung, suchte er Abstand zu gewinnen. Brüsk wies er Nachrichten über die Wahlkampagne zu seiner Nachfolge zurück, widerwillig empfing er den französischen Botschafter in Irland. »Das interessiert ihn nicht mehr ... Man solle das Eisen in der Wunde nicht noch drehen« – mit diesen Worten gab seine Frau dem tiefen Schmerz des einsamen Mannes Ausdruck.

Aber es dauerte nur seine Zeit, schon bald fand er wieder zu seinem Stil, als er, zum Ärger der Briten, bei offiziellem Anlaß einen Toast ausbrachte auf das »ganze Irland«, den englischen Norden also eingeschlossen. Und er begann mit neuem Eifer die Vollendung seines Memoirenwerkes, getrieben von der Furcht, es nicht mehr vollenden zu können. »Wie gerne würde ich diese Memoiren vor meinem Tode zu Ende bringen. Ich beeile mich, ich beeile mich. Dies ist meine Mission bevor ich sterbe«, hörte ihn die Verwandtschaft sagen.[39] Er hat sie nicht erfüllen können, seine letzte Mission.

Am 28. April 1969 trat der französische Staatspräsident nach dem gescheiterten Referendum über die beabsichtigte Umwandlung des zentralistischen politischen Systems zurück. Am 9. November starb de Gaulle, fast achtzigjährig, in Colombey-les-deux-Eglises. Frankreich war »verwitwet«, so sein Nachfolger Georges Pompidou.

Außer den Angehörigen waren es nur noch wenige Besucher, die Einlaß fanden in die Boisserie: alte Getreue aus den lichter werdenden Reihen der »Compagnons« des Freien Frankreich, politische Weggefährten der Fünften Republik, die Wahrer seines literarischen Vermächtnisses. Sie wußten von einem gelassenen, ganz seinem Werk hingegebenen Mann zu berichten, »lächelnd, seigneurial, weit entfernt vom Tagesgeschehen, vollauf beschäftigt mit der Redaktion seines neuen ersten Bandes«[40]. Noch eine Reise nach Spanien im Juni 1970, Pläne für einen großen China-Besuch, weite Spaziergänge in den geliebten »gallischen Wald« in der Umgebung der Boisserie. Schon lange hatte sein Sehvermögen empfindlich nachgelassen; jede Schwäche nach außen sorgsam verbergend, hatte er nach dem Zeugnis seiner Frau Yvonne in den letzten beiden Jahren doch sehr an körperlichen Gebrechen gelitten. Am Abend des 9. November 1970 ist Charles de Gaulle, fast achtzigjährig, im Kreis der Familie gestorben. »Frankreich ist verwitwet« – mit diesem Wort wandte sich der Staatspräsident Georges Pompidou an die Nation, als er die Nachricht vom Tod des Generals bekanntgab. Allein Frankreichs Armee durfte ihm nach seinem letzten Willen neben der Familie die letzte Ehre erweisen.

Anhang

Aus den historischen und militärtheoretischen Schriften 1924–1934

Die deutsche »Nietzsche-Elite«

Endlich, vom 18. Juli 1918 an, der plötzliche und totale moralische Zusammenbruch eines tapferen Volkes – ein Verfall um so grandioser, als dieses Volk bis dahin einen kollektiven Siegeswillen, eine Ausdauer, eine Leidensfähigkeit bewiesen hatte, die vom ersten Tag des Krieges an das Erstaunen und die Bewunderung seiner Feinde erregten und denen die Geschichte gewiß Ehre erweisen wird.

Die deutschen militärischen Führer, deren Aufgabe es war, diese gewaltigen Anstrengungen zu lenken und zu koordinieren, haben eine Kühnheit bewiesen, einen Unternehmungsgeist, einen Siegeswillen, eine Kraft der Führung, deren letztliches Scheitern ihren Glanz nicht verminderten. Vielleicht wird diese Studie ... die diesen hervorragenden Männern eigentümlichen Mängel offenlegen: die Neigung zu maßlosen Unternehmen, der Drang, koste es was es wolle, ihre persönliche Macht zu erweitern, die Verachtung der durch die Erfahrung, den gesunden Menschenverstand und das Gesetz gezogenen Grenzen ... Weit entfernt davon, ihre Mängel zu beherrschen, haben die deutschen Führer sie als Stärken betrachtet und sie zum System erhoben ... Vielleicht wird man in ihrem Verhalten die Prägung durch die Theorien Nietzsches über die Elite und den Übermenschen erkennen ... Der Übermensch mit seinem Ausnahmecharakter, seinem Willen zur Macht, seiner Risikofreude, der Verachtung der anderen, wie ihn Zarathustra sehen will, erschien diesen von leidenschaftlichem Ehrgeiz Besessenen als Ideal, sie haben sich freudig entschlossen, jener ausgezeichneten Nietzsche-Elite anzugehören, die, indem sie ihren eigenen Ruhm verfolgt, davon überzeugt ist, dem allgemeinen Wohl zu dienen;

die die »Massen der Sklaven« beherrscht, indem sie sie verachtet; die nicht nur nicht haltmacht vor menschlichem Leiden, sondern es als notwendig und wünschenswert begrüßt ...

La Discorde chez l'Ennemi, 1924, S. 13f.

Der deutsch-französische Gegensatz

Zwischen Galliern und Germanen haben die wechselseitigen Siege nichts entschieden und niemanden befriedigt. Manchesmal scheinen sich die beiden Völker erschöpft durch den Krieg einander zu nähern wie zwei wankende Kämpfer. Aber kaum erholt, erspäht jeder wieder den Gegner. Diese Unstabilität entspringt der Natur der Dinge. Es gibt keine geographische Barriere zur Trennung der Rassen. Der ständige Austausch, der daraus resultierte, hatte gewiß die Vielfalt der wechselseitigen Beeinflussung zur Folge, aber auch die Überschneidung der Interessensphären. Wo immer die deutsch-französische Grenze verläuft, markiert sie die Ränder einer Wunde. Woher auch der Wind über sie hingeht, ist er geschwängert von Hintergedanken.

Der Gegensatz der Temperamente verstärkt noch diese Bitterkeit. Nicht, daß der eine den Wert des anderen unterschätzte und manchesmal nicht davon träumte, welche großen Dinge man gemeinsam vollbringen könne. Aber die Reaktionsweisen sind so verschieden, daß sie die beiden Völker in ständigem Mißtrauen gegeneinander halten. Dieser Franzose, der in seinem Denken so sehr auf Ordnung hält und in seinem Verhalten auf so wenig, dieser Logiker, der an allem zweifelt ... dieser Jakobiner, der »Es lebe der Kaiser« ruft ... kurz, dieses bewegliche, unruhige, widerspruchsvolle Volk, wie könnte sich der Germane ihm zugesellen, es verstehen, sich mit ihm wohlzufühlen? Umgekehrt beunruhigt uns Deutschland, Naturkraft, der es sich am nächsten fühlt, ein Bündel mächtiger aber wirrer Triebe, geborene Künstler ohne Geschmack, leibeigen gebliebene Techniker, kriegerische Familienväter, Restaurants, die Tempeln gleichen, Fabriken inmitten von Wäldern, gotische Paläste zu Bedürfniszwecken, Unterdrücker, die geliebt werden wollen ... Ritter der Blauen Blume, die ihr Bier erbrechen ... episch am Morgen, romantisch am Mittag, kriegerisch am Abend, ein wunderbar blaues Meer, aus dem das Netz bunt durcheinander Monstren und Schätze hebt, eine Kathedrale, deren vielfarbenes Schiff edle Säulen birgt, erfüllt ist von reichen Harmonien für die Sinne und den Geist, die Seele und das Gemüt, das Licht und die Religion der Welt, aber deren dunkles Gewölbe von barbarischem Lärm widerhallt und das Auge, den Geist, das Herz verletzt…

Die deutsche Einheit, durch unsere Illusionen gefördert, durch unsere Niederlagen besiegelt, durch unseren Eifer, den jüngsten Sieg ja zu begrenzen, bestätigt, hat den Koloß selbst dazu gebracht, sich mit geballter Kraft und ohne zu zögern nach Westen zu wenden. Gewiß nicht ohne zahlreiche innere Widersprüche. Es ist schwer erträglich für einen Bayern, die preußische Vormacht hinzunehmen, für einen katholischen Rheinländer, unter der Fuchtel protestantischer Beamter zu leben, für einen Hamburger Kaufmann, dem gleichen Regime zu unterliegen wie ein pommerscher Junker. Trotz des äußeren Anscheins nähren Regionen, Parteien, politische und gesellschaftliche Kräfte, Verbände tausend auseinanderstrebende Tendenzen. Aber gerade diese Gefahr der Anarchie treibt das Reich zu Taten. Seine Einheit hat zur Bedingung die Expansion nach außen, die großen Pläne, die in den Augen der Deutschen allein die Opfer rechtfertigen, die sie dafür bringen … Das heutige Reich folgt dem gleichen Drang. Wer kann daran zweifeln, daß eine neue Krise die Deutschen sich wieder einmal gegen Paris wird wenden lassen.

Vers l'Armée de Métier, 1934, S. 25–30

Vom Genius des Krieges

Eine Art Mystik hat sich überall verbreitet, die nicht nur den Krieg verdammt, sondern dazu neigt, ihn überhaupt für überwunden zu halten … Ein Eifer nicht ohne Exorzismus: um den bösen Dämon zu bannen, hallt eine Flut von Verwünschungen um die Welt; um den Abscheu zu schüren, werden tausend Bilder beschworen seine Schrecken darzustellen, unterschlagen wird, was sich an Größe findet. Vom Kampf will man nur das Blut, die Tränen, die Gräber zeigen, nicht den Ruhm, der die Schmerzen der Völker lindert… Der Stand des Soldaten wird in seiner Wurzel angegriffen…

Aber wie? Wo wäre denn zu erkennen, daß die Leidenschaften und Interessen, aus denen die bewaffneten Konflikte entstehen, schwiegen, daß einer aus freiem Willen auf das verzichtete, was er hat oder was er sich wünscht, daß die Menschen aufhörten Menschen zu sein? Hält man das heutige Gleichgewicht wirklich für gewährleistet, wo doch die Kleinen wachsen, die Starken herrschen und die Alten überleben wollen? ... Im übrigen, selbst wenn man annimmt, daß die Nationen für eine Weile ihre Beziehungen durch ein oberstes Gesetz regeln wollen, genügt das Recht, wenn man es nicht durchzusetzen vermag? »Das Gesetz ohne Waffen verfällt der Verachtung«, sagte der Kardinal de Retz. Internationales Recht ist wertlos ohne Truppen. Welchen Weg die Welt auch gehen mag, sie wird die Waffen nicht entbehren können.

Kann man sich überhaupt das Leben ohne Gewalt vorstellen? Man sterilisiere die Geister, man gefriere die Seelen, man schläfere die Begierden ein, dann wird sicherlich die Gewalt aus einer erstarrten Welt verschwinden. Wo nicht, wird nichts verhindern, daß sie unentbehrlich bleibt. Rückhalt des Denkens, Werkzeug der Tat, Bedingung der Bewegung – es bedarf dieser Hebamme, um den Fortschritt zutage zu fördern ... Man verdankt ihr Ordnung und Freiheit ... Die Gewalt gibt den Völkern das Gesetz und bestimmt ihr Geschick.

In Wahrheit sind militärischer Geist, die Kunst des Soldaten, ihre Tugenden integraler Teil des Schatzes der Menschheit. Kann man Griechenland ohne Salamis verstehen, Rom ohne seine Legionen, die Christenheit ohne das Schwert, den Islam ohne den Krummsäbel, die Revolution ohne Valmy, den Völkerbund ohne Frankreichs Sieg? Und dann, diese Verleugnung des einzelnen zum Wohle des Ganzen, dieses heroische Leiden ... sie entsprechen vollauf unseren ästhetischen und moralischen Normen: die höchsten philosophischen und religiösen Lehren kennen kein anderes Ideal. Es ist an der Zeit, daß die militärische Elite sich ihrer überragenden Rolle bewußt wird ... daß sie das Haupt erhebt und den Blick auf die Höhen richtet ...

Au Fil de l'Epée, 1932, S. 12–16

Der Mann von Charakter verkörpert in sich die der Kraft eigentümliche Härte. Die Untergebenen spüren es und manchmal leiden sie darunter. Im übrigen hält ein solcher Chef auf Distanz, denn es gibt weder eine Autorität ohne Prestige, noch Prestige ohne Distanz. Unter ihm raunt man von seinem Hochmut und seinen Ansprüchen. Aber in der Aktion nichts mehr von Kritik. Aller Willen und Hoffnungen richten sich auf ihn, wie das Eisen auf den Magnet. Kommt es zur Krise, dann ist er es, dem man folgt ... Umgekehrt trägt das Vertrauen der Kleinen den Mann von Charakter. Er fühlt sich verpflichtet durch die schlichte Gerechtigkeit, die man ihm widerfahren läßt. Seine Festigkeit wächst, aber auch sein Wohlwollen, er ist der geborene Beschützer ...

Was die Vorgesetzten angeht, so ist ihm der normale Lauf der Dinge nicht günstig. Sicher seines Urteils, bewußt seiner Kraft, macht er dem Gefallenwollen keine Zugeständnisse. Daß er seine Entschlüsse selbst faßt und nicht nach einem Befehl, lassen ihn sich oft vom passiven Gehorsam entfernen. Er verlangt, daß man ihm eine Aufgabe gibt und ihn dann selbständig verfahren läßt – eine unerträgliche Zumutung für viele Vorgesetzte, die aus Mangel an Überblick sich in Details verlieren und die Formalitäten pflegen ... »Hochmütig, undiszipliniert«, sagen die Mittelmäßigen ... Aber sobald es Ernst wird, die Gefahr bedrohlich, das allgemeine Wohl die schnelle Initiative erfordert, die Risikofreude, den Ernst, dann ändert sich die Einschätzung und man wird ihm gerecht. Eine Art von Woge trägt ihn an den ersten Platz. Man hört auf seinen Rat, man anerkennt seinen Wert. Selbstverständlich wird ihm die schwierige Aufgabe zuteil, die Hauptlast, der entscheidende Auftrag. Alles was er vorschlägt wird erwogen, alles was er fordert ihm zugestanden ...

Diese einmütige Zuflucht zum Charakter, wenn sie die Ereignisse erzwingen, läßt den Instinkt der Menschen erkennen. Alle spüren im Grunde in dieser Stärke den höchsten Wert. Alle haben das Gefühl, daß sie das wichtigste Element des Handelns ist ... Wo hätte man jemals die Vollendung eines großen Werkes gesehen, in dem sich nicht die Leidenschaft des Mannes von Charakter gezeigt hätte, selbständig zu handeln? ... Jene, die etwas Großes vollbrachten, mußten oft den Anschein falscher Disziplin überschreiten ... Nach der Schlacht von Jütland, nach der von den Engländern vertanen Chance, die deutsche Flotte zu vernichten, rief Lord Fisher, erster Lord der Admiralität, als er den Bericht des Admirals Jellicoe erhalten hatte, voll Bitterkeit aus: »Er hat alle Qualitäten Nelsons, nur eine nicht: er kann nicht ungehorsam sein.«

Au Fil de l'Epée, 1932, S. 64–68

Von der Selbstinszenierung

Vor allem, es gibt kein Prestige ohne Geheimnis, denn man bewundert nicht, was man zu gut kennt. Alle Kulte haben ihre Heiligenschreine, und es gibt keinen großen Mann für seinen Kammerdiener. Also muß es in seinen Unternehmungen, seiner Art, seinem Denken ein Element geben, welches für die anderen schwer zu fassen ist, das sie verwirrt, bewegt, in Atem hält. Freilich nicht so, daß man sich im Elfenbeinturm einschließt, die Untergebenen ignoriert, unzugänglich für sie ist. Ganz im Gegenteil, die Macht über Seelen setzt voraus, daß man sie beachtet, daß jede glaubt, man habe gerade sie ausgezeichnet. Aber unter der Voraussetzung ... daß jederzeit die Überraschung eintreten kann. Der latente Glaube der Massen bewirkt den Rest ...

Solche innere Zurückhaltung muß von der äußeren der Worte und Gesten begleitet sein. Äußerlichkeiten vielleicht, nach denen die Menge indessen ihr Urteil fällt. Trifft es im übrigen nicht zu, daß es eine Beziehung zwischen innerer Kraft und äußerer Erscheinung gibt? Die Erfahrung der Krieger hat niemals die Wichtigkeit der äußeren Haltung verkannt ... Sie haben daraus eine Kunst gemacht, die Flaubert vorzüglich in der Wirkung gezeichnet hat, die der kalkulierte Auftritt Hamilkars auf die zögernden Soldaten ausübte. Jede Seite seiner Kommentare zeigt, wie Cäsar seine öffentlichen Auftritte inszeniert hat. Man kennt den Bedacht, den Napoleon darauf verwandte, sich immer unter Umständen zu zeigen, daß die Gemüter davon ergriffen wurden ...

Au Fil de l'Epée, 1932, S. 90–93

Aus den Reden, Proklamationen, Pressekonferenzen 1940–1968

Der »Appell« vom 18. Juni 1940

Die Chefs, die seit vielen Jahren an der Spitze der französischen Armeen stehen, haben eine Regierung gebildet. Diese Regierung, indem sie sich auf die Niederlage unserer Armee beruft, verhandelt mit dem Feind, um den Kampf zu beenden. Gewiß, wir wurden, wir werden von der mechanischen Macht des Feindes zur Erde und in der Luft überwältigt. Unendlich viel mehr als ihre Zahl sind es die Panzer, die Flugzeuge, die Taktik der Deutschen, die uns zum Rückzug zwingen. Es sind die Panzer, die Flugzeuge, die Taktik der Deutschen, die unsere Chefs so überraschten, daß sie dahin gerieten, wo sie sich heute befinden.

Aber ist das letzte Wort schon gesprochen? Muß die Hoffnung verschwinden? Nein!

Glauben Sie mir, ich, der ich in Kenntnis der Dinge spreche, sage Ihnen, daß nichts für Frankreich verloren ist. Die gleichen Mittel, die uns besiegten, können uns eines Tages den Sieg bringen. Denn Frankreich ist nicht allein! Es ist nicht allein! Es ist nicht allein! Es hat ein großes Kolonialreich hinter sich. Es kann einen Block mit dem britischen Weltreich bilden, das die Meere beherrscht und den Kampf fortsetzt. Es kann, wie England, ohne Einschränkung die riesige Industrie der Vereinigten Staaten benutzen.

Dieser Krieg ist nicht beschränkt auf das Territorium unseres unglücklichen Landes. Dieser Krieg wird nicht entschieden durch die Schlacht um Frankreich. Dieser Krieg ist ein Weltkrieg. Alle Fehler, alle Versäumnisse, alle Leiden verhindern nicht, daß es in der Welt alle nötigen Mittel gibt, eines Tages unsere Feinde zu schlagen. Heute durch die mechanische Macht zerschmettert, können wir in Zukunft durch eine überlegenere mechanische Macht siegen. Das Schicksal der Welt hängt davon ab.

Ich, der General de Gaulle, gegenwärtig in London, fordere alle französischen Offiziere und Soldaten, die sich auf britischem Territorium befinden oder dahin gelangen werden, auf, sich mit oder ohne Waffen mit mir in Verbindung zu setzen, ebenso die Ingenieure und die Spezialisten der Waffenindustrie.

Was immer geschehen mag, die Flamme des französischen Widerstandes darf nicht erlöschen und wird nicht erlöschen. Morgen, so wie heute, werde ich über Radio London sprechen.

Discours et Messages. Pendant la Guerre, S. 3f.

»Dieser Krieg ist eine Revolution ...«

Was wollen wir? Zuallererst kämpfen, kämpfen, um zum Sieg über den Feind beizutragen. Wohlverstanden, siegen, das darf nicht nur heißen, ihn aus dem Land zu jagen, sondern das heißt nichts weniger als Deutschland zerbrechen, diesen physischen und moralischen Körper, dessen Gewicht die Welt erdrückt ...

Aber wir wollen, wir die Armee der Freien Franzosen, daß dieser Sieg, dieser gewisse Sieg, so weit wie möglich ein französischer Sieg sein soll ... Aus diesem Sieg, diesem unserem Sieg ... muß ein neues Frankreich hervorgehen. Dieser Krieg ist eine Revolution, die größte, welche die Welt jemals gesehen hat! Was wir, die Freien Franzosen an Energie, Größe, Reinheit beitragen, soll zu einem Ferment werden. Wir, die Freien Franzosen, wollen eines Tages eine reiche Ernte an Ergebenheit, Selbstlosigkeit, Uneigennützigkeit einbringen. So wird morgen unser Frankreich wiedererstehen ...

Radioansprache über BBC London vom 29. November 1940
Discours et Messages. Pendant la Guerre, S. 48f.

Faschismus – Ausdruck einer Zivilisationskrise

Einige Geister finden es richtig, die um die Welt laufende Revolution dem Ehrgeiz eines Mannes zuzuschreiben, der Adolf Hitler heißt. Sie stellen sich die Ursache dieses Krieges in der Geschichte eines üblen Tyrannen vor, der, nachdem er »Mein Kampf« geschrieben hat, den einen Teil der Welt zum Angriff gegen den anderen hetzt, um dem Planeten sein Evangelium aufzuzwingen ... Damit es von nun an einen gerechten und dauerhaften Frieden gebe, genüge es, den Diktator aus Berchtesgaden zu entfernen. Andere ... sind überzeugt, daß der ewige Hunger nach Herrschaft des deutschen Volkes wieder einmal die Ursache der Katastrophe gewesen sei. Also wäre die Frage grundsätzlich so zu lösen, daß man mit Festigkeit und Beständigkeit diesem Volk eine Ordnung auferlege, die Garantien hinsichtlich seiner Grenzen und Bewaffnung enthält. Es ist in der Tat nur allzu offensichtlich, daß seit Jahrhunderten der Brand in Europa immer von dem Land ausging, von dem man sagen konnte, daß der Krieg seine Industrie gewesen sei ... Aber man muß sich fragen, ob in der Verbindung von Nazismus und deutschem Dynamismus nur der Zufall am Werk war, oder ob diese Begegnung nicht einem allgemeineren Übel entsprang, nennen wir es beim Namen, Zivilisationskrise ...

Man kann nicht umhin zuzugeben, daß in der modernen Zeit die Transformation der Lebensbedingungen durch die Maschine, die wachsende Zusammenballung der Massen und der gigantische Konformismus der daraus resultiert, die Freiheit des einzelnen von Grund auf in Frage stellt. Seitdem die Menschen durch ihre Arbeit, ihre Vergnügungen, ihre Gedanken, ihre Interessen einer beständigen Kollektivierung unterworfen sind, seitdem ihre Wohnung, ihre Kleidung, ihre Nahrung fortschreitend dem gleichen Muster sich annähert, seitdem sie zur gleichen Zeit das Gleiche lesen, die gleichen Filme sehen, die gleichen Informationen, die gleiche Musik konsumieren, seitdem sie zur gleichen Stunde die gleichen Transportmittel zu den gleichen Fabriken oder Büros, den gleichen Restaurants oder Kantinen, den gleichen Sportplätzen und Bühnen benutzen ... verliert die eigene Persönlichkeit die freie Wahl und ihren Wert. Es bildet sich eine Art allgemeine Mechanisierung heraus ... in der das Individuum unvermeidlich untergeht.

Dies um so mehr, als die Massen, weit entfernt davon, sich dieser Uniformierung zu widersetzen, sich im Gegenteil dazu drängen und noch Geschmack daran finden ... Die gleiche Uniform zu tragen, im Gleichschritt zu marschieren, im Chor singen, mit der gleichen Geste salutieren, sich am Spektakel der Masse berauschen, der man selbst zugehört, das alles scheint einer Art von Bedürfnis unserer Zeitgenossen zu entsprechen. In diesen neuen Tendenzen haben die Diktatoren den Erfolg ihrer Lehren und Riten gesucht und gefunden. Gewiß, sie waren zuerst erfolgreich bei jenen Völkern, die in der Hoffnung auf Herrschaft über andere die Organisation der Termiten mit Enthusiasmus übernahmen. Aber man soll sich nicht darüber täuschen, daß die Entwicklung selbst der Neuen Ordnung außerordentlichen Vorschub leistet ...

Rede an der Universität Oxford vom 25. November 1941
Discours et Messages. Pendant la Guerre, S. 151f.

Die gute und die böse Fee

... Es war einmal: Frankreich! Die Nationen, müßt ihr wissen, sind wie die Damen, mehr oder weniger schön, gut und mutig. Nun, unter den Damen Nationen war keine je schöner, besser und mutiger als unsere Dame Frankreich. Aber Frankreich hat eine brutale Nachbarin, verschlagen und eifersüchtig: Deutschland! Deutschland, trunken von Stolz und Bosheit, wollte eines schönen Tages die benachbarten Nationen versklaven. Im Monat August 1914 hat es angegriffen. Aber Frankreich konnte es an der Marne aufhalten, dann vor Verdun. Andere große Nationen, England, Amerika hatten dadurch Zeit, zu Hilfe zu eilen. So ist Deutschland, dessen Territorium gar nicht besetzt war, mit einem Schlage zusammengebrochen. Es hat sich dem Marschall Foch ergeben. Es hat um Gnade gebeten. Es hat unter Tränen versprochen, daß es so etwas nie wieder tun werde ...

Daraufhin haben sich die siegreichen Nationen wieder getrennt und sich ihren eigenen Angelegenheiten zugewandt. Darauf hatte Deutschland nur gewartet. Indem es die Gutgläubigkeit ausnutzte, hat es neue Angriffe vorbereitet. Alsbald ist es erneut über Frankreich hergefallen. Und dieses Mal hat es die Schlacht gewonnen ...

Meine lieben Kinder Frankreichs, ihr habt Hunger, weil der Feind uns das Brot und Fleisch ißt. Ihr friert, weil der Feind unser Holz und unsere Kohlen stiehlt, ihr leidet, weil der Feind euch sagt und es euch nachsprechen läßt, daß ihr Söhne und Töchter von Besiegten seid. Nun, ich verspreche euch ... ihr werdet bald Besuch bekommen, den Besuch des Sieges. Ah! Wie schön er sein wird, ihr werdet es sehen.

Weihnachtsbotschaft an die Kinder Frankreichs über BBC London (1941)
Discours et Messages. Pendant la Guerre, S. 159f.

Deutschlands Vernichtung – im höheren europäischen Interesse zu bedauern

Der Krieg geht weiter. Wiewohl jeden Tag an allen Fronten die Waffen der Alliierten glänzende Siege erringen, bleibt der Kampf hart und blutig. Inmitten seiner verwüsteten Städte und in den Trümmern seines Landes fährt der Feind fort, sich erbittert zu schlagen. Es scheint so, daß so lange gekämpft werden muß, bis die letzte deutsche Einheit in ihrer letzten Stellung vernichtet sein wird.

Philosophen und Historiker werden später einmal über die Ursachen dieser Verbissenheit diskutieren, die ein großes Volk in den totalen Ruin führt, ein schuldiges Volk gewiß, für das die Gerechtigkeit fordert, daß es bestraft wird, aber von dem das höhere Interesse Europas bedauern wird, daß es zerstört wurde ...

Radioansprache vom 24. April 1945
Discours et Messages. Pendant la Guerre, S. 575

Der Erstentwurf zur Verfassung der Fünften Republik (Rede von Bayeux vom 16. Juni 1946)

... Im Verlauf einer Zeitspanne, die keine zwei Menschenalter währte, wurde Frankreich siebenmal angegriffen und praktizierte 13 Verfassungen ... So viele Erschütterungen haben in unserem öffentlichen Leben Gifte angesammelt, die unsere alte gallische Neigung zu Streit und Zwietracht nähren. Die unerhörte Prüfung, die wir gerade durchstanden haben, hat die Lage der Dinge natürlich noch verschlimmert. Die gegenwärtige Weltlage, wo hinter feindlichen Ideologien die Großmächte einander gegenüberstehen, zwischen denen wir uns befinden, hat in unsere politischen Auseinandersetzungen zusätzlich einen Faktor leidenschaftlicher Unruhe getragen. Kurz, der Parteienstreit trägt bei uns einen Grundsatzcharakter, der stets alles in Frage stellt und hinter dem allzu häufig die höheren Interessen des Landes verschwinden. Es handelt sich hier um eine offenkundige Tatsache unseres Nationalcharakters, unserer Geschichte, der gegenwärtigen Erschütterungen, der unsere Institutionen aber im Interesse der Zukunft des Landes und der Demokratie Rechnung tragen müssen, um die Glaubwürdigkeit der Gesetze, die Geschlossenheit der Regierungen, die Wirksamkeit der Verwaltung und die Staatsautorität erhalten zu können ...

Alle Prinzipien und alle Erfahrungen lehren, daß die Gewalten: Legislative, Exekutive, Judikative sauber voneinander getrennt und in festem Gleichgewicht zueinander stehen müssen und daß über dem politischen Tagesstreit eine nationale Schiedsinstanz bestehe, die die Kontinuität inmitten des Wandels zum Ausdruck bringt.

Es ist klar und unbestritten, daß die Verabschiedung der Gesetze und Budgets einer in allgemeiner und direkter Wahl bestellten Versammlung zukommt. Aber die erste Regung einer solchen Versammlung ist nicht notwendigerweise von Weitsicht und Klarheit getragen. Deshalb muß eine zweite Versammlung, anders gewählt und anders zusammengesetzt, die Aufgabe übernehmen, öffentlich zu überprüfen, was die erste beraten hat, Änderungen zu formulieren, Entwürfe vorzuschlagen ...

Es versteht sich von selbst, daß die Exekutive nicht aus dem Parlament ... hervorgehen darf, bei Strafe der Gewaltenvermischung, in der die Regierung bald nichts anderes mehr sein würde als ein Fraktionsverein ... Also muß die Exekutive ihren Auftrag vom Staatschef erhalten, der über den Parteien steht und von einem Wahlkollegium bestellt ist, zu dem zwar das Parlament gehört, das aber sehr viel weiter gefaßt ist ... dem Staatschef kommt es zu, bei der Auswahl der Männer das öffentliche Wohl walten zu lassen ... Er hat die Aufgabe, die Minister und zuerst natürlich den Premier zu ernennen ... Ihm das Recht, die Gesetze zu verkünden und Verordnungen zu erlassen. Er präsidiert dem Kabinett ... Er hat die Aufgabe, als Schiedsrichter über der Tagespolitik zu stehen, sei es in der Regel durch den Rat, sei es in Augenblicken ernster Wirren durch den Appell an das Land, seinen souveränen Willen durch Wahlen kundzutun. Ihm obliegt die Pflicht, sollte das Vaterland in Gefahr geraten, Garant der nationalen Unabhängigkeit zu sein.

Discours et Messages. Dans l'Attente, S. 7–10

Zur Europäischen Verteidigungsgemeinschaft

Die Verträge geben dem Reich seine volle Souveränität und gleiche Rechte zurück. Nichts verpflichtet das Deutsche Reich, seine jetzigen Grenzen anzuerkennen. Nichts verhindert, daß es morgen seine Ambitionen von gestern wiederaufnimmt. Im Gegenteil ... man hat allen Grund zu befürchten, daß seine Dynamik es wieder einmal zum Abenteuer verführen wird. Sein Drang, die Ostgebiete wiederzugewinnen ... verdammt es dazu, entweder seinen aggressiven Nationalismus gegen den Westen zu wenden, oder den Westen in einen Krieg für seine Interessen hineinzuziehen.

Unter diesen Umständen gibt man vor, eine »Verteidigungsgemeinschaft« zu errichten und eine sogenannte »europäische« Armee unter amerikanischem Kommando zu schaffen. Zusammengewürfelt mit dem besiegten Deutschland und Italien soll Frankreich seine Männer, seine Waffen, sein Geld in diese vaterlandslose Mixtur einbringen. Diese Erniedrigung wird ihm im Namen gleicher Rechte zugemutet, damit Deutschland den Ruf wahrt, keine Armee zu haben und dennoch seine Militärmacht wiederherstellt.

Erklärung vom 6. Juni 1952
Discours et Messages. Dans l'Attente, S. 524

Europa bis zum Ural

Ich habe immer gewünscht, daß die Einheit Europas aus dem Unglück des Krieges hervorgeht. Aber ich sehe Europa so wie es ist. Ich sehe es sich erstrecken von Gibraltar bis zum Ural, von Spitzbergen bis Sizilien und nicht begrenzt auf eine deutsch-französische Gruppierung, die man unter germanischer Oberhoheit in den Grenzen Karls des Großen ins Leben rufen würde ... Ich sehe es als ein Ensemble unzerstörbarer Nationen, geschmiedet im Feuer der Geschichte, jede mit ihrer Gestalt, ihrem Charakter, ihren Traditionen ... die sich vereinen können und müssen, aber es ist kindisch und lächerlich, eine von ihnen mit einer anderen verschmelzen zu wollen ...

Um das gewaltige Werk der europäischen Einigung zu beginnen, die in jedem Fall langwierig, schwer und Schritt für Schritt zu vollbringen sein wird, glaube ich, daß man zuerst die freien Nationen föderieren muß ...

Pressekonferenz vom 7. April 1954
Discours et Messages. Dans l'Attente, S. 608f.

»Ich habe euch verstanden«

Ich habe euch verstanden. Ich weiß, was hier geschehen ist. Ich sehe den Weg, den ihr in Algerien geöffnet habt, es ist der Weg der Erneuerung und der Brüderlichkeit ...

Ich nehme das alles im Namen Frankreichs zur Kenntnis, und ich erkläre, daß von heute an in ganz Algerien es nur noch eine Klasse von Bürgern gibt – Franzosen, ohne Einschränkung, mit den gleichen Rechten und Pflichten. Dies bedeutet, daß es Wege zu öffnen gilt, die bis jetzt für viele verschlossen waren. Das bedeutet, daß es denen die Mittel zum Leben zu geben gilt, die sie nicht besaßen. Dies bedeutet, daß es die Würde derjenigen anzuerkennen gilt, denen man sie bestritt. Das heißt, daß es jenen ein Vaterland zu sichern gilt, die daran zweifeln konnten, eines zu haben.

Die Armee, die französische Armee, einig, voll Energie, diszipliniert ... die Armee, so oft schwer geprüft, hat hier dennoch ein großes Werk der Verständigung und Pazifizierung vollbracht, die französische Armee war das Salz in dieser Erde, der Zeuge und Garant der Bewegung die sich hier entwickelt hat. Sie hat die Flut zu dämmen verstanden, um deren Energie zu wahren. Ich spreche ihr meine Hochachtung aus. Ich versichere sie meines Vertrauens. Ich zähle auf sie heute und morgen.

Ah, könnten doch jene aus euren Städten, euren Douars, euren Ebenen, euren Djebels teilhaben an dieser gewaltigen Demonstration! Könnten doch selbst jene teilhaben, die aus Verzweiflung glaubten, kämpfen zu müssen, einen Kampf, den ich als mutig anerkenne – denn es fehlt nicht an Mut in Algerien – der mutig und dennoch grausam und mörderisch ist. Ja, ich, de Gaulle, eröffne dieses Tor zur Versöhnung.

Niemals mehr als hier, niemals mehr als an diesem Abend habe ich begriffen, wie schön, wie großartig, wie generös Frankreich ist.

Ansprache auf dem Forum von Algier am 4. Juni 1956
Discours et Messages. Avec le Renouveau, S. 17f.

Zur Berlin-Krise vom Herbst 1958

Die von Sowjetrußland provozierte Berlin-Krise stürzt die Welt in schwere Beunruhigung. Drei eng miteinander verwobene Fragen werden von Moskau vorgelegt. Mögliche Maßnahmen gegen den Verkehr amerikanischer, englischer und französischer Truppen zwischen West-Berlin und der West-Zone. Das Schicksal des deutschen Volkes, das grundsätzlich in Frage gestellt wird durch die formelle Teilung Deutschlands in zwei Staaten, indem die einstige Hauptstadt des Reichs in die unter der totalitären Diktatur stehenden Territorien eingegliedert wird ... Schließlich die Neutralisierung einer Zone in Europa, in der hauptsächlich Deutschland liegt.

Man könnte glauben, daß Frankreich aus der Krise profitieren wollte und daß es, durch Zustimmung zur Spaltung des deutschen Volkes, sich ebensolche Vorteile zu Lasten dieses Volkes sichern wollte, wie die Sowjets es für ihren Teil zu beabsichtigen scheinen. Das wäre eine Politik, wie andere sie gegenüber einem unglücklichen Nachbarn haben praktizieren können. Das ist nicht unsere Politik. Würde uns das heutige Deutschland gefährlich erscheinen, dann, ohne Frage ... würde es solche Wünsche geben. Aber Deutschland, so wie es ist, bedroht uns in keiner Weise. Wir meinen sogar, daß es mit seinen Fähigkeiten, seiner Energie, seinen Ressourcen ein wesentlicher Teil des Lebens und des Fortschritts in Europa und der Welt insgesamt ist. Mehr noch, für zwei alte Gegner, die darauf verzichtet haben, sich weiter zu bekämpfen und zu zerstören, ist es normal, daß Frankreich und Deutschland beschlossen haben zusammenzuarbeiten.

Wir werden uns also zu nichts bereit finden, was das deutsche Volk zur Verzweiflung treiben oder seine friedliche Zukunft in Frage stellen könnte, oder was die Hoffnung, die sich nach so vielen Erschütterungen und Tränen zu beiden Seiten des Rheines erhoben hat, auslöschen könnte. Man könnte auch meinen, daß Frankreich beschlösse, sich aus dem Streit herauszuhalten. Mangels der Mittel zum Handeln, das heißt der Zerstörung, wie sie die Amerikaner und Russen besitzen ... könnte es versucht sein, den Konflikt und im Zweifelsfall den Krieg zu vermeiden. Das hieße für Frankreich, den Sinn des Lebens aufgeben nur um das Leben zu behalten. Außerdem hieße dies, die atlantische Allianz zu zerstören, die undenkbar ist ohne die Mitgliedschaft Frankreichs. Im übrigen, nichts, ausgenommen der Atomkrieg, könnte die Ausdehnung sowjetischer Herrschaft über Europa und Afrika verhindern, bevor sie den Rest der Welt bedeckt. Danach wäre die Menschheit, soweit sie überlebte, überall der diktatorischen Unterdrückung ausgeliefert. Wir ziehen es vor, die Allianz bis zu dem Tage zu erhalten, da die Zukunft des Friedens gesichert ist.

Wir halten es für erforderlich, daß Amerika, England und Frankreich nichts akzeptieren, was die Bewegungsfreiheit ihrer Truppen in Berlin beeinträchtigt ... Was das Schicksal der Stadt selbst betrifft, so stellen wir fest, daß diejenigen ihrer Einwohner, die die Möglichkeit zur Willensäußerung haben, einstimmig den Verbleib im Westen wollen. Aus diesen und anderen Gründen werden wir nicht zugeben, daß West-Berlin dem Pankow-System ausgeliefert wird.

Im übrigen sind wir nicht geneigt, dieses System als souveränen und unabhängigen Staat anzuerkennen, denn es entstand und wird erhalten ausschließlich durch die sowjetische Besatzung und durch eine unerbittliche Diktatur ... Die Wiedervereinigung der beiden Teile zu einem Deutschland, das vollständig frei ist, erscheint uns als die normale Bestimmung des deutschen Volkes, vorausgesetzt, es stellt seine gegenwärtigen Grenzen nicht in Frage ...

Pressekonferenz vom 25. März 1959
Discours et Messages. Avec le Renouveau, S. 89–92

Ablehnung des Briten-Beitritts zur EWG

Tatsächlich ist England insular, maritim und durch seine Beziehungen, seine Märkte, seine Versorgung mit den unterschiedlichsten und häufig entferntesten Ländern verbunden. Es betreibt vornehmlich Industrie und Handel und hat sehr wenig Landwirtschaft. Es hat in seiner Arbeit sehr spezifische und eigentümliche Gewohnheiten und Traditionen. Kurz, die Natur, die Struktur, die Konjunktur, die England eigentümlich sind, unterscheiden es zutiefst von derjenigen der Kontinentaleuropäer.

Die Frage (des britischen Beitritts zum Gemeinsamen Markt) stellt sich um so mehr, als in der Folge Englands andere Staaten, die mit ihm in der Freihandelszone verbunden sind, in die Gemeinschaft eintreten wollen oder würden ...

Es ist vorauszusehen, daß die Kohäsion all dieser Mitglieder, die sehr zahlreich und sehr verschieden sein würden, nicht lange bestehen bliebe, und daß schließlich eine kolossale atlantische Gemeinschaft abhängig von den USA und unter deren Leitung entstünde ...

Pressekonferenz vom 14. Januar 1963
Discours et Messages. Pour l'Effort, S. 69–71

Entspannung, Verständigung, Zusammenarbeit

Zweifellos hat die friedliche Koexistenz die unmittelbaren Gefahren in der Ost-West-Spannung gemildert. Dennoch bleibt die Situation prekär, und die Ereignisse außerhalb der beiden Lager, besonders der Krieg in Asien (Vietnam) beweisen dies. Deshalb läßt es Frankreich für seinen Teil nicht bei dieser starren Konfrontation bewenden. Ohne aufzuhören, ein Land der Freiheit par excellence und eine westliche Nation zu sein – ganz im Gegenteil – wünscht es, daß der böse Zauber ende und, wenigstens was es selbst angeht, daß neue Beziehungen mit den Staaten Europas, die man »östlich« nennt, eröffnet werden, gerichtet auf Entspannung, Verständigung, Kooperation.

Selbstverständlich in erster Linie mit der Sowjetunion. Die Gründe für diesen Vorzug sind offensichtlich. Rußland ist in jeder Hinsicht die Hauptmacht ihrer Region. Zum anderen erscheint es Frankreich als der

Gesprächspartner, mit dem Verständigung und Kooperation besonders natürlich sind ... Kurz, da es sich darum handelt, die internationalen Beziehungen in eine gute Richtung zu entwickeln, wendet sich Paris notwendigerweise an Moskau. Dies um so mehr, als für Frankreich, ohne im geringsten die Rolle zu verkennen, die den Vereinigten Staaten bei der Befriedung und der Entwicklung der Welt zukommen, die Wiederherstellung Europas zu einem fruchtbaren Ganzen anstelle der sterilen Spaltung dafür die erste Bedingung ist. So ist die Verständigung unter den bisher gegnerischen Staaten nach Ansicht der Franzosen vornehmlich ein europäisches Problem. Das trifft zu für die Regelung des Schicksals von ganz Deutschland. Das trifft zu für das, was geschehen muß, damit Asien, Lateinamerika und Afrika ebenfalls ihres Friedens sicher sind und ihnen in ihren Anstrengungen geholfen werden kann ...

Kreml-Rede vom 20. Juni 1966
Discours et Messages. Vers le Terme, S. 46f.

Vive le Quebec Libre!

Wahrlich, man muß es ein Wunder an Vitalität, Energie und Treue nennen, daß eine französische Nation – ein Teil unseres Volkes – sich heute in Kanada zu erkennen gibt und als solche anerkannt zu werden beansprucht. Die 60000 Franzosen – einstmals da unten zurückgelassen – sind mehr als 10 Millionen geworden und französischer denn je ... Über Generationen hin haben sich diese Leute, kleine Bauern von Herkunft, wunderbar vermehrt, um sich dem Strom der Eindringlinge entgegenzustemmen. Um den Preis unerhörter Anstrengungen ... ist es ihnen gelungen, ihre Sprache, ihre Traditionen, ihre Religion, ihre französische Solidarität zu bewahren. Aber nun begnügen sie sich nicht mehr mit passiver Abwehr und verlangen, wie jedes andere Volk, zum Herrn des eigenen Schicksals zu werden. Dies um so mehr, als sie sich durch andere nicht nur politisch, sondern auch ökonomisch zurückgesetzt fühlen ...

Im Laufe der letzten Jahre hat sich in Quebec eine mächtige politische Strömung entwickelt, unterschiedlich im Ausdruck, aber einheitlich im Willen der Franzosen, ihre Angelegenheiten selbst in die Hand zu nehmen. Die Tatsache ist unbestreitbar – und selbstverständlich betrachten sie ihr Vaterland nicht mehr nur als eine teure Erinnerung, sondern als Nation, deren Blut, Herz und Geist die gleichen sind wie die ihrigen, und deren neue Kraft besonders geeignet ist, zu ihrem Fortschritt beizutragen, so wie umgekehrt ihr Erfolg zu Frankreichs Fortschritt, Glanz und Einfluß einen wichtigen Beitrag leistet...

In Montreal, der zweitgrößten französischen Stadt der Welt ... schwoll die Woge der Freiheitsleidenschaft so an, daß Frankreich in meiner Person die heilige Pflicht hatte, feierlich und ohne Umschweife zu antworten. Das habe ich getan, als ich der um das Rathaus versammelten Menge erklärte, daß das Vaterland seine kanadischen Kinder nicht vergesse, daß es sie liebe, daß es sie auf ihrem Weg des Fortschritts und der Emanzipation unterstützen werde, und daß es umgekehrt von ihnen erwarte, daß sie ihm in der Welt von heute und morgen helfen werden. Dann habe ich alles zusammengefaßt, indem ich ausrief: »Vive le Quebec Libre!«

Daß Quebec frei werde, darum handelt es sich in der Tat ... Notwendigerweise wird dies nach meiner Meinung zur Erhebung Quebecs zu einem souveränen Staat führen müssen, zum Herrn über seine nationale Existenz ... Selbstverständlich muß dieser Staat Quebec frei und auf gleichem Fuße mit dem Rest Kanadas die Modalitäten ihrer Zusammenarbeit regeln, um die gewaltigen Weiten des Landes zu nutzen und um dem Eindringen der Vereinigten Staaten Halt zu gebieten.

Pressekonferenz vom 27. September 1967
Discours et Messages. Vers le Terme, S. 256f.

»Ich habe meine Entschlüsse gefaßt«

Als Inhaber der nationalen und republikanischen Legitimität habe ich während der vergangenen 24 Stunden alle Möglichkeiten ohne Ausnahme in Erwägung gezogen, sie aufrechtzuerhalten. Ich habe meine Entschlüsse gefaßt.

Unter den gegenwärtigen Umständen werde ich mich nicht zurückziehen. Ich habe den Auftrag des Volkes, und ich werde ihn erfüllen ... Ich löse heute die Nationalversammlung auf ... Die Wahlen werden zu dem durch die Verfassung vorgeschriebenen Zeitpunkt stattfinden, es sei denn, man knebelt das Volk, indem man es daran hindert, sich zu äußern ... durch die gleichen Mittel, mit denen Studenten am Studieren, die Lehrer am Lehren, die Arbeiter am Arbeiten gehindert werden. Dieses Mittel sind die Einschüchterung, die Berauschung und die Tyrannei, ausgeübt von organisierten Gruppen ... und von einer Partei, die den Totalitarismus verkörpert ...

Wenn dieser Zustand der Gewalt andauert, werde ich, um die Republik zu erhalten, gemäß der Verfassung andere Wege als den der sofortigen Wahl beschreiten müssen. Auf jeden Fall, überall muß sich die Bürgeraktion organisieren. Das muß geschehen, zuerst, um die Regierung, dann auf lokaler Ebene, um die Präfekten, die zu Kommissaren der Republik geworden sind, in ihrer Aufgabe zu unterstützen, die darin besteht, soweit wie möglich die Existenz der Bevölkerung zu sichern und überall die Subversion zu verhindern.

In der Tat, Frankreich ist von der Diktatur bedroht. Man möchte es dazu bringen, sich einer Gewalt zu ergeben, die sich in der nationalen Verzweiflung aufdrängen würde, diese Gewalt wäre selbstverständlich die Gewalt der Sieger, das heißt der totalitäre Kommunismus. Natürlich würde man sie anfänglich mit betrügerischem Außenschein kolorieren, indem man den Ehrgeiz und den Haß ausgedienter Politiker benützen würde. Danach würden diese Leute nicht mehr Gewicht haben, als was sie auf die Waage bringen, und das wöge nicht schwer.

Nein, die Republik wird nicht abdanken. Das Volk wird wieder Tritt fassen. Der Fortschritt, die Unabhängigkeit und der Friede werden den Sieg davontragen – mit der Freiheit.

Vive la République!

Vive la France!

Ansprache vom 30. Juni 1968
Discours et Messages. Vers le Terme, S. 319f.

Aus den Memoiren

Winston Churchill

Churchill empfing mich in Downing Street. Es war das erste Mal, daß ich Kontakt zu ihm aufnahm. Der Eindruck, den ich gewann, bestärkte mich in meiner Überzeugung, daß Großbritannien, geführt von einem solchen Kämpfer, gewiß nicht wanken würde. Churchill schien mir der härtesten Aufgabe gewachsen, vorausgesetzt, sie ist großartig genug. Die Sicherheit seines Urteils, seine umfassende Bildung, die Kenntnis, die er von den meisten Dingen, Ländern, Menschen hatte, um die es ging, schließlich seine besondere Leidenschaft für die Kriegsprobleme, entfalteten sich fast spielerisch. Vor allem, er war von seinem Charakter her geschaffen zum Handeln, für das Risiko, für die Rolle, die er spielte, ohne Zaudern und ohne Skrupel. Kurz, ich fand ihn an seinem richtigen Platz als Führer und Chef. Das waren meine ersten Eindrücke.

Sie wurden in der Folge nur bestätigt, unter anderem durch seine ganz besondere Beredsamkeit und die Art, wie er sich ihrer bediente. Was auch immer sein Auditorium sein mochte: eine Menschenmenge, eine Versammlung, ein Beratungsgremium oder ein einziger Gesprächspartner, ob er sich vor einem Mikrophon, auf einer Tribüne oder hinter dem Schreibtisch befand, der unverwechselbare, poetische, bewegende Fluß seiner Ideen, Argumente, Gefühle sicherten ihm unvermeidlich den ersten Rang in der dramatischen Atmosphäre, in der eine arme Welt nach Atem rang. Als erfahrener Politiker bediente er sich dieser gleichermaßen himmlischen wie höllischen Gabe ebenso, um die zähe englische Masse zu bewegen wie um Fremde zu verblüffen. Der Humor, mit dem er seine Gesten und Worte würzte, die Art wie er mit Gunst und Ungnade umging, ließen kaum spüren, wie sehr er das schreckliche Spiel beherrschte, auf das er sich eingelassen hatte.

Die harten und scharfen Konfrontationen, die sich wiederholt zwischen uns zutrugen – aus Gründen der Divergenz unserer Charaktere, wegen des Widerspruches gewisser Interessen unserer Länder, auch deshalb, weil England die Ohnmacht Frankreichs ausnutzte –, haben sicher meine Haltung gegenüber dem Premierminister beeinflußt, nicht aber mein Urteil über ihn. Winston Churchill erschien von Anfang bis Ende des Dramas als der große Champion einer großen Unternehmung und als der große Gestalter einer großen Geschichte.

L'Appel, S. 61 f.

Marschall Pétain

Die ganze Karriere dieses außerordentlichen Mannes hatte in beständiger Zurücksetzung bestanden. Zu stolz für die Intrige, zu stark für die Mittelmäßigkeit, zu ehrgeizig, sich mit dem Erreichten zu bescheiden, nährte er in seiner Einsamkeit die Leidenschaft zum Herrschen, darin bestärkt vom Bewußtsein des eigenen Wertes, der erlittenen Niederlagen, der Verachtung, die er für andere hegte. Militärischer Ruhm hatte ihn einst mit Lorbeer überhäuft. Aber er hatte ihn nicht glücklich gemacht, da er nicht ihm allein vorbehalten war. Und dann plötzlich im tiefsten Winter seines Lebens eröffneten die Ereignisse seinen Gaben und seinem Ehrgeiz die so lange ersehnte Möglichkeit, sich ohne Hemmung zu entfalten – zu einer Bedingung allerdings, daß er die Niederlage als seine Schilderhebung akzeptieren und sie mit seinem Ruhm schmücken würde.

Immerhin muß man sagen, daß der Marschall die Partie für verloren hielt. Dieser alte Soldat, der die Uniform nach 1870 angezogen hatte, betrachtete den Kampf als einen neuen deutsch-französischen Krieg. Besiegt im ersten, hatten wir im zweiten gewonnen, dem von 1914 bis 1918, mit Verbündeten zwar, die aber doch eine sekundäre Rolle spielten. Jetzt verloren wir den dritten. Das war grausam aber irgendwie in der Regel. Nach Sedan und dem Fall von Paris mußte Schluß gemacht werden, mußte verhandelt werden, gegebenenfalls die Commune niedergeschlagen werden, wie es einst unter gleichen Umständen Thiers getan hatte. Im Urteil des alten Marschalls spielten der weltweite Charakter des Konfliktes, die Möglichkeiten der überseeischen Gebiete, die ideologischen Konsequenzen eines Hitler-Sieges kaum eine Rolle. Das war nichts, woran er zu denken gewohnt war.

Trotz alledem bin ich der Überzeugung, daß zu anderen Zeiten der Marschall Pétain nicht bereit gewesen wäre, sich im nationalen Elend mit der Herrscherwürde zu bekleiden. Ich bin sicher, daß er, solange er er selbst geblieben war, den Krieg in dem Augenblick wiederaufgenommen hätte, als er sah, daß er sich getäuscht hatte, daß der Sieg möglich geblieben war, daß Frankreich seinen Anteil daran gehabt hätte. Aber ach, die Jahre hatten unter der Oberfläche seinen Charakter zerrüttet. Das Alter lieferte ihn den Umtrieben von Leuten aus, die sich geschickt seiner majestätischen Lethargie zu bedienen wußten. Das Alter ist ein Schiffbruch. Damit uns nichts erspart bliebe, verband sich das Alter des Marschalls Pétain mit dem Schiffbruch Frankreichs.

L'Appel, S. 76–79

Franklin Delano Roosevelt

Franklin Roosevelt wurde von höchsten Ambitionen beherrscht. Seine Intelligenz, seine Kühnheit gaben ihm dazu die Befähigung. Der mächtige Staat, dessen Chef er war, gab ihm dazu die Mittel. Krieg bot ihm die Gelegenheit. Wenn das große Volk, das er führte, lange Zeit dazu neigte, sich entlegener Unternehmungen zu enthalten, sich von dem in ständigen Kämpfen und Revolutionen zerrissenen Europa abzukehren, so erhob jetzt eine Art Messianismus die amerikanische Seele und ließ sie sich großen Entwürfen zuwenden. Die Vereinigten Staaten, voll Bewunderung für die eigene Kraft, im Gefühl, daß ihre Dynamik im Inneren keinen ausreichenden Raum mehr fand, voll guten Willens, jenen zu helfen, die in der Welt im Elend oder in der Unterdrückung lebten, gaben ihrerseits der Neigung zur Einmischung nach, in die sich der Herrscherinstinkt kleidet.

Dies ist genau die Richtung, die sich der Präsident Roosevelt zu eigen machte. Er hat alles getan, damit sein Land am Weltkonflikt teilnahm. Er erfüllte damit seine Bestimmung, getrieben von der heimlichen Ankündigung des Todes. Aber, von dem Augenblick an, da Amerika im Krieg war, meinte Roosevelt, daß Friede »amerikanischer Friede« bedeute, daß es ihm zukomme, dessen Beendigungen zu diktieren, daß die schwer geprüften Staaten seinem Urteil unterlägen, daß besonders Frankreich ihn zum Erretter und Schiedsrichter habe. So stand die Tatsache, daß Frankreich sich mitten im Kampf wieder erhob und zwar nicht in vereinzeltem und also für ihn unbedenklichem Widerstand, sondern als souveräne und unabhängige Nation, seinen Absichten entgegen. Politisch hatte er keine Sympathie für mich.

Um so weniger, als er von der öffentlichen Meinung seines Landes ständig in Frage gestellt wurde. Von ihr hatte er seine Macht. Aber sie konnte sie ihm auch wieder entziehen. Selbst während des Krieges mußte er sich zweimal den Wahlen stellen. Und dazwischen setzten ihm Presse, Rundfunk und die Interessengruppen zu. Er, der bestrebt war zu verführen, aber zutiefst verunsichert wurde durch sein schmerzhaftes Leiden, dem er tapfer widerstand, war gegenüber den Vorwürfen und Sticheleien der Parteigänger sehr empfindlich. Und gerade seine Politik gegenüber dem General de Gaulle erregte in Amerika die heftigsten Kontroversen. Man muß hinzufügen, daß er, wie ein Star, voll Mißtrauen gegenüber der Rolle anderer war. Kurz, hinter den höflichen Formen des Patriziers betrachtete Roosevelt meine Person ohne Wohlwollen.

L'Unité, S. 97f.

Charles de Gaulle

Ein Ruf aus der Tiefe der Geschichte und dann der Instinkt des Landes haben mich bewogen, das verlassene Erbe anzutreten, die französische Souveränität auf mich zu nehmen. In ihrem Namen konnte ich die Nation zum Krieg und zur Einheit aufrufen, Gesetz und Ordnung errichten, draußen den Respekt vor den Rechten Frankreichs fordern ...

Ich muß meine Rolle spielen so lange die Krise dauert, was immer mir auch mangeln mag; meine Rolle, die darin besteht, dem Gemeinwohl die verschiedenen Elemente der Nation zu deren Heil unterzuordnen; danach, wenn das Land es so will, werden die Institutionen, die seiner würdig sind, die den großen Erfordernissen unserer Zeit entsprechen und ihre Lehre aus dem schrecklichen Geschehen gezogen haben werden, aus meiner Hand den Auftrag zu führen erhalten.

Vor mir, ich weiß es wohl, werde ich auf meinem Weg alle Gruppen, alle Schulen, alle Richterstühle vorfinden, wiederbelebt und feindselig in dem Maße, wie die Gefahr weichen wird. Es wird nicht eine Routine oder Revolte, nicht eine Trägheit oder Ansprüchlichkeit, nicht einen Verzicht oder ein Interesse geben, die sich, heimlich zuerst, mit lauter Stimme sodann, nicht gegen mein Werk der Sammlung der Franzosen hin zu Frankreich und der Errichtung eines starken und gerechten Staates wenden werden. Was die menschlichen Beziehungen angeht, so ist mein Los also die Einsamkeit. Aber, um die Last zu tragen, welche Stütze ist die Zustimmung des Volkes! Dieses massive Vertrauen, diese elementare Freundschaft, die es mir in verschwenderischem Maße bezeugt, das ist es, was mich bestärkt.

L'Unité, S. 390f.

Josef Stalin

Von seiner Person und bei allen Themen hatte ich den Eindruck, den unerbittlichen und verschlagenen Vorkämpfer eines vom Leiden und der Tyrannei geheilten Rußland vor mir zu haben, das vor nationalem Ehrgeiz brannte.

Stalin war besessen vom Willen zur Macht. Hart geworden durch ein Leben der Komplotte, waren seine Züge und seine Seele undurchdringlich geworden, kannte er keine Illusionen, kein Mitleid, keine Aufrichtigkeit, sah er in jedem Menschen ein Hindernis oder eine Gefahr, war alles an ihm Berechnung, Mißtrauen, Starrsinn geworden. Die Revolution, die Partei, der Staat, der Krieg hatten ihm die Möglichkeit und die Mittel zur Herrschaft geboten. Er war aufgestiegen, indem er bis zum äußersten die Windungen der marxistischen Exegese und totalitäre Härte benutzte, indem er Kühnheit und übermenschliche Verschlagenheit einsetzte, indem er die anderen unterdrückte oder liquidierte.

Seitdem, allein mit ihm, sah Stalin Rußland geheimnisvoll, stärker, dauerhafter als alle Theorien und Regime. Er liebte es auf seine Art. Rußland selbst akzeptierte ihn als Zar auf Zeit in einer schrecklichen Epoche und ertrug den Bolschewismus, um sich seiner als Mittel zu bedienen. Die Slawen vereinen, die Germanen vernichten, sich in Asien ausbreiten, Zugang zu den freien Meeren gewinnen, das waren die

Träume des Vaterlandes, das waren die Ziele des Despoten. Zwei Bedingungen gab es dafür: aus dem Land eine moderne, und das heißt industrielle Großmacht machen und, wenn der Augenblick gekommen ist, es in einen Weltkrieg führen. Die erste Bedingung war erfüllt worden zu einem unerhörten Preis des Leidens und der menschlichen Verluste. Stalin, als ich ihn sah, war im Begriff, die zweite inmitten von Gräbern und Ruinen zu erfüllen. Seine Chance war, daß er ein Volk gefunden hatte, das selbst durch die schlimmste Knechtschaft nicht gelähmt wurde, ein Land so reich an Ressourcen, daß selbst die fürchterlichste Verschwendung es nicht erschöpfen konnte, Verbündete, ohne die er den Feind nicht besiegt hätte, die aber auch ohne ihn erfolglos geblieben wären.

Während der etwa fünfzehn Stunden, die meine Unterredungen mit Stalin dauerten, verstand ich seine geheime und grandiose Politik. Ein Kommunist als Marschall gekleidet, ein Diktator, versteckt in seiner Verschlagenheit, ein Eroberer in Biedermannsmiene, war er bemüht zu täuschen.

Le Salut, S. 60f.

Konrad Adenauer

Es war ein bedeutsames Zusammentreffen, daß zu einer Zeit, als ich in Paris die Zügel ergriff, an der Spitze der Regierung in Bonn schon seit langem und noch für lange Konrad Adenauer stand, das heißt, von allen Deutschen der fähigste und bereitwilligste, sein Land auf den Weg und an die Seite Frankreichs zu führen. Dieser Rheinländer ist wirklich von dem Gefühl durchdrungen, daß Gallier und Germanen sich ergänzen – was einst, befruchtet von der Präsenz des Römischen Reiches an den Ufern des Rheins zum Glück der Franken und zum Ruhme Karls des Großen gereichte, was Austrasien seine Existenzberechtigung gab und die Beziehungen des Königs von Frankreich zu den Kurfürsten rechtfertigte, was Deutschland sich an der Glut der Revolution entflammen ließ, was Goethe, Heine, Madame de Staël, Victor Hugo inspirierte und was trotz der erbitterten Kämpfe zwischen den beiden Völkern niemals aufhörte, tastend einen Weg in der Finsternis zu suchen.

Dieser Patriot ermißt, welche Berge von Mißtrauen und Haß Hitlers wahnsinnige Absichten, leidenschaftlich gutgeheißen von den Massen wie den Eliten Deutschlands, zwischen seinem Land und dessen Nachbarn aufgetürmt haben, und er weiß, daß nur Frankreich, wenn es freimütig seine Hand dem Erbfeind reicht, in der Lage wäre, sie einzuebnen. Dieser Politiker, der mit beharrlichem Geschick die Bundesrepublik bis jetzt im Gleichgewicht und auf dem Weg des Fortschritts gehalten hat, damit weder die Gefahr aus dem Osten noch die Protektion des Westens das zerbrechliche Gebilde eines aus Ruinen errichteten Staates in Frage stellen und der sehr wohl weiß, was der Wert, nach innen und nach außen, die Bürgschaft der neuen französischen Republik bedeutet.

Le Renouveau, S. 183 f.

Chronologie

1890	Geburt in Lille
1894	Die Dreyfus-Affäre
1898	Faschoda (engl.-frz. Konflikt)
1905	Wilhelm II. in Tanger
1910	Eintritt in die Militärakademie von Saint-Cyr
1912	Erste Begegnung mit Philippe Pétain in Arras
1916–1918	In deutscher Gefangenschaft
1919–1920	Militärberater in polnischen Diensten
1921	Heirat mit Yvonne Vendroux
1924	Publikation des ersten Buches: »Die Zwietracht beim Feinde«
1928	Kommandeur der französischen Besatzungstruppen in Trier
1929	Dienst im Vorderen Orient
1932	Buchpublikation: »Die Schneide des Schwertes«
1934	Buchpublikation: »Die Berufsarmee«
1937	Panzer-Kommandeur in Metz
1938	Buchpublikation: »Frankreich und seine Armee«
5. Juni 1940	Unterstaatssekretär im Kriegsministerium
18. Juni 1940	Der »Appell« über die BBC in London
28. Juni 1940	Britische Anerkennung als »Chef der Freien Franzosen«
27. Oktober 1940	»Manifest von Brazzaville«
8. November 1942	Landung der Alliierten in Nordafrika
Juli 1943	Präsident des »Comité Français de la Libération« (CFLN) in Algier
26. August 1944	Auf den Champs-Elysées nach der Befreiung von Paris
24. November bis 16. Dezember 1944	Reise in die Sowjetunion; Abschluß eines französisch-sowjetischen »Beistandsvertrages«
4.–12. Februar 1945	Konferenz in Jalta De Gaulle hat daran nicht teilgenommen
13. November 1945	Von der Verfassunggebenden Nationalversammlung einstimmig zum Chef der Provisorischen Regierung gewählt

20. Januar 1946	Demission
1947	Gründung des »Rassemblement du Peuple Français«
1954	Beginn des Algerienkrieges
13. Mai 1958	Putsch in Algier
15. Mai 1958	De Gaulle erklärt sich zur Machtübernahme bereit
1. Juni 1958	De Gaulle wird letzter Ministerpräsident der Vierten Republik
14. September 1958	Adenauer in Colombey-les-deux-Eglises
5. Oktober 1958	Die durch Referendum bestätigte Verfassung der Fünften Republik tritt in Kraft
21. Dezember 1958	De Gaulle wird zum Staatspräsidenten gewählt
16. September 1959	De Gaulle verkündet das Prinzip des Selbstbestimmungsrechtes für Algerien
24. Januar 1960	Barrikaden in Algier
23. April 1961	Generalsputsch in Algier
8. September 1961	Attentat bei Pont-sur-Seine
3. Juli 1962	Anerkennung der algerischen Unabhängigkeit
22. August 1962	Attentat bei Petit Clamart
4.–9. September 1962	Staatsbesuch in der Bundesrepublik
14. Januar 1963	De Gaulle erklärt sich gegen den Beitritt Großbritanniens zum Gemeinsamen Markt
22. Januar 1963	Vertrag über die deutsch-französische Zusammenarbeit
21. Juni 1963	Rückzug der französischen Atlantikflotte aus der NATO
27. Januar 1964	Aufnahme diplomatischer Beziehungen zur Volksrepublik China
21. Oktober 1964	De Gaulle droht mit dem Rückzug aus dem Gemeinsamen Markt
19. Dezember 1964	Wiederwahl zum Staatspräsidenten
7. März 1966	Kündigung der militärischen Integration in die NATO
1. September 1966	Scharfe Attacke wider die US-Kriegführung in Vietnam
24. Juli 1967	Während eines Staatsbesuches in Kanada beschließt de Gaulle eine Ansprache vom Balkon des Rathauses in Montreal mit dem Ruf: »Vive le Quebec Libre«.
22. November 1967	In einer Pressekonferenz nennt de Gaulle die Juden »peuple d'élite, sûr de lui même et dominateur«
13. Mai 1968	Beginn der Studenten-Unruhen in Paris
14.–18. Mai 1968	Staatsbesuch in Rumänien
29. Mai 1968	Bei General Massu in Baden-Baden
30. Mai 1968	Rede de Gaulles und Massendemonstration seiner Anhänger auf den Champs-Elysées.
27. April 1969	Negatives Ergebnis des Referendums über die Regionalisation und Senatsverfassung
28. April 1969	Demission
9. November 1970	Tod

Bibliographie

Aron, Raymond, Mémoires, Julliard 1983
Aron, Raymond, Les Dernières Années du Siècle, Julliard 1984

Barrès, Maurice, Scènes et Doctrines du Nationalisme, 2 Bde., Plon o. J.
Barrès, Maurice, L'Appel au Soldat, 2 Bde., Plon o. J.
Barrès, Maurice, Les Grands Problèmes du Rhin, Plon 1930
Binoche, Jacques, L'Allemagne et le Général de Gaulle, Plon 1975
Blum, Léon, Auswahl aus dem Werk, Europa-Verlag 1970
Boissieu, Alain de, Pour Servir le Général, Plon 1982
Bromberger, Merry et Serge, Les 13 Complots du 13 Mai, Fayard 1959

Charbonnel, Jean, L'Aventure de la Fidélité, Seuil 1976
Chienlit, La, Dokumente zur franz. Mai-Revolte, Darmstadt 1969
Churchill, Winston, The Second World War, Bde. 1–6, Cassell 1951 ff.
Cohn-Bendit, Daniel, Linksradikalismus, rororo aktuell 1969
Couve de Murville, Maurice, Außenpolitik 1958–1969, München 1973

Dansette, Adrien, Mai 1968, Plon 1971
Digeon, Claude, La Crise Allemande de la Pensée Française, Presses Universitaires, 1959
Duclos, Jacques, Memoiren, 2 Bde., Dietz-Verlag Berlin, 1973

Eisenhower, Crusade in Europe, London 1948

Fauvet, Jacques, Von Thorez bis de Gaulle, Frankfurt 1953
Francois-Poncet, André, De Versailles à Potsdam, Flammarion, 1948

Gaulle, Charles de, La Discorde chez l'Ennemi; Au Fil de l'Epée; Vers l' Armée de Métier; La France et son Armée; Mémoires de Guerre, 3 Bde.; Discours et Messages, 5 Bde.; Mémoires d'Espoir, 2 Bde. alles bei Plon
Gorse, Paul Marie de la, de Gaulle entre deux Mondes, Faillard 1964
Grosser, Alfred, La 4e République et sa Politique Extérieure, Paris 1967
Guéna, Yves, Le Temps des Certitudes, Flammarion 1982
Guitton, R. J., Paris–Moskau, Stuttgart 1956

Jullian, Marcel, Madame de Gaulle, Stock 1982

Kapferer, Reinhard, Die Verfassung der IV. Französischen Republik, Freiburg 1963
Kérillis, H. de, de Gaulle Dictateur, Montreal 1945
Kersaudy, François, de Gaulle et Churchill, Plon 1981
Kissinger, Henry, Memoiren, Goldmann-Verlag 1981

Lacouture, Jean, de Gaulle, Seuil 1964
Laurent, Jacques, de Gaulle – die Zerstörung einer Legende, Beck 1967
Lévy, Bernard-Henri, L'Idéologie française, Grasset 1981

Macmillan, The Blast of War 1939–1945, London 1967
Malraux, André, Antimémoires, Gallimard 1976
Mauriac, François, de Gaulle, Propyläen Verlag 1964
Maurras, Charles, La seule France, Lyon 1941
Massu, General, Baden '68, Plon 1983
Mitterand, François, La Paille et le Grain, Flammarion 1975
Monnet, Jean, Erinnerungen eines Europäers, dtv 1980

Noël, Léon, de Gaulle et les Débuts de la Ve République, Plon 1976

Paxton, Robert, La France de Vichy, Seuil 1973
Peyrefitte, Alain, Le Mal Français, Plon 1976
Picaper, Jean-Paul, Vers le IVe Reich, La Table Ronde, 1983
Pisani, Edgard, Le Général Indivis, Albin Michel 1974
Pompidou, Georges, Pour Rétablir une Vérité, Flammarion 1982

Sauvageot / Geismar / Cohn-Bendit, Aufstand in Paris, rororo aktuell 1968
Soustelle, Jacques, Der Traum von Frankreichs Größe, Blick und Bild Verlag 1969

Thorez, Maurice, Ausgewählte Reden und Schriften, Dietz-Verlag Berlin 1962
Raymond Tournoux, La Tragédie du Général, Plon 1967
Raymond Tournoux, Jamais Dit, Plon 1971
Raymond Tournoux, Le Feu et la Cendre, Plon 1979
Raymond Tournoux, Pétain et la France, Plon 1980

Anmerkungen

Die ersten zwanzig Jahre

1 François Mauriac: de Gaulle, Propyläen Verlag 1964, S. 85.
2 Raymond Tournoux: Jamais Dit, Plon 1971, S. 24.
3 a.a.O., S. 22.
4 Jean Lacouture: de Gaulle, Editions du Seuil 1964, S. 13.
5 Charles de Gaulle: Mémoires de Guerre. L'Appel, Plon 1954, S. 5.
6 André Malraux: Antimémoires, Editions Gallimard 1976, S. 151.
7 Ch. de Gaulle: Le Fil de l'Epée, Plon 1971, S. 90.
8 R. Tournoux: Jamais Dit, a.a.O., S. 394f.
9 Ch. de Gaulle: Le Fil de l'Epeé, a.a.O., S. 56.
10 a.a.O., S. 51.
11 Ch. de Gaulle: Trois Etudes, Plon 1971, S. 113.
12 Ch. de Gaulle: La France et son Armée, Plon 1971, S. 214.
13 vgl. Ch. de Gaulle: Discours et Messages. Pendant la Guerre 1940–1946, Plon 1970, S. 47.
14 »Manifest von Brazzaville« vom 27.10.1940; a.a.O., S. 41.
15 Ch. de Gaulle: La France et son Armée, a.a.O., S. 216.
16 Maurice Barrès: Scènes et Doctrines du Nationalisme, Plon o.J., Bd.I, S. 85–95.
17 a.a.O., S. 136.
18 a.a.O., S. 167.
19 a.a.O., S. 161.
20 a.a.O., S. 220.
21 a.a.O., Bd.II, S. 160f.
22 a.a.O., Bd.I, S. 131.
23 a.a.O., S. 126.
24 a.a.O., Bd.II, S. 162.
25 a.a.O., S. 161.
26 Bernard-Henri Lévy: L'Idéologie Française, Grasset 1981, S. 125.
27 a.a.O., S. 98.
28 Ch. de Gaulle: La France et son Armée, a.a.O., S. 229.
29 Georges Pompidou: Pour Rétablir une Vérité, Flammarion 1982, S. 63.
30 Ch. de Gaulle: Mémoires d'Espoir. Le Renouveau, Plon 1970, S. 7.

31 Claude Digeon: La Crise Allemande de la Pensée Française, Presses Universitaires 1959, S. 512.
32 a. a. O., S. 474.
33 M. Barrès: Les Grands Problèmes du Rhin, Plon 1930, S. 222.
34 a. a. O., S. 230f.
35 a. a. O., S. 252.
36 R. Tournoux: La Tragédie du Général, Plon 1967, S. 90.
37 Ch. de Gaulle: Discours et Messages. Pendant la Guerre, a. a. O., S. 116.
38 a. a. O., S. 250.
39 a. a. O., S. 130.
40 Jacques Binoche: L'Allemagne et le Général de Gaulle, Plon 1975, S. 10.
41 Ch. de Gaulle: Mémoires d'Espoir, Le Renouveau, a. a. O., S. 183.
42 Ch. de Gaulle: La Discorde chez l'Ennemi, Plon 1972, S. 14.
43 a. a. O., S. 15.
44 Ch. de Gaulle: Discours et Messages. Pendant la Guerre, a. a. O., S. 516.
45 R. Tournoux: Jamais Dit, a. a. O., S. 164f.
46 Ch. de Gaulle: La France et son Armée, a. a. O., S. 214.
47 Ch. de Gaulle: La Discorde chez l'Ennemi, a. a. O., S. 13.
48 Ch. de Gaulle: Discours et Messages. Pendant la Guerre, a. a. O., S. 152.
49 a. a. O., S. 575.
50 Ch. de Gaulle: Vers l'Armée de Métier, Plon 1971, S. 27f.
51 Ch. de Gaulle: Discours et Messages. Pendant la Guerre, a. a. O., S. 512.
52 Ch. de Gaulle: Memoires de Guerre. L'Appel, a. a. O., S. 6.
53 Ch. de Gaulle: Le Fil de L'Epée, a. a. O., S. 61.
54 Ch. de Gaulle: Discours et Messages. Dans l'Attente 1946–1958, Plon 1970, S. 650.
55 Ch. de Gaulle: Le Fil de l'Epée, a. a. O., S. 15.
56 Ch. de Gaulle: La France et son Armée, a. a. O., S. 277.
57 M. Barrès: L'Appel au Soldat, Plon o. J., Bd. I, S. 123.
58 a. a. O., S. 124.
59 a. a. O., S. 123.
60 Ch. de Gaulle: Le Fil de l'Epée, a. a. O., S. 171.
61 R. Tournoux: Le Feu et la Cendre. Les Années Politiques du Général de Gaulle 1946–1970, Plon 1979, S. 371.
62 Ch. de Gaulle: Vers l'Armée de Métier, a. a. O., S. 251.
63 A. Malraux: Antimémoires, a. a. O., S. 156.
64 vgl. z. B. Yves Guéna: Le Temps des Certitudes, Flammarion 1982, S. 156.

Die Hoffnung, eine große Rolle in großen Ereignissen zu spielen

1 Paul Marie de la Gorse: de Gaulle entre deux Mondes, Faillard 1964, S. 34.
2 F. Mauriac, de Gaulle, a. a. O. S. 58.
3 R. Tournoux: Jamais Dit, a. a. O., S. 27.
4 a. a. O., S. 26.
5 a. a. O., S. 28.
6 a. a. O., S. 28.
7 Ch. de Gaulle: La Discorde chez l'Ennemi, a. a. O., S. 31.
8 a. a. O., S. 242 f.
9 Georges Pompidou: Pour Rétablir une Vérité, a. a. O., S. 138.
10 R. Tournoux: Jamais Dit, a. a. O., S. 30.
11 Jean Lacouture: de Gaulle, a. a. O., S. 28.
12 Ch. de Gaulle: Trois Etudes, a. a. O., S. 109.
13 a. a. O., S. 160.
14 *Le Monde* vom 31. 5. 1983.
15 Ch. de Gaulle: Le Fil de l'Epée, a. a. O., S. 113.
16 a. a. O., S. 15.
17 A. Malraux: Antimémoires, a. a. O., S. 155.
18 Ch. de Gaulle: Le Fil de l'Epée, a. a. O., S. 16.
19 a. a. O., S. 64.
20 a. a. O., S. 90.
21 a. a. O., S. 202.
22 a. a. O., S. 44 f.
23 Ch. de Gaulle: Le Fil de l'Epée, a. a. O., S. 45.
24 Ch. de Gaulle: Vers l'Armée de Métier, a. a. O., S. 35.
25 a. a. O., S. 37.
26 a. a. O., S. 30.
27 a. a. O., S. 200.
28 J. Binoche: L'Allemagne et le Général de Gaulle, a. a. O., S. 43.
29 Ch. de Gaulle: Vers l'Armée de Métier, a. a. O., S. 250.
30 a. a. O., S. 147.
31 a. a. O., S. 249–251.
32 a. a. O., S. 238.
33 a. a. O., S. 243.
34 R. Tournoux, Jamais Dit, a. a. O., S. 59.
35 Léon Blum, Aussage vor der parlamentarischen Untersuchungskommission, Auswahl aus dem Werk, Europa-Verlag 1970, S. 266.
36 Ch. de Gaulle: Mémoires de Guerre. L'Appel, S. 27.
37 a. a. O., S. 31.
38 Memorandum vom 3. 11. 1937 bei Tournoux: Jamais Dit, a. a. O., S. 38–41.
39 Ch. de Gaulle: Trois Etudes, a. a. O., S. 100.
40 Ch. de Gaulle: Mémoires de Guerre, L'Appel, a. a. O., S. 35.

41 J. Lacouture: de Gaulle, a. a. O., S. 27.
42 R. Tournoux: Jamais Dit, a. a. O., S. 30.
43 Ch. de Gaulle: Le Fil de l'Epée, a. a. O. in der Reihenfolge S. 12, 13, 47, 49, 66.
44 R. Tournoux: Jamais Dit, a. a. O., S. 31.
45 a. a. O., S. 60.
46 Alain de Boissieu: Pour servir le Général, Plon 1982, S. 41.

Ein Ruf aus der Tiefe der Geschichte

1 Marcel Jullian: Madame de Gaulle, Stock 1982, S. 34.
2 Ch. de Gaulle: Mémoires de Guerre. L'Appel, a. a. O., S. 43.
3 Y. Guéna: Le Temps des Certitudes, a. a. O., S. 6.
4 Jean Charbonnel: L'Aventure de la Fidélité, Seuil 1976, S. 47f.
5 Charles Maurras: La seule France, Lyon 1941, S. 21f.
6 Jacques Duclos: Memoiren, Dietz-Verlag Berlin 1973, Bd. II, S. 43.
7 R. Tournoux: Pétain et la France, Plon 1980, S. 117.
8 a. a. O., S. 136.
9 Ch. de Gaulle: Discours et Messages. Pendant la Guerre, a. a. O., S. 3f.
10 Ch. de Gaulle: Mémoires de Guerre. L'Appel, a. a. O., S. 59.
11 a. a. O., S. 55.
12 Winston Churchill: The Second World War, Casell 1947, Bd. II, S. 189.
13 François Kersaudy: de Gaulle et Churchill, Plon 1981, S. 48f.
14 W. Churchill: The Second World War, Bd. II, S. 195.
15 a. a. O., S. 191.
16 a. a. O., S. 194.
17 a. a. O.
18 Ch. de Gaulle: Mémoires de Guerre. L'Appel, a. a. O., S. 332f.
19 a. a. O., S. 89f.
20 Ch. de Gaulle: Discours et Messages. Pendant la Guerre, a. a. O., S. 208.
21 F. Kersaudy: de Gaulle et Churchill, a. a. O., S. 176.
22 Ch. de Gaulle: Mémoires de Guerre. L'Appel, a. a. O., S. 219.
23 a. a. O., S. 349f.
24 Jean Monnet: Erinnerungen eines Europäers, dtv 1980, S. 187.
25 Jacques Soustelle: Der Traum von Frankreichs Größe, Blick und Bild Verlag 1969, S. 20.
26 G. Pompidou: Pour Rétablir une Vérité, a. a. O., S. 26.
27 Ch. de Gaulle: Mémoires de Guerre, L'Appel, a. a. O., S. 96.
28 F. Kersaudy: de Gaulle et Churchill, a. a. O., S. 89.
29 a. a. O.
30 W. Churchill: The Second World War, a. a. O., Bd. II, S. 206.
31 F. Kersaudy: de Gaulle et Churchill, a. a. O., S. 77.
32 Ch. de Gaulle: Discours et Messages. Pendant la Guerre, a. a. O., S. 15.
33 Robert Paxton: La France de Vichy, Editions du Seuil 1973, S. 69.

34 Jacques Laurent: de Gaulle – die Zerstörung einer Legende, Beck 1967, S. 57, 59.
35 Ch. de Gaulle: Mémoires de Guerre. L'Appel, a. a. O., S. 100.
36 a. a. O., S. 125 f.
37 R. Paxton: La France de Vichy, a. a. O., S. 37.
38 Ch. de Gaulle: Mémoires de Guerre. L'Appel, a. a. O., S. 136.
39 R. Tournoux: Jamais Dit, a. a. O., S. 88.
40 Ch. de Gaulle: Discours et Messages. Vers le Terme 1966–1969, S. 323.
41 Ch. de Gaulle: Mémoires de Guerre, L'Appel, a. a. O., S. 128.
42 W. Churchill: The Second World War, a. a. O., Bd. II, S. 450.
43 F. Kersaudy: de Gaulle et Churchill, a. a. O., S. 175 ff.
44 Ch. de Gaulle: Mémoires de Guerre. L'Appel, a. a. O., S. 199.
45 F. Kersaudy: de Gaulle et Churchill, a. a. O., S. 234.
46 a. a. O., S. 244.
47 a. a. O., S. 250.
48 a. a. O., S. 258.
49 a. a. O., S. 211.
50 a. a. O., S. 178.
51 W. Churchill: The Second World War, a. a. O., Bd. IV, S. 611.
52 F. Kersaudy: de Gaulle et Churchill, a. a. O., S. 233.
53 Ch. de Gaulle: Mémoires de Guerre. L'Unité, a. a. O., S. 90.
54 R. Tournoux: Pétain et la France, Plon 1980, S. 213.
55 F. Kersaudy: de Gaulle et Churchill, a. a. O., S. 273.
56 a. a. O., S. 147.
57 W. Churchill: The Second World War, a. a. O., Bd. IV, S. 576.
58 a. a. O., S. 574.
59 a. a. O., S. 477.
60 R. Paxton: La France de Vichy, a. a. O., S. 114.
61 R. Tournoux: Pétain et la France, a. a. O., S. 242.
62 W. Churchill: The Second World War, a. a. O., Bd. II, S. 203 f.
63 Ch. de Gaulle: Mémoires de Guerre. L'Unité, a. a. O., S. 426.
64 F. Kersaudy: de Gaulle et Churchill, a. a. O., S. 216 f.
65 a. a. O., S. 217.
66 a. a. O., S. 370.
67 a. a. O., S. 245.
68 Ch. de Gaulle: Mémoires de Guerre. L'Unité, a. a. O., S. 317.
69 a. a. O., S. 263.
70 Ch. de Gaulle: Mémoires de Guerre. L'Appel, a. a. O., S. 199.
71 Ch. de Gaulle: Mémoires de Guerre. L'Unité, a. a. O., S. 243.
72 R. Tournoux, Jamais Dit, a. a. O., S. 94.
73 Ch. de Gaulle: Mémoires de Guerre. L'Unité, a. a. O., S. 48.
74 Ch. de Gaulle: Mémoires de Guerre. Le Salut, a. a. O., S. 61.
75 Ch. de Gaulle: Discours et Messages. Pour l'Effort 1962–1965, a. a. O., S. 129.
76 Ch. de Gaulle: Mémoires de Guerre. L'Appel, a. a. O., S. 378.
77 Ch. de Gaulle: Mémoires de Guerre. L'Unité, a. a. O., S. 398.

78 a. a. O., S. 411.
79 a. a. O., S. 444.
80 a. a. O., S. 48.
81 Ch. de Gaulle: Mémoires de Guerre. Le Salut, a. a. O., S. 54.
82 R. Tournoux: Le Feu et la Cendre, a. a. O., S. 101
83 Ch. de Gaulle: Mémoires de Guerre. Le Salut, a. a. O., S. 385.
84 a. a. O., S. 53 f.

Die Geburt des Gaullismus

1 F. Kersaudy: de Gaulle et Churchill, a. a. O., S. 138.
2 Henry de Kérilis: de Gaulle Dictateur, Montréal 1945.
3 R. Tournoux: Jamais Dit, a. a. O., S. 98.
4 J. Soustelle: Der Traum von Frankreichs Größe, a. a. O., S. 19 f.
5 Ch. de Gaulle: Discours et Messages. Pendant la Guerre, a. a. O., S. 119.
6 a. a. O., S. 201.
7 a. a. O., S. 41.
8 a. a. O., S. 119.
9 a. a. O., S. 189.
10 a. a. O., S. 207.
11 a. a. O., S. 329.
12 a. a. O., S. 48 f.
13 a. a. O., S. 189.
14 J. Lacouture: de Gaulle, a. a. O., S. 85.
15 Ch. de Gaulle: Discours et Messages. Pendant la Guerre, a. a. O., S. 143.
16 a. a. O., S. 250.
17 a. a. O., S. 250.
18 Reinhard Kapferer: Die Verfassung der IV. Französischen Republik, Freiburg 1963, S. 11.
19 A. Malraux: Antimémoires, a. a. O., S. 117.
20 Ch. de Gaulle: Discours et Messages. Pendant la Guerre, a. a. O., S. 330 f.
21 J. Duclos: Memoiren, a. a. O., Bd. II, S. 270.
22 Ch. de Gaulle: Mémoires de Guerre, L'Unité, a. a. O., S. 50.
23 Ch. de Gaulle: Mémoires de Guerre, Le Salut, a. a. O., S. 99 f.
24 a. a. O., S. 98.
25 a. a. O., S. 99.
26 Ch. de Gaulle: Mémoires de Guerre, L'Unité, a. a. O., S. 188.
27 Ch. de Gaulle: Mémoires de Guerre, Le Salut, a. a. O., S. 260.
28 a. a. O., S. 261.
29 Ch. de Gaulle: Mémoires de Guerre, L'Unité, a. a. O., S. 391.

Nie wieder ein Deutsches Reich!

1 F. Kersaudy: de Gaulle et Churchill, a. a. O., S. 339–341.
2 Ch. de Gaulle: Discours et Messages. Pendant la Guerre, a. a. O., S. 512.
3 a. a. O., S. 669.
4 Ch. de Gaulle: Discours et Messages. Dans l'Attente, a. a. O., S. 9.
5 R. Tournoux: Jamais Dit, a. a. O., S. 142.
6 Ch. de Gaulle: Discours et Messages. Pendant la Guerre, a. a. O., S. 535.
7 Ch. de Gaulle: Mémoires de Guerre. Le Salut, a. a. O., S. 503.
8 a. a. O., S. 561.
9 a. a. O., S. 384.
10 W. Churchill: The Second World War, a. a. O., Bd. IV, S. 717.
11 Ch. de Gaulle: Mémoires de Guerre. Le Salut, a. a. O., S. 553.
12 a. a. O., S. 366.
13 a. a. O., S. 366.
14 a. a. O., S. 377.
15 Ch. de Gaulle: Discours et Messages. Pendant la Guerre, a. a. O., S. 367.
16 Ch. de Gaulle: Mémoires de Guerre. Le Salut, a. a. O., S. 352.
17 Ch. de Gaulle: Discours et Messages. Dans l'Attente, a. a. O., S. 228–230.
18 Ch. de Gaulle: Mémoires d'Espoir. Le Renouveau, a. a. O., S. 242.
19 Ch. de Gaulle: Discours et Messages. Dans l'Attente, a. a. O., S. 189.
20 a. a. O., S. 14.

Frankreich verläßt abermals Frankreich

1 Ch. de Gaulle: Mémoires de Guerre. L'Unité, a. a. O., S. 378 f.
2 R. Tournoux: Pétain et la France, a. a. O., S. 539.
3 Ch. de Gaulle: Mémoires de Guerre. Le Salut, a. a. O., S. 285.
4 a. a. O., S. 280.
5 Ch. de Gaulle: Mémoires de Guerre. L'Unité, a. a. O., S. 346.
6 Ch. de Gaulle: Mémoires de Guerre. L'Appel, a. a. O., S. 285.
7 Ch. de Gaulle: Mémoires de Guerre. L'Unité, a. a. O., S. 7.
8 J. Duclos: Memoiren, a. a. O., Bd. II, S. 467 f.
9 R. J. Guitton: Paris–Moskau, Stuttgart 1956, S. 79.
10 J. Duclos: Memoiren, a. a. O., S. 453.
11 Ch. de Gaulle: Mémoires de Guerre. Le Salut, a. a. O., S. 270.
12 a. a. O., S. 95.
13 R. Tournoux: Pétain et la France, a. a. O., S. 541.
14 Ch. de Gaulle: Mémoires de Guerre. Le Salut, a. a. O., S. 250.
15 Ch. de Gaulle: Discours et Messages. Vers le Terme 1966–1969, a. a. O., S. 40.

1 Ch. de Gaulle: Mémoires de Guerre. Le Salut, a. a. O., S. 287.
2 R. Tournoux: Le Feu et la Cendre, a. a. O., S. 96.
3 Ch. de Gaulle: Discours et Messages. Dans l'Attente, a. a. O., S. 124 f.
4 a. a. O., S. 290.
5 a. a. O., S. 373.
6 G. Pompidou: Pour Rétablir une Vérité, a. a. O., S. 89.
7 a. a. O., S. 121.
8 a. a. O., S. 128.
9 R. Tournoux: Le Feu et la Cendre, a. a. O., S. 60 f., 117, 135.
10 a. a. O., S. 141.
11 a. a. O., S. 198.
12 Ch. de Gaulle: Discours et Messages. Dans l'Attente, a. a. O., S. 11.
13 R. Kapferer: Die Verfassung der IV. Republik, a. a. O., S. 97.
14 Ch. de Gaulle: Discours et Messages. Dans l'Attente, a. a. O., S. 55.
15 a. a. O., S. 533 f.
16 J. Soustelle: Der Traum von Frankreichs Größe, a. a. O., S. 62.
17 a. a. O., S. 66.
18 R. Tournoux: Le Feu et la Cendre, a. a. O., S. 160.
19 Ch. de Gaulle: Discours et Messages. Dans l'Attente, a. a. O., S. 582.
20 a. a. O., S. 99.
21 Maurice Thorez: Ausgewählte Reden und Schriften, Dietz-Verlag Berlin 1962, z. B. S. 526, 667.
22 Ch. de Gaulle: Discours et Messages. Dans l'Attente, a. a. O., S. 167 f.
23 a. a. O., S. 167.
24 a. a. O., S. 363 f.
25 a. a. O., S. 93.
26 a. a. O., S. 173.
27 a. a. O., S. 350.
28 a. a. O., S. 286, 292.
29 a. a. O., S. 478 f.
30 a. a. O., S. 524.
31 a. a. O., S. 592, 596.
32 R. Tournoux: Le Feu et la Cendre, a. a. O., S. 174.
33 Ch. de Gaulle: Discours et Messages. Pendant la Guerre, S. 72.
34 a. a. O., S. 212.
35 Ch. de Gaulle: Discours et Messages. Dans l'Attente, a. a. O., S. 75 f.
36 a. a. O., S. 107, 109, 133.
37 a. a. O., S. 106.
38 Ch. de Gaulle: Mémoires de Guerre. L'Unité, a. a. O., S. 479.
39 Ch. de Gaulle: Discours et Messages. Pendant la Guerre, a. a. O., S. 492.
40 Ch. de Gaulle: Discours et Messages. Dans l'Attente, a. a. O., S. 60.
41 Ch. de Gaulle: Mémoires d'Espoir. Le Renouveau, a. a. O., S. 43.

42 J. Soustelle: Der Traum von Frankreichs Größe, a.a.O., S. 407f.
43 a.a.O., S. 268.
44 Alfred Grosser: La 4e République et sa Politique Extérieure, Paris 1967, S. 332.
45 a.a.O.
46 R. Tournoux: Le Feu et la Cendre, a.a.O., S. 151.
47 a.a.O., S. 171.
48 a.a.O., S. 195.
49 a.a.O., S. 172.
50 a.a.O., S. 197.
51 J. Soustelle: Der Traum von Frankreichs Größe, a.a.O., S. 369.
52 F. Mauriac: de Gaulle, a.a.O., S. 12.

Guide de la France, Chef de l'Etat

1 Merry et Serge Bromberger: Les 13 Complots du 13 Mai, Fayard 1959.
2 a.a.O., S. 151.
3 Ch. de Gaulle: Discours et Messages. Vers le Renouveau, a.a.O., S. 3.
4 a.a.O., S. 8.
5 Erklärung vor der Nationalversammlung am 1.6.1958.
6 Ch. de Gaulle: Mémoires d'Espoir. Le Renouveau, a.a.O., S. 33.
7 M. Thorez: Ausgewählte Reden und Schriften, a.a.O., S. 664–667.
8 A. de Boissieu: Pour servir le Général, a.a.O., S. 101.
9 Ch. de Gaulle: Discours et Messages. Vers le Renouveau, a.a.O., S. 20.
10 a.a.O., S. 78.
11 a.a.O., S. 97.
12 »Ich erkläre ohne Umschweife, daß die Männer des Aufstandes tapfer gekämpft haben. Möge der Friede der Tapferen kommen, und ich bin sicher, daß der Haß erlöschen wird ...« Pressekonferenz vom 23.10.1958; Ch. de Gaulle: Discours et Messages. Vers le Renouveau, a.a.O., S. 60.
13 Ch. de Gaulle: Mémoires d'Espoir. Le Renouveau, a.a.O., S. 51.
14 Léon Noël: De Gaulle et les Débuts de la V. République, Plon 1976, S. 85.
15 *Süddeutsche Zeitung* vom 19.1.1960.
16 Ansprache vom 27.1.1960; Ch. de Gaulle: Discours et Messages. Vers le Renouveau, a.a.O., S. 174.
17 a.a.O., S. 278.
18 a.a.O., S. 314.
19 Dokumentation der *FAZ* vom 14.3.1962.
20 L. Noël: De Gaulle et les Débuts de la V. République, a.a.O., S. 148.
21 Ch. de Gaulle: Discours et Messages. Vers le Renouveau, a.a.O., S. 328–330.
22 R. Tournoux: Le Feu et la Cendre, a.a.O., S. 275.
23 Der Text des Vernehmungsprotokolls bei Tournoux: La Tragédie du Général, a.a.O., S. 603ff.
24 Maurice Couve de Murville: Außenpolitik 1958–1969, München 1973, S. 11.

25 R. Tournoux: Le Feu et la Cendre, a.a.O., S. 279.
26 Ch. de Gaulle: Mémoires d'Espoir. Le Renouveau, a.a.O., S. 14.
27 R. Tournoux: Le Feu et la Cendre, a.a.O., S. 228.
28 a.a.O., S. 243.
29 Ch. de Gaulle: Discours et Messages. Avec le Renouveau 1958–1962, a.a.O., S. 137f.
30 Ch. de Gaulle: Discours et Messages. Pour l'Effort 1962–1965, Plon 1971, S. 127.
31 Ch. de Gaulle: Mémoires d'Espoir. Le Renouveau, a.a.O., S. 226.
32 Pressekonferenz vom 28. Februar 1966; Ch. de Gaulle: Discours et Messages. Vers le Terme, a.a.O., S. 19f.
33 Text in: »Handbuch der Noten, Pakte und Verträge«, Recklinghausen 1968, S. 573.
34 a.a.O., S. 579.
35 Pressekonferenz vom 21. Februar 1966; Ch. de Gaulle: Discours et Messages. Vers le Terme, a.a.O., S. 20f.
36 In einem Gespräch mit André Malraux am 3. August 1965; Text in: Helmut Martin (Hrsg): Mao Intern, Hauser 1974, S. 78.
37 a.a.O., S. 79.
38 Ch. de Gaulle: Discours et Messages. Vers le Terme, a.a.O., S. 46f.
39 Während jener Pressekonferenz vom 27. November 1967, auf der er sein berühmt-berüchtigtes Verdikt über die Juden sprach: »... peuple d'élite, sûr de lui même et dominateur ...«; Ch. de Gaulle: Discours et Messages. Vers le Terme, a.a.O., S. 252, 255.
40 a.a.O., S. 259.
41 Pressekonferenz vom 9. September 1968; Ch. de Gaulle: Discours et Messages. Vers le Terme, a.a.O., S. 363.
42 a.a.O., S. 140.
43 a.a.O., S. 82.
44 Henry Kissinger: Memoiren, Goldmann Verlag 1981, Bd. I, S. 146.
45 Ch. de Gaulle: Discours et Messages. Avec le Renouveau, a.a.O., S. 90.
46 a.a.O., S. 349.
47 a.a.O., S. 459.
48 Ch. de Gaulle: Vers l'Armée de Métier, a.a.O., S. 26.
49 Ch. de Gaulle: Mémoires d'Espoir. Le Renouveau, a.a.O., S. 183f.
50 a.a.O., S. 187.
51 Ch. de Gaulle: Discours et Messages. Avec le Renouveau, a.a.O., S. 458.
52 Ch. de Gaulle: Discours et Messages. Pour l'Effort, a.a.O., S. 78.
53 a.a.O., S. 79.
54 Text in »Handbuch der Noten, Pakte und Verträge«, a.a.O., S. 234.
55 Pressekonferenz vom 23. Juli 1964; Ch. de Gaulle: Discours et Messages. Pour l'Effort, a.a.O., S. 238.
56 a.a.O., S. 352.
57 a.a.O., S. 451.

58 Ch. de Gaulle: Discours et Messages. Vers le Terme, a. a. O., S. 110.
59 R. Tournoux: La Tragédie du Général, a. a. O., S. 499 f.
60 Im Vorwort zu dem Buch seines Sohnes Jacques Binoche: L'Allemagne et le Général de Gaulle, a. a. O., S. 10, 13.
61 Jean Kieffer: La Dernière Chance de la Liberté, Ed. Albatros 1976, S. 172.
62 Raymond Aron: Les dernières Années du Siēcle, Julliard 1984, S. 88.
63 *Le Monde* vom 1. Oktober 1976.
64 *Le Monde* vom 23. Juli 1976.
65 *Le Monde* vom 18. November 1977.
66 *Le Monde* vom 9. November 1977.
67 *Le Point,* vom September 1981.
68 *Der Spiegel* 4/82.
69 Jean-Paul Picaper: Vers le IVe Reich. La table ronde, 1983, S. 258.
70 *Le Monde* vom 26. Januar 1983.
71 Jean Dutour in *France Soir.*

La Chienlit

1 Y. Guéna: Le Temps des Certitudes, a. a. O., S. 207.
2 La Chienlit. Dokumente zur Französischen Mai-Revolte, Darmstadt 1969, S. 253.
3 a. a. O., S. 142.
4 a. a. O., S. 166.
5 Sauvageot / Geismar / Cohn-Bendit: Aufstand in Paris, rororo 1968, S. 71.
6 a. a. O., S. 73.
7 Adrien Dansette: Mai 1968, Plon 1971, S. 405.
8 a. a. O., S. 221.
9 »Chienlit« läßt sich lesen als »Bettscheißerei«, hat aber auch die alte Bedeutung von »Mummenschanz«, »Maskenzug«.
10 Brief an Raymond Aron, in: Aron: Mémoires, a. a. O., S. 477.
11 G. Pompidou: Pour Rétablir une Vérité, a. a. O., S. 186.
12 A. Peyrefitte: Le Mal Français, a. a. O., S. 444.
13 G. Pompidou: Pour Rétablir une Vérité, a. a. O., S. 191.
14 Nach der Mitteilung seines Schwiegersohnes Alain de Boissieu: Pour Servir le Général, a. a. O., S. 178.
15 Fernsehinterview mit Michel Droit vom 7. Juni 1968; Ch. de Gaulle: Discours et Messages. Vers le Terme, a. a. O., S. 324.
16 A. de Boissieu: Pour Servir le Général, a. a. O., S. 176.
17 R. Tournoux: Le Feu et la Cendre, a. a. O., S. 345.
18 Ch. de Gaulle: Discours et Messages. Vers le Terme, a. a. O., S. 329.
19 Fernsehansprache vom 24. Mai 1968; a. a. O., S. 316 f.
20 A. Peyrefitte: Le Mal Français, a. a. O., S. 445.
21 A. de Boissieu: Pour Servir le Général, a. a. O., S. 188.

22 General Massu: Baden '68. Souvenir d'une Fidélité Gaulliste, Plon 1983, S. 84.
23 G. Pompidou: Pour Rétablir une Vérité, a. a. O., S. 201.
24 Radioansprache vom 30. Mai 1968; Ch. de Gaulle: Discours et Messages. Vers le Terme, a. a. O., S. 319.
25 A. Dansette: Mai 1968, a. a. O., S. 328.
26 R. Aron: Mémoires, a. a. O., S. 486.
27 *L'Humanité* vom 3. Mai 1968.
28 La Chienlit, a. a. O., S. 361.
29 a. a. O., S. 363.
30 Daniel Cohn-Bendit: Linksradikalismus, rororo aktuell 1969, S. 178.
31 a. a. O., S. 190.
32 A. de Boissieu: Pour Servir le Général, a. a. O., S. 210 f.
33 Fernsehansprache vom 11. 3. 1969; Ch. de Gaulle: Discours et Messages. Vers le Terme, a. a. O., S. 417.
34 G. Pompidou: Pour Rétablir une Vérité, a. a. O., S. 204.
35 a. a. O., S. 206.
36 R. Tournoux: Jamais Dit, a. a. O., S. 360.
37 A. Peyrefitte: Le Mal Français, a. a. O., S. 447.
38 M. Jullian: Madame de Gaulle, a. a. O., S. 218.
39 a. a. O., S. 243.
40 G. Pompidou: Pour Rétablir une Vérité, a. a. O., S. 295.

Namenregister

Bildquellen

dpa: 135, 202 oben
Keystone: 19, 165, 181, 202 unten, 213, 220, 241, 262, 269
Geschichte der Bundesrepublik Deutschland, Band 2: Hans-Peter Schwarz, Die Ära Adenauer. Gründerjahre der Republik 1949–1957, Stuttgart 1981: 190
Stadtarchiv Reutlingen: 153
Der Spiegel: 231
Le Point: 246
Die übrigen Abbildungen stammen aus dem Archiv des Autors.